Expansion · Interaktion · Akkulturation

Historische Skizzen zur Europäisierung Europas und der Welt

Band 14

Fundamentalismus und Terrorismus

Expansion · Interaktion · Akkulturation

Historische Skizzen zur Europäisierung Europas und der Welt

Herausgegeben von

Peter Feldbauer
Bernd Hausberger
Gerald Hödl
Thomas Kolnberger
Gottfried Liedl
René A. Marboe
John Morrissey
Andreas Obenaus
Manfred Pittioni
Andrea Schnöller
Clemens Six
Ilja Steffelbauer

für den Verein zur Förderung von
Studien zur interkulturellen Geschichte,
Schwarzenbergplatz 10, A-1040 Wien
und Siegfried Haas für die ÖOG – Österreichische
Orient-Gesellschaft Hammer-Purgstall, Wien.

Thomas Kolnberger
Clemens Six (Hgg.)

Fundamentalismus und Terrorismus

Zu Geschichte und Gegenwart
radikalisierter Religion

Magnus Verlag

Deutsche Bibliothek – CIP Einheitsaufnahme
Fundamentalismus und Terrorismus:
Zu Geschichte und Gegenwart radikalisierter Religion
Thomas Kolnberger/Clemens Six (Hgg.)
– Essen: Magnus Verlag, 2007
ISBN 978-3-88400-604-7

Gefördert mit Mitteln des Österreichischen Bundesministeriums
für Wissenschaft und Forschung.

Satz: Hans Winkens, Wegberg
ISBN 978-3-88400-604-7

Inhalt

Einleitung zur zweiten Auflage

Der vorliegende Band *Fundamentalismus und Terrorismus* versteht sich, wie es der Untertitel umschreibt, als Beitrag *zur Geschichte und Gegenwart radikalisierter Religion*. Dieses Thema ist zweifelsohne ein sehr aktuelles und es muss nicht weiter erklärt werden, welche zeitgeschichtlichen Ereignisse zum Anlass genommen wurden, um auch in der Wissenschaft den Fragen nach den Ursachen und Motiven radikalisierter Religion mehr Aufmerksamkeit zu widmen. Der Aktualität stellt dieses Buch bewusst eine historische Perspektive zur Seite, die den momentanen Fokus in Politik und Wissenschaft auf Entwicklungen der Gegenwart und jüngsten Vergangenheit zu ergänzen versucht.

Die in diesem Band zusammengefassten Beiträge spannen einen sehr weiten historischen Bogen, der von der Antike bis in die Gegenwart reicht. Dieser inhaltliche Bogen macht es einerseits möglich, das Motiv der Gewalt als religiös motivierte politische Strategie durch die Geschichte hindurch anhand ausgewählter Stationen zu verfolgen, Kontinuitäten festzustellen und die einzelnen Fallbeispiele gegeneinander abzuwägen. Mindestens ebenso bedeutsam ist jedoch die Illustration der Diskontinuitäten, also der historischen Brüche und Unterschiede in den zeitlichen Perioden, die sich auch am Thema der religiös legitimierten Gewalt offenbaren. Die Studien zu vormodernen Beispielen wie den *sicarii* im antiken Judäa oder den mittelalterlichen Assassinen im Vorderen Orient verweisen auf interessante Vorläuferphänomene, die ihrerseits aber eine wesentliche historische Zäsur verdeutlichen, die die Qualität der religiösen Gewalt entscheidend verändert hat. Mit dem Übergang zur Moderne und einer ausdifferenzierten Gesellschaft, die Religion nicht mehr als allumfassendes Paradigma des gesellschaftlichen Lebens und des politischen Verbandes anerkennt, sondern zum Teilbereich der kollektiven und individuellen Existenz reduziert, also zu einem gesellschaftlichen Subsystem unter vielen verwandelt, das mit einem deutlichen Bedeutungsverlust zu kämpfen hatte und seit der Französischen Revolution, die das Ende der *anciens régimes* einläutete, entstanden auch bislang unbekannte

Formen radikalisierter Religion, die sich mit veränderten, ebenfalls modernen Mitteln um eine Restauration der einstigen Vormachtstellung des Religiösen bemühen. Der Blick in die Vormoderne soll also die Zäsur der Moderne und vor allem die Innovation moderner Staatlichkeit keinesfalls relativieren, wohl aber in ihrer Qualität besser sichtbar und daher in ihren Konsequenzen für das Verhältnis von Politik, Religion und Gewalt hervortreten lassen. Unser hauptsächliches Anliegen besteht daher darin, mit Beispielen aus der Vormoderne zu zeigen, dass es vor allem hinsichtlich einer wissenschaftlich tauglichen Definition von religiösem Terrorismus überzeugend ist, von einem modernen Phänomen zu sprechen, das einerseits sehr wohl phänomenologische und ideologische Analogien zu vormodernen Formen religiös legitimierter Gewalt aufweist, sich aber andererseits klar davon abhebt und damit erst in der Moderne selbst jene Eigenheiten ausbildet, die man in der wissenschaftlichen Diskussion als religiösen Terrorismus im eigentlichen Sinn bezeichnen sollte.

Legitimation und Motivation der Gewalt: religiöser Fundamentalismus

Religiöser Fundamentalismus ist – und dies belegen auch die Einzelstudien in diesem Band – keine nahtlose Fortsetzung antiker oder mittelalterlicher Formen extremistischer Religionsausübung, sondern eine völlig neue Qualität politisierter Religion mit einem gesamtgesellschaftlichen Gestaltungsanspruch. Trotz aller Unterschiede der damit bezeichneten Phänomene, die den dogmatischen und lebensgestalterischen Differenzen der Religionen selbst entsprechen, und den Schwierigkeiten einer in sich konsistenten Begriffsanwendung bleibt das Konzept des religiösen Fundamentalismus eine Konstante der akademischen Debatten über die Beschaffenheit radikalisierter Religion in der Gegenwart. In diesem Band werden darunter Formen ideologisch-religiöser Abschließung subsumiert, die unter den Bedingungen der Moderne und durch selektive Einschließung moderner Errungenschaften jenen alles bestimmenden Platz der Religion im Zentrum gesellschaftlichen Lebens zurückfordert, die dieser vor dem Anbruch der Moderne zukam. Religiöser Fundamentalismus ist also selbst Produkt der Moderne und gleichzeitig ihr vehementester Gegner. Modern ist er deshalb, weil er seine gesellschaftspolitische Mission analog zu säkularen Ideologien der Moderne wie Nationalismus, Sozialismus

oder Faschismus formuliert und von einer grundsätzlichen Machbarkeit des Gesellschaftlichen ausgeht, wie es die übrigen modernen
Ideologien und auch Revolutionen taten. Modern ist er außerdem,
weil er in vielen Fällen – und auch dazu finden sich in diesem Band
einige anschauliche Beispiele – in direkter Kombination mit eben
diesen anderen modernen Ideologien auftritt und teilweise sogar
mit ihnen fusioniert. Der religiöse Fundamentalismus im heutigen
Palästina etwa steht nicht nur in direkter historischer Nachfolge
sozialistischer Bewegungen, sondern ist zudem ohne das Rück-
grat nationalistischer Programmatik nicht denkbar. Modern ist
dieser Fundamentalismus schließlich, weil er mit Techniken und
Organisationsformen der Moderne operiert und diese zur Durchsetzung seiner langfristigen Ziele nutzt. Im Gegensatz dazu kreist
sein Strukturmerkmal des Anti-Modernismus um das Ärgernis
der gesellschaftlichen und weltanschaulichen Pluralisierung, die
die Emanzipation der Wissenschaften ebenso mit einschließt wie
die moderne Konkurrenzsituation durch dezidiert areligiöse bis
anti-religiöse Auffassungen von Geschichte, Gegenwart und Zukunft. Dieser moderne Entstehungskontext als ideologischer und
organisatorischer Bezugspunkt fehlt in den beiden Fallstudien zur
Vormoderne, was sich in einem zwar ebenso radikalen, qualitativ
aber unterschiedlichen Verhältnis von Politik, Religion und Gewalt
artikuliert. Der markanteste Unterschied ist die moderne Staatlichkeit, die in ihrem Wesen einen notwendigen Bezugshorizont für
gewaltsame Religion darstellt.

Neben seiner Bestimmung als moderner Anti-Modernismus
ist es unserer Interpretation nach wichtig, den religiösen Charakter
fundamentalistischer Weltbilder ernst zu nehmen und entsprechend
in der Analyse der historischen und aktuellen Fallbeispiele zu berück-
sichtigen. Dies erfordert eine schwierige begriffliche Abgrenzung
des religiösen Fundamentalismus zu anderen Formen radikalisierter
Religion. Religiöser Fundamentalismus ist nicht gleichzusetzen mit
politisierter Religion, da auch, wie das von Martin Marty und Scott
Appleby geleitete Chicagoer Fundamentalismus-Projekt der 1990er-
Jahre überzeugend argumentiert konnte, nicht-politische Formen des
religiösen Fundamentalismus denkbar sind. Religiös-extremistische
Gemeinden, die ihr Welt- und Gottesbild in Enklaven in einem
ausgewählten bzw. auserwählten Kreis zu realisieren versuchen, haben unmittelbar keine weiteren gesamtgesellschaftlichen Ansprüche.
Religiöser Fundamentalismus ist außerdem keine politische Religion,
wie sie Eric Voegelin beim Nationalsozialismus diagnostiziert hat,
wo die Politik selbst quasi-religiöse Formen annimmt und politische

Gefolgschaft zur kultischen Verehrung transformiert. Worin besteht
aber nun das religiöse Wesen des religiösen Fundamentalismus und
inwieweit ist dieses Wesen in Bezug auf Terrorismus, eine zweifelsohne hoch politische Strategie, relevant?

Religiöser Fundamentalismus zeichnet sich als Welt- und Gottesbild dadurch aus, dass die Religion selbst den entscheidenden
Referenz- und Legitimationsrahmen für das innerweltliche Handeln
darstellt. Im Zentrum des Fundamentalismus stehen selektierte
Traditionselemente schriftlicher wie nicht-schriftlicher Form, die
mit einem inhaltlichen Reflexionsverbot belegt werden, um sie
als neue Gewissheiten in einer ungewissen Moderne zu etablieren
und damit vor dreierlei Infragestellungen zu schützen: Erstens vor
den Anschauungen derer, die innerhalb der eigenen Religion wie
dem Christentum, dem Islam, Hinduismus oder Judentum vom
»rechten« Glauben abgefallen sind. In den meisten Fällen bildet
diese Gruppe der vermeintlich Abgefallenen in den eigenen Reihen die hauptsächliche Bedrohung, vor der sich »rechtgläubige«
Fundamentalisten zu schützen versuchen. Zweitens sehen sich
religiöse Fundamentalisten von anderen Glaubensformen als den
eigenen gefährdet. Die Pluralisierung moderner Gesellschaften in
konfessioneller und religiöser Hinsicht ist eine Entwicklung, die
die Exklusivität religiöser Deutungsmuster in Frage stellt und daher
als Gefahr interpretiert wird. Drittens schließlich bilden Agnostiker
und Atheisten ein Feindbild, da sie der Existenz und Interpretation
Gottes bzw. seiner Offenbarung insbesondere in Bezug auf Staat
und gesamtgesellschaftliche Organisation keine weitere Relevanz
einräumen. Insbesondere politische Formen des religiösen Fundamentalismus sehen darin ein wesentliches Hindernis, dem »rechten«
Glauben wieder jene zentrale Funktion zukommen zu lassen, die
dieser ihrer Geschichtsinterpretation nach in vormodernen Zeiten
innehatte. In den in diesem Band gesammelten Fallbeispielen wird
daher Religion selbst und auch religiöser Fundamentalismus als ein
integraler Bestandteil gesellschaftlicher und politischer Wirklichkeit
begriffen, um auf diese Weise die Wirkmächtigkeit des Religiösen
selbst in Geschichte und Gegenwart zu thematisieren. Es wird also
gefragt, welche Rolle welche Formen der Religion in den jeweiligen
konkreten gesamtgesellschaftlichen Zusammenhängen spielen und
warum sie dies tun. Deshalb ist es wichtig, neben der politischen
und gesellschaftlichen Wirkweise extremistischer Formen der Religion auch die inhaltliche Ebene zu analysieren, also einen Blick
darauf zu werfen, was die entsprechenden Gruppierungen und
Organisationen zu sagen haben und wie sie jeweils aktuelle Fragen

interpretieren. Wir haben daher versucht, der Rolle der Religion im Kontext des Themas religiöser Fundamentalismus in vor allem zweierlei Hinsicht nachzugehen. Erstens sollte die Wandlung der Religion bzw. der entsprechenden Weltbilder der Handelnden erklärt werden. Die Beiträge versuchen durch sehr unterschiedliche Zugänge zu klären, durch welche Umstände, soziale und wirtschaftliche Entwicklungen, politische Macht- und Ohnmachtverhältnisse und kollektive wie individuelle Gewalterfahrungen Religion überhaupt zu einem attraktiven Konzept des Verständnisses von Welt und Gesellschaft wird bzw. wie sich Religion zu einer radikalen Verneinung der Verhältnisse inklusive ihrer gewaltsamen Bekämpfung wandelt. Zweitens schließlich wollen die Beiträge die Motivationen zur Anwendung bestimmter (gewaltsamer) Strategien nachvollziehbar machen und fragen, unter welchen Voraussetzungen, mit welcher Logik Terrorismus eine scheinbar adäquate Strategie darstellt, um die selbst definierten Zielsetzungen gesellschaftlicher und politischer Veränderung zu erreichen. Trotz aller politischen Belastung, die der Begriff des Terrorismus in sich trägt, versuchen die Autorinnen und Autoren in ihren Aufsätzen, diesen Begriff als wissenschaftliche Kategorie des Handelns zu verwenden, die einen analytischen Wert besitzt.

Moderner religiöser Terrorismus besitzt historisch betrachtet zahlreiche Vorläufer, die ähnliche Strukturmerkmale, Methoden und ideologische Rechtfertigungen besaßen. In der heutigen Form, deren Merkmale im ersten Beitrag im Detail beschrieben werden, ist er hingegen ebenfalls ein Produkt dieser Moderne und nur in Bezug auf den modernen Entstehungskontext selbst analysierbar. Das Verhältnis zwischen beiden, dem religiösen Fundamentalismus einerseits und dem Terrorismus andererseits, ist in Bezug auf die hier gesammelten Beispiele nur in eine Richtung ein zwingendes: Religiöser Terrorismus ist per definitionem eine politische Strategie, die sich aus dem Weltbild des religiösen Fundamentalismus heraus legitimiert. Umgekehrt jedoch kann das Phänomen des religiösen Fundamentalismus nicht auf aktive Gewaltanwendung oder gar Terrorismus reduziert werden. Schon die Tatsache, dass es sich im einen Fall um ein Weltbild und im anderen um eine politische Strategie handelt, macht eine Gleichsetzung wenig sinnvoll. Religiöser Fundamentalismus existiert auch in gewaltloser Form und setzt begrifflich keine Gewalt als Wesensmerkmal voraus. Die Methoden bzw. Strategien, die Fundamentalisten einsetzen, sind vielfältig. Aus der ideologischen Anlage des religiösen Fundamentalismus ergibt sich jedoch ein deutlicher Zug zur Intoleranz und in weiterer Folge auch zur physischen Bekämpfung von Differenz. Religiöser Fundamentalismus lehnt bereits einen Dialog über die unter einem Reflexionsverbot stehenden Grundpfeiler seiner religiösen und damit gesellschaftspolitischen Gewissheiten ab, sodass der Schritt zur Bekämpfung und auch Vernichtung des Anderen und seiner Vertreter nahe liegt. Religiöser Terrorismus ist jedoch primär eine Strategie der atmosphärischen Veränderung, die den Gegner nicht in erster Linie auslöschen, sondern jene Rahmenbedingungen herstellen soll, die ihn zu einer Gegenreaktion zwingen, die dem strategischen Kalkül der Terroristen entspricht. Religiöser Fundamentalismus liefert dafür die Diagnose einer ungerechten Vergangenheit und Gegenwart und die Motivation einer heilsgeschichtlich aufgeladenen, in jedem Fall siegreichen Zukunft.

Religiöser Terrorismus: Gewalt als politische Strategie

Religiöser Fundamentalismus und Terrorismus sind nicht nur wissenschaftliche Begriffe, sondern auch politische Schlagwörter. Botschaften im Zusammenhang mit Fundamentalismus und Terrorismus scheinen insbesondere in der Politik nicht ohne Pathos auskommen zu können. So wurde dem Terror vom gegenwärtigen Präsidenten der USA, der sich selbst als bibelfester ›Führer der freien Welt‹ versteht, der ›Krieg‹ (*war on terror*) erklärt, als ob es sich dabei um ein völkerrechtliches Subjekt wie einen Staat handelt. Die Gegenseite in dieser Konfrontation, der transnationale islamistische Terrorismus, sieht sich selbst als Gemeinschaft der Gerechten und droht dem Westen als »Satan« die Apokalypse an. Fundamentalisten und Terroristen agieren generell mit hochsymbolischen Akten und fordern eine Gegenrhetorik gleicher Emphase geradezu heraus. Aus diesem Grund sind wir in der Beschäftigung mit diesen Phänomenen nicht nur um eine klare Begriffsdefinition bemüht, sondern auch um eine nüchterne, bewusst sachliche Auseinandersetzung. Diese Sachlichkeit ist nicht mit einer moralischen Neutralität gegenüber radikalisierter, gewaltsamer Religion als politischer Strategie zu verwechseln. Wir hielten eine solche Herangehensweise aber für wenig produktiv, insofern es in diesem Band primär um historisches und gegenwartsbezogenes Verstehen und nicht um eine Bewertung geht. Wir hoffen, damit einen Beitrag zu einer Debatte zu leisten, die die Motive der Akteure und die strukturellen Rahmenbedingungen der historischen und aktuellen Konjunktur religiöser Terrorismen beleuchtet.

Wird nun die reale Gefahr überschätzt, oder motiviert die ›Über-reaktion‹ im Westen etwa zusätzlich Nachahmungstäter mit höchst vagen Zielsetzungen? Das objektive Ausmaß der terroristischen Bedrohung spielt im weltpolitischen Szenario eine untergeordnete Rolle. Laut Statistiken der Weltgesundheitsorganisation (WHO) gehören Straßenverkehrsunfälle zu den Hauptverursachern von Verletzungen mit tödlichem Ausgang. Für die Gruppe der 5- bis 29-Jährigen zählt weltweit neben AIDS der Tod auf der Straße zu den drei hauptsächlichen Todesursachen. Selbst Krieg ist in dieser Rei-hung weit abgeschlagen, Terrorismus hingegen als eigene Kategorie gar nicht vertreten. Ohne die potenzielle Gefahr herunterzuspielen, scheint doch die Verhältnismäßigkeit in der Aufmerksamkeit verloren zu gehen. Während die Chance, selbst Opfer eines Ter-roranschlages zu werden, als äußerst unwahrscheinlich gelten darf, treffen uns jetzt schon in vielen Lebenslagen die Maßnahmen der so genannten Terrorbekämpfung und Terrorismusprävention – von den lästigen, weltweiten Kontrollverschärfungen auf Flughäfen bis zu bedenklichen Eingriffen in die Bürgerrechte und Privatsphäre. Und in den Buchregalen der Händler ist seit dem 11. September 2001 viel Platz für entsprechende Publikationen freigeräumt wor-den: Wir stellen hier keine Ausnahme dar, und unser Sammelband kann durchaus als Symptom einer erhöhten Risikowahrnehmung gelten. Die vagen Zielsetzungen der Terroristen wiederum erfahren eben erst durch diese Reaktion ihre Schärfe und Wirkung: Die Antiterrorgesetzgebung eines Präventionsstaates untergräbt die bürgerlichen Freiheiten, selbstidentifikatorischer Wertmaßstab und Basis westlicher Gesellschaftsordnung, gegen deren Hybris und Dekadenz ein »gerechter Krieg« geführt wird. Die Krux mit der demokratischen Freiheit und den freien Marktwirtschaften aber ist, dass sie Einzeltätern und Kleingruppen größere Handlungsmög-lichkeiten und breitere mediale Aufmerksamkeit garantieren. Da sich unter den Opfergesellschaften des Terrors auch ökonomisch, politisch sowie militärisch potente Staaten befinden, wird deren Innenpolitik richtungweisend für eine Art ›Weltinnenpolitik‹. Die Kategorie der ›inneren Sicherheit‹, die in erster Linie die Sicherheit der westlichen Gesellschaften meint, wird dabei zum umfassenden weltpolitischen Paradigma und bildet den Gegenpart in jener weltweiten Konfrontation, die vom transnationalen Terrorismus angestrebt wird.

Terrorismus ist ein historisch wandelbares Phänomen. Deshalb empfiehlt es sich, seine Spur regional wie geschichtlich über den gängigen Gegenwartshorizont hinaus zu verfolgen. Dass der Vordere Orient und Palästina, heiliges Land für drei Weltreligionen, weltpolitisch wieder und wieder ins Zentrum der Aufmerksamkeit gerückt sind, hat uns veranlasst, dieser Region einen Schwerpunkt in Form eines kleinen historischen Längsschnittes zu widmen. Die altjüdischen Sikarier und islamischen Assassinen werden neben den indischen Thugs, die bis ins 19. Jahrhundert aktiv waren, zudem in Lexiken zum Thema Terrorismus oft als historische Beispiele für vormodernen Terror(ismus) herangezogen. Die entsprechenden Beiträge in diesem Sammelband versuchen eine kritische Bilanz dazu zu ziehen. Die Fallbeispiele aus Süd- und Südostasien illustrieren, dass religiös motivierte Gewalt tatsächlich auf politischen Krisen mit weltpolitischer Dimension und nicht auf den »blutigen Ränder(n) des Islam« (Samuel Huntington), also einer an sich Gewalt suchenden Religion mit Weltherrschaftsanspruch, beruht. Während in Europa gegenüber ›traditionellen‹ Terroraktionen separatistischer Gruppen – sie bildet laut EU nach wie vor den Löwenanteil der statistisch erfassten Vorfälle – ein gewisser Gewöhnungseffekt eingetreten ist und mitunter überhaupt kein Schrecken, sondern nur noch Überdrüssigkeit empfunden wird, liegt beim ›islamistischen Terror‹ die Sache vollkommen anders: Die europäische Öffentlichkeit und politische Führung zeigt sich gegenüber einer ›Bedrohung von innen‹ höchst sensibel. Die politische Relevanz des Themas Terrorismus macht nicht nur hier in Europa eine profunde Auseinandersetzung mit den Motiven und Ursachen des Terrors notwendig und es liegen gegenwärtig noch keinesfalls auf alle relevanten Fragen in diesem Zusammenhang adäquate Antworten vor. Einen Beitrag zu dieser Diskussion mit entsprechend historischer Perspektive möchte dieser Band aber leisten, indem die Einzelbeiträge sehr unterschiedliche Zugänge wählen, um diese Motive und Ursachen entsprechend zu erschließen. Vier dieser Zugänge können zusammenfassend unterschieden werden.

Erstens werden entsprechend der thematischen Anlage des Bandes historische Zugänge zum Phänomen des religiösen Terrorismus bzw. seiner vormodernen Vorformen gewählt. Um die jeweiligen Handlungslogiken und ideologischen Motive zu diskutieren, werden in praktisch allen Beiträgen historische Entwicklungen und Konstellationen als unmittelbarer Verständnishorizont dargestellt. Insbesondere die antiken und mittelalterlichen Fallbeispiele der Sikarier und Assassinen illustrieren, wie erhellend die historische Kontextualisierung dieser Bewegungen ist. Aber auch im Hinblick auf den modernen religiösen Fundamentalismus zeigt eine historische Einordnung, dass es sich dabei nicht um Ewig-Gestrige handelt, die in verträumten Versionen mittelalterlicher Religiosität schwelgen, sondern um Formen religiösen Extremismus, der eine zukunftsgerichtete Utopie bereitstellt, die von jeweils aktuellen Problemstellungen ausgeht und auf diese konkrete Antworten zu geben versucht.

Zweitens enthalten die Beiträge politische Zugänge in dem Sinn, als sie religiösen Terrorismus im Kontext global-, regional-, national- und lokalpolitischer Konstellationen diskutieren. Religiöse Terroristen werden als politische Akteure interpretiert, deren Handeln in erster Linie auf eine maximale Resonanz im politischen Feld ausgerichtet ist. In Südasien zeigt die Verwobenheit von religiösem Terrorismus einerseits und anderen Formen religiös legitimierter Gewalt andererseits eine mächtige regionalpolitische Brisanz, die direkte Konsequenzen für die gesamte Region Südasiens hat und die bilateralen Verhältnisse der dortigen Staaten beeinflusst. In Indonesien ist der nationalpolitische Kontext entscheidend, um das Auftreten religiös motivierter Terrorismen zu verstehen. Ihre Infragestellung des post-kolonialen Staates und seines Verständnisses von Modernisierung und Gesellschaft ist ein wesentlicher Referenzrahmen ihres Handelns.

Drittens finden sich in den Einzelbeiträgen sozialpsychologische Zugänge zu religiösem Terrorismus. Der Nahe Osten bzw. Palästina sind dafür ein gutes Beispiel. Die Erfahrung kollektiver Ohnmacht und Unterwerfung werden als eine Art kollektives Trauma interpretiert, die terroristische Methoden als eine Ermächtigungsstrategie wirken lassen, durch die eine gewisse Form der Eigeninitiative als gewaltsamer Einfluss auf die politischen Entwicklungen der realpolitischen Ohnmacht entgegengestellt wird. Dieser Zugang macht es möglich, nicht nur die Handlungen und Motivationen der terroristischen Organisationen selbst in den Blick zu nehmen, sondern auch das politische und militärische Vorgehen nicht-terroristischer Akteure als notwendige Voraussetzung und wesentlichen Rahmen dafür zu thematisieren.

Schließlich bietet vor allem ein Beitrag einen individualpsychologischen Zugang. Am Beispiel islamistischer Akteure in Westeuropa werden das Individuum und damit die Persönlichkeit des terroristischen Akteurs in den Mittelpunkt gestellt. Es wird durch einen Blick auf Einzelbiografien gefragt, welche individuellen Erlebnisse, Wahrnehmungen, religiöse Haltungen und Interpretationen von Wirklichkeit zu terroristischer Gewaltausübung führen. Dabei wird die Person selbst sehr wohl als soziales Wesen und damit als Teil einer Gruppe oder eines Milieus begriffen, aber der Zugang

zur Kernfrage des Warum erfolgt über letztlich individuelle Ho-
rizonte. Damit wird auch vorgeschlagen, den Terrorakt selbst als
einen radikal individuellen Akt zu interpretieren.

Wie bereits betont, bleiben auch in diesem Band viele Fragen
in Bezug auf die historischen und aktuellen Erklärungen terroristischen Handelns offen. Keiner der Einzelbeiträge kann wohl
den Anspruch erheben, selbst die konkret gewählten Fallbeispiele
erschöpfend zu erklären. Durch die Vielzahl der hier gesammelten
Zugänge ist aber ein Vorschlag komplementärer Annäherungen
gemacht. Im Zentrum dieses historischen Längsschnittes stehen
aber die Moderne und ihre Bewertung als eine entscheidende Zäsur,
die religiösen Terrorismus als politische Strategie überhaupt erst
hervorbrachte.

Die Herausgeber

Terror, Terrorismus und der Staat

Eine historische Einordnung

THOMAS KOLNBERGER

Asymmetrische Konflikte werden durch die große Ungleichheit ihrer Akteure hinsichtlich Ressourcen, Legitimation, Methoden und medialer Ausrichtung gekennzeichnet. Terrorismus ist ein Beispiel für diese Art der Konfliktaustragung.[1] Kleine, politisch motivierte Gruppen stehen dem Staat mit all seiner Machtfülle gegenüber. Trotz denkbar ungünstiger Ausgangslage und Chancenverteilung gelingt es terroristischen Gruppen, selbst große Staaten – darunter Weltmächte – in Atem zu halten. In Machtasymmetrien stecken auch Vorteile für die schwächere Seite. Besonders modernen Staaten mit demokratischer Regierungsform sind zum Schutz der individuellen Freiheitsrechte ihrer Bürger Regeln und Grenzen gesetzt, an die der moderne Terrorismus nicht gebunden ist. Für Terrorismus gelten andere Maßgaben. »Er überlässt dem Gegner das Terrain. Der Terror ist nicht auf Eroberung aus, die ihn der eigentlichen Stärke des Gegners frontal gegenüberstellt. (…) Der Effekt des Terrors liegt vielmehr in seiner lauernden, in nichts stationären Ungreifbarkeit. Er macht aus der eigentlichen Stärke des Gegners dessen Schwäche, indem er dieser kein Ziel bietet, während sie selber – in die sichtbare Repräsentanz notwendig gezwungen – überall Ziel bleibt.«[2] Terrororganisationen sind mobil, werden von keinen Landesgesetzen oder Staatsgrenzen zurückgehalten und wechseln Strukturen und Zusammensetzungen oftmals schneller, als sich behördliche Sicherheitsmaßnahmen darauf einstellen können. Diese Fähigkeit zum Wandel und zur Änderung der Aktionsformen ist ihr großer Trumpf. Als eigentliche Konstante von Terrorismus ist seine transitorische Gestalt zu bezeichnen.

---

[1] Münkler 2002; Becker/Hödl/Steyrer 2005.
[2] Schroers 1961, 194.

Zum transitorischen Wesen des Terrorismus

Terrorismus steht in engster Beziehung und fließendem Übergang
zu weiteren asymmetrischen Gewaltstrategien: Die Guerillataktik,
Partisanenkriege, Rebellionen, die Vorgehensweisen von *warlords*
und Milizen stehen als spezifische Aktionsfelder im unmittelbaren
Bezug zum modernen Staat und seinen Hoheitsrechten. Die Missachtung des staatlichen Gewaltmonopols ist ihr gemeinsamer Nenner; Überschneidungen, Kombinationen oder sukzessive Abfolgen
der einen mit der anderen Form sind gängige Praxis. Der Terrorismus liegt darin wie eine ›Zwischengröße‹, als zentraler Link, ein
Stadium, auf das andere Gewaltstrategien zurückfallen oder auf
denm sie aufbauen können.

In der Wahl ihrer Mittel unterscheidet sich die terroristische Methode wenig von artverwandten Strategien – auch von der des organisierten Verbrechens: Entführungen, Attentate, Beschaffungskriminalität, die Verbreitung von Angst und Schrecken gehören zu einem
gemeinsamen Repertoire. Dadurch kann Terrorismus zur strukturellen Klammer und Drehscheibe dieses Umfeldes werden. Die Res-
sourcenknappheit zwingt den Terrorismus zu solchen Transitionen,
seine vergleichsweise einfache Basisstruktur macht diese erst möglich.

Das ist Ursache und Wirkung des unmittelbaren Erzwingungsvermögens terroristischer Gewalt, die nämlich nur als gering einzuschätzen ist und stets auf die Reaktionsbereitschaft anderer angewiesen bleibt: Kann die öffentliche Meinung für seine politischen
Ziele gewonnen werden; steigt die Staatsgewalt auf die Provokation
ein? Terrorismus ist »primär eine Kommunikationsstrategie« – eine
kommunikative Technik. Nach der Definition des Soziologen Peter
Waldmann, die in Fachkreisen auf breite Zustimmung gestoßen ist,
»sind unter Terrorismus planmäßig vorbereitete, schockierende Ge-
waltanschläge gegen eine politische Ordnung aus dem Untergrund
zu verstehen. Sie sollen vor allem Unsicherheit und Schrecken verbreiten, daneben aber auch Sympathie und Unterstützungsbereit-
schaft erzeugen.« Moderner Terrorismus ist primär ein demonstrati-
ver Angriff auf den Staat – seine Organe, seine Bürger, aber vor
allem auf sein Gewaltmonopol. Er ist eine »Provokation der Macht«.[3]
Der Terrorist stellt die Legitimität von Regierungen oder die des
Staates überhaupt in Frage. Gleichzeitig zielt er auf die Inbesitz-
nahme, zumindest Beeinflussung seiner Ordnung. Die terroristische Infrastruktur ist dazu voll und ganz auf gelegentliche Demons-

---

[3] Waldmann 2005a, 12ff.

trationen ausgelegt und muss sich keiner kontinuierlichen Routine unterziehen. Terroristen haben den großen Vorteil, Zeitpunkt, Ort und Durchführungsweise für ihre Aktionen wählen zu können. Die Intervalle der Aktivitäten sind dabei weniger entscheidend. Während ihre staatlichen Gegenspieler 24 Stunden pro Tag und 365 Tage im Jahr die Feuerwand stützen müssen, reicht es für Terrorgruppen beizeiten, den einen oder anderen Schlag ins Ziel und ins Gesicht der öffentlichen Ordnungsmacht zu landen. Auch das Verhältnis von Mitteleinsatz und ›Schadenserfolg‹ zu ›Schadensprävention‹ geht zu Gunsten der Angreifer. Den 3 000 Toten des WTC-Anschlages am 11. September mit seinen in die Hunderte Millionen US-Dollar hochgerechneten Sach- und wirtschaftlichen Folgeschäden sollen laut einer ›Schadensbilanz‹ – neben den 19 toten Flugzeugentführern – lediglich 500 000 US-Dollar für sonstige Aufwendungen, wie Kost, Logis und Ausbildung gegenüberstehen.[4]

Dagegen müssen Guerilla, organisiertes Verbrechen, *warlords* und Regimeterror (›Staatsterror‹) für ihre Zielsetzungen erst eine spezifische, dauerhafte Grundlagenorganisation entwickeln: *Warlords* sind gezwungen, selbst einen Kontrollapparat und Territorialschutz aufzubauen; die Guerilla hängt von der tatkräftigen, teilweise unter Zwang genötigten Unterstützung der Bevölkerung ab; das organisierte Verbrechen mit seinen gewerbe- und unternehmensähnlichen Strukturen agiert als krimineller Parasit staatlicher Organisation; und Regimeterror wird von Staatsorganen betrieben. Dank ihrer klandestine Elastizität sind Terrororganisationen weitgehend ›autark‹, ihre Kleinstruktur ist zäh und Zellenstrukturen sind für eine Verfolgung nur schwer fassbar. Zeitweise können Terrororganisationen es sogar riskieren, Sympathien zu verspielen, indem sie – oder Splittergruppen – einen zunehmend radikaleren Gewaltkurs fahren, der sie von ihren Unterstützergruppen entfremdet.

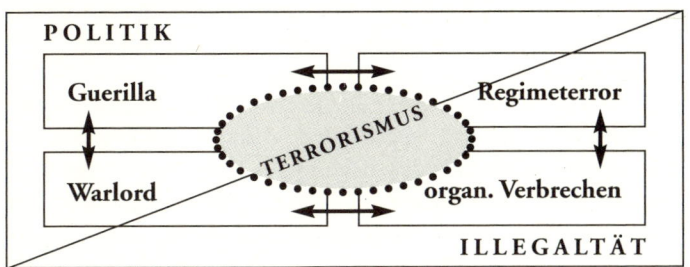

Terrorismus als zentraler Link

---

[4] Napoleoni 2003, 219.

Organisatorisches Kontinuum und Komposita
als terroristische Strategie

Terroristen betreiben ›außerparlamentarische Opposition‹ in Demokratien und ›Regimekritik‹ in Diktaturen, wobei diese Zuord-
nung natürlich von der jeweiligen Perspektive abhängt. Auf para-
militärischer Ebene sind Guerilla (und *warlords*) mögliche Partner.
Ihre Strategien und Taktik sind komplementär, und das eine ist oft
Auftakt zum anderen. »Terroristen wollen das Denken, die Guerilla
das Territorium besetzen«, ist diese Wahlverwandtschaft einmal
treffend charakterisiert worden. Trotz der irregulären Kampfweise
trachten Guerilleros danach, sich im Status von kriegsvölkerrecht-
lichen Kombattanten zu halten, also im Prinzip einen regulären
Krieg mit all seinen Rechten und Pflichten gegenüber dem Feind
und der Zivilbevölkerung zu führen. Alle regulären Armeen ihrerseits führen die ›Guerillataktik‹ – kleiner, aber schlagkräftiger, hoch-
mobiler und zumeist ortskundiger Kampftruppen ohne schweres
Gerät als leichte Infanterie – in ihrem strategischen *pouvoir*. Von
beiden Seiten sind die Grenzen zum offiziellen Krieg fließend und
Verstöße gegen die Kriegsordnung gängige Praxis.

In Krisenzeiten bleibt der Guerilla oft nur noch die Möglichkeit,
terroristische Anschläge durchzuführen, bis sie wieder an Stärke gewonnen hat. Durch solche Wechsel oder Wechselfolgen der Inten-
sitätsstufen kann die politische Initiative beibehalten werden.

Mitunter werden Doppelstrategien gefahren. Zur Verschärfung
des politischen Drucks begleiten Terroranschläge den Freiheitskampf der Guerilleros. Der ›Krieg‹ soll in die Herkunftsländer der
Aggressoren oder ihrer kolonialen Brückenköpfe getragen werden.
Dabei fallen die Operationsgebiete zumeist auseinander. Der Algerische Unabhängigkeitskrieg (1954 bis 1962) gegen Frankreich weist
einige solche Parallelaktionen auf. Terroristen von beiden Seiten
konnten eindrücklich unter Beweis stellen, wie aus taktischen Überlegungen und Zwängen heraus problemlos Strategiewechsel erfolgt
sind, um sich im politischen Spiel halten oder überhaupt teilneh-
men zu können. Der Anfangserfolg der *Front de Libération Nationale* beruhte zunächst auf dem höchst repressiven Umgang der französischen Kolonialmacht mit dieser Terrorgruppe. Erst durch diese
Verfolgung erfuhr die FLN großen Zulauf und internationale Aufmerksamkeit. Ursprünglich ist die in Kairo gegründete FLN aus
einer Befreiungsbewegung hervorgegangen. Auf dem Weg zur algerischen Einheitspartei schaltete sie jedoch nicht nur konkurrierende
Unabhängigkeitsorganisationen aus, sondern betrieb – wie ein po-

litischer Janus – im Zuge ihrer Machtergreifung Regimeterror gegen die eigene Bevölkerung.

Der Blutzoll dieser Säuberungen und Einschüchterungsmaßnahmen zur Festigung der Herrschaft betrug Zehntausende von Menschenleben. Der Weltöffentlichkeit wurde diese unmenschliche Seite verschleiert und die FLN inszenierte ihre Aktionen als sauberen Freiheitskampf. Diesem Chamäleon stand die demokratisch orientierte Staatsmacht Frankreichs weitgehend ratlos gegenüber. Zunehmend geriet der Unabhängigkeitskampf auch zur innenpolitischen Zerreißprobe für das Land. Die berüchtigte ›Schlacht um Algier‹ zwischen der französischen Armee und der FLN als ›Stadtguerilla‹ wurde unter schweren Menschenrechtsverletzungen zwar gewonnen, der Unabhängigkeitskrieg gegen die FLN als ›Landguerilla‹ ging aber schließlich verloren. Zusätzlich verschärfte der ›Gegenterror‹ der OAS (*Organisation Armée Secrète*) – einer von französischen Offizieren gegründeten, für den Erhalt einer *Algérie française* kämpfenden Untergrundorganisation – die Verfassungskrise und führte schließlich zur Ausrufung der Fünften Republik mit der von de Gaulle geforderten Stärkung des Präsidentenamtes.

Auch die lange Geschichte der IRA (*Irish Republican Army*) weist einige solcher Konjunkturen auf. In Demokratien werden manche terroristischen Gruppen nicht nur von individuellen Sympathisanten unterstützt, sondern durch eigene Parteien als politischem Flügel der Bewegung offiziell vertreten. Bis an die Staatsspitze kann dieser gemeinsame Weg führen. So stiegen einzelne Führungsfiguren wie Nelson Mandela und der ANC, Menachim Begin und der zionistische *Irgun* oder Arafat und ›seine‹ PLO – um die prominentesten anzuführen – zu Staatsmännern, ja Staatsgründern, auf.

Wie ihre Führer, haben auch die Terrororganisationen ihre individuellen ›Lebenszyklen‹. Die meisten überstehen schon die Anfangs- und Gründungsphase nicht. Der erste Schritt aus der Anonymität heraus fällt noch verhältnismäßig leicht, doch die Initiative zu behalten – und das ist entscheidenden – gestaltet sich zunehmend schwieriger. Auf gar keinen Fall können es sich Terrororganisationen aber leisten, ›spontan‹ zu bleiben – das ist eine Todsünde –, denn sie müssen auf geänderte Umstände innovativ reagieren oder werden von diesen aufgezehrt. Isolieren sich Terrorgruppen von ihren Sympathisanten zu stark, droht das politische Aus. In diesem Zusammenhang degenerieren manche zu rein mafiosen Verbänden, die keine politischen Endziele mehr verfolgen, sondern nur noch darauf bedacht sind, auf kriminelle Weise – durch Erpressung,

Schmuggel und weitere, politikfreie Erwerbsaktivitäten – ihre
Existenz auf Dauer zu bestreiten. Sie werden Teil einer »terroristischen Schattenwirtschaft«.[5] Der Übergang dazu fällt leicht, und in
den für national und international operierende Gruppen so wichti-
gen Schon- und Rückzugsräumen können sich solche terroristischen Verbände und Guerillas mitunter zu ›quasi-staatlichen‹
Schutzmächten aufschwingen. Die Chancen für eine Person, sich in
diesem sich überlappenden Umfeld hin und her zu bewegen, sind
hoch: Der berüchtigte ›Carlos‹ (Ilich Ramírez Sánchez) gilt als
Musterbeispiel eines solchen Berufsterroristen.

Auch der Wandel seiner gesamten organisatorischen Ausrichtung ist – so darf als Zwischenfazit festgestellt werden – die Konstante von Terrorismus in Geschichte und Gegenwart.

Der Terrorismus in der Moderne und
seine vier Wellen

Nach David Rapoport kann das Phänomen des modernen Terrorismus in ein Auf und Ab von Wellen unterteilt werden: Wellen im
Sinne von besonderen Profilen und Eigenheiten, ohne dass die eine
die andere gänzlich zum Verschwinden brächte. Lediglich ihre Intensität ebbte – so der empirische Befund – nach ungefähr einer
Generation ab. Einem kontinuierlichen Lernprozess gleich ›schiebt‹
die eine Welle die anderen mit ihren praktischen Erfahrungen und
theoretischen Begründungen voran. Der Terrorismus zitiert sozusagen seine Geschichte, denn Terrororganisationen nehmen explizit
aufeinander Bezug und geben als Vorläufer oder Zeitgenossen anderen Gruppen sowohl bei der technischen Umsetzung als auch in
ihrer ›Gruppenphilosophie‹ oder politischen Zielsetzung Anleihen.
In einer langen Welle mit (bisher) vier Zwischenkonjunkturen, begleitet der Terrorismus seit der zweiten Hälfte des 19. Jahrhunderts
nun schon die Genese der modernen Welt und gewann – Schritt für
Schritt – sein Profil. Die vier bisherigen Wellen nach Rapoport
sind: »die anarchistische; die antikoloniale; die neue Linke und die
vierte oder religiöse Welle«.[6]

---

[5] Dietl/Hirschmann/Tophoven 2006.
[6] Rapoport 2006.

Die erste Welle, die Welle des Anarchismus

In der zweiten Hälfte des 19. Jahrhunderts schlug Russland, der
»Gendarm Europas«, als der dieses reaktionäre Regime verschrien
war, einen Modernisierungskurs ein. Um im europäischen Kräfte-
spiel der Mächte weiterhin seine außenpolitische Rolle beibehalten
zu können, wurde ›von oben‹ eine Reformpolitik lanciert, und dabei wurden Änderungen zugelassen, wie sie das Land seit Peter dem
Großen nicht mehr erlebt hatte. Zudem wollte sich das Zarenreich
als Herznation aller Slawenvölker empfehlen und sein Image verbessern. Das Zeitalter der großen Reformen brachte neben Lockerungen der Zensur, Bauernbefreiung, Bildungsreformen und industrieller Aufbauarbeit Liberalisierungen ins Land, die ein Klima
des Aufbruchs schufen: Dem Frühling folgten drei heiße Sommer zwischen 1861 und 1863, in denen die Studenten rebellierten.
Große Hoffnungen wurden geweckt und die Zukunft pathetisch
beschworen. Verschiedene ›Terroristen-Gruppen‹ – damals galt diese
Selbstbezeichnung noch als Prädikat – legten sich mutig mit dem
Staatsapparat an, und junge Bildungspioniere und Aufsteiger (*intel-
ligentiki*) – meist aus ›besserem Haus‹, darunter auch viele jüdischer
Abstammung – machten den Sommer von 1874 geradezu »ver-
rückt«, wie es hieß.[7] Der Propaganda der Worte folgten nun wirklich die Taten und führten Russland mit anderen Erschütterun-
gen – am bekanntesten die Niederlage gegen Japan 1905 – in eine
veritable Staatskrise: »Zwischen 1905 und 1908 wurden 2 563 Regie-
rungsangestellte getötet und weitere 2 954 verwundet. In den sechs
Monaten von Oktober 1905 bis April 1906 gab es 827 Attentats-
versuche gegen offizielle Regierungsvertreter, wobei 288 getötet
und 383 verletzt wurden. Diese Zahlen beinhalten nicht die mehreren tausend Zivilisten, die bei terroristischen Anschlägen zwischen 1905 und 1907 getötet oder verwundet worden sind.«[8]

In diesen Jahrzehnten und davor wurde im zaristischen Russland um die öffentliche Meinung und Zukunft des Staatswesens
wohl am intensivsten gerungen. Und dies blieb bei weitem nicht
der einzige Schauplatz der anarchistischen Welle. Der Anarchismus
war international und wurde zum ›goldenen‹ Zeitalter der Attentate. Nicht nur auf politische Prominenz wie Könige, US-Präsiden-
ten und sonstige Spitzen des Staates hielt man beinahe schon eine
Trophäenjagd ab. Daneben sind mit dem ›ersten Anschlag‹ auf das

---

[7] Tork 1996; Kaczynska 1994.
[8] Naimark 2006, 272.

Welthandelszentrum, die New Yorker Börse an der Wallstreet, am 16. September 1920 durch italienische Exil-Anarchisten, auch hoch symbolische Orte für abstrakte Feindbilder wie die ›kapitalistische Weltordnung‹ ins Visier genommen worden. Diese Aktionen können als Tyrannenmord und ›Bilderstürmerei‹ im neuen Kontext gewertet werden, auch ihrer geringen, unmittelbaren Wirkung wegen. Klar zeichnet sich jedoch die Tendenz Richtung medialer Gesinnungssuche ab: 1896 etwa besetzte ein armenisches Kommando ein Bankhaus in Istanbul – das kosmopolitische Tor des Osmanischen Reiches zur Welt. In einer aus späteren Zeiten so vertrauten Manier der Flugzeugentführungen nahmen die Terroristen Geiseln, um auf die prekäre Situation ihrer Landsleute unter den Türken aufmerksam zu machen.[9] Andere Geldinstitute wiederum wurden zu Zielen simpler Beschaffungskriminalität terroristischer Gruppen; ein strategischer Mix, der als geradezu prototypisch gelten muss. Prototypisch auch, dass die Anarchisten in ihren Prozessen mutig und gewitzt die Dramaturgie verkehren konnten: Sie sei Terroristin, keine Mörderin, verkündete etwa Vera Zasulich – die vielleicht bekannteste der vielen Frauen in der russischen Bewegung, laut und deutlich vor Gericht, drehte den Spieß um und setzte das zaristische Regime auf die Anklagebank. Nicht vor laufender Kamera, aber vor aufgeregt bekritzelten Notizblöcken der anwesenden Journalisten. Dass Zasulich Charisma hatte, erleichterte ihre mediale Apotheose zur Heldin und Märtyrerin einer ansonsten klandestinen, aus dem Untergrund heraus arbeitenden, handverlesenen Gruppenstruktur mit hohen Zugangsbeschränkungen.

Modern sind vor allem die Suche nach Publizität mittels sensationeller Taten und die gezielte Verbreitung von Angst und Schrecken unter den Repräsentanten der Regierungen. Nicht die unmittelbaren Konsequenzen der Liquidierung von Personen oder Zerstörung einer Institution, die Macht verkörpert, sind die eigentlichen Ziele, sondern die damit verknüpfte Botschaft an die Bevölkerung, doch die Fesseln historisch gewachsener Konventionen abzustreifen. Schicksal ist machbar und liegt in den Händen der Öffentlichkeit. Gruppendynamisch verstanden die Terroristengruppen sich von da an als politische *avant-garde* – ein militärischer Begriff –, die selbstständig und unabhängig an vorderster Front den Kampf aufnimmt und den Massen erste Gassen öffnet.[10] Ihre

---

[9] Clutterbuck 2006, 294.
[10] Hecken 2006.

Mission war heilig, und der damit verbundene ›moralische Ab-
soutismus‹ nahm mitunter die typisch autistischen Züge einer
Bewegung an, die ihre Bedeutung und Wirkung überschätzt. Ihr
rationales Kalkül bei Planung und Umsetzung blieb davon jedoch
unberührt.

Modern daran ist auch die Reaktion seitens der Regime, denn
der Terrorismus wurde unbeabsichtigt zum Steigbügelhalter der
modernen Staatspolizei und deren sukzessiver Kompetenzerweite-
rung: »Souverän ist, wer über den Ausnahmezustand entscheidet«,
schrieb der »Kronjurist des Dritten Reiches«[11], Carl Schmitt – und
der muss es ja wissen. Es kann als tragischer Treppenwitz der Geschichte gelten, dass ausgerechnet die russischen Anarchisten mit
ihren Aktionen jene monströsen Exekutivorgane mit erschufen, die
zu bekämpfen sie ausgezogen waren. Die Hoffnung, eine bessere
Welt erzwingen zu können, scheiterte und das Regime saß danach
fester im Sattel als zuvor. Das russische Beispiel macht deutlich, dass
Terrorismus an Intensität zunehmen kann, wenn in einer Gesellschaft eine friedliche Transformation aufgrund der Lockerungen der
Repressionspraxis möglich scheint. Ist das der Fluch der Freiheit,
dass sie sich selber abwürgen kann? So entfaltete sich erst unter dem
Druck der Anarchisten die *okhrana*, die zaristische Geheimpolizei,
zu jener omnipräsenten Organisation, die aus der Konfliktpraxis
heraus zukunftsweisende Methoden moderner Terrorismusbekämpfung entwickelte: vom simplen Spitzeltum zum Undercover-Agen-
ten; vom kleinen Verräter zum *agent provocateur*; von der Beam-
ten-Zensur zur nachrichtendienstlichen Ermittlungsmethode, von
›Vorladungen‹ zu raffinierten Verhören und Foltermethoden ging
die Transformation. Diese »Dritte Abteilung« der zaristischen Kanz-
lei wurde in jeder Hinsicht zur direkten Vorläuferin der sowjet-
kommunistischen Staatssicherheit. Viele Karrieren wechselten nach
der Oktoberrevolution nur die Farben, nicht ihre Methoden, die
weiter verfeinert wurden. Wie in anderen Vergleichsfällen rekrutierte sich ihre Personalreserve ursprünglich aus der Gendarmerie,
also den staatlichen Sicherheitsorganen auf dem flachen Land als
einem jüngeren Feld hoheitsrechtlicher Präsenz. Ein Muster, welches sich beispielsweise bei der *Royal Irish Constabulary* – ab 1922 in
Royal Ulster Constabulary umbenannt – wiederholte.

Der internationalen Bedrohung wurde auf Initiative Berlins und
Russlands bereits 1904 Rechnung getragen und in St. Petersburg
wurden die Protokolle für eine länderübergreifende Bekämpfung

---

[11] Bezeichnung nach Waldemar Gurian.

der Anarchisten unterzeichnet. 1908 gaben sich sogar die Vereinigten Staaten, die gegenüber Bundesbehörden und internationalen Einbindungen traditionell reserviert blieben, mit dem *Bureau of Investigation* (BOI), der Vorgängerorganisation des FBI, eine nationale Polizeibehörde.

Ethno-nationaler und anti-kolonialer Terrorismus: Die zweite Welle

Mit den beiden Weltkriegen änderte sich die weltpolitische Situation für den internationalen Terrorismus erneut: Der Terrorist wurde Teil anti-kolonialer Widerstandsbewegungen, oder brachte sich auf die eine oder andere Weise in die Nähe zum ›Freiheitskämpfer‹ – »one's man terrorist is another man's freedom fighter« lautet ein geflügeltes Wort seither. Zu den hauptsächlichen Zielen dieser Welle zählten Repräsentanten der Besatzungsregime. Kleine, radikale Gruppen versuchten sich mit Attentaten auf Polizeistationen, Militärlager, Kolonialbeamte oder sonstige Symbolorte kolonialer Präsenz als Initialzündung für den großen Aufstand. Die gesuchte Öffentlichkeit war eine doppelte: einerseits die Agitation der eigenen, zu befreienden Bevölkerung und andererseits der moralische Appell an die Weltöffentlichkeit, es hinsichtlich des Rechts auf Selbstbestimmung des eigenen, nationalen Schicksals nicht bei leeren Worten bewenden zu lassen. Diese Forderungen nach Selbstbestimmung in einem eigenen Staate nahmen verschiedene ethnische Minderheiten gleichermaßen in Anspruch, von Irland und Nordirland bis zu den Basken und den Tamilen Sri Lankas. Dazu passte die Selbstbezeichnung ›Terrorist‹ nicht mehr. Auch stellten neue Strategien – fern gezündete Bomben etwa, Selbstmordattentate oder koordinierte Flugzeugentführungen der Palästinenser – die Behörden vor neue Herausforderungen.

Wenn Publicity der ›Sauerstoff‹ des Terrorismus ist, wie Margaret Thatcher einmal bemerkte, dann kann keine Organisation von Luft alleine leben. Neben den bekannten Geldbeschaffungsaktionen bei Bedarf (wie Banküberfällen) zogen Terrorismusorganisationen/Unabhängigkeitskämpfer zur Finanzierung ihrer Aktionen und ihres Lebensunterhaltes zunehmend ›Steuern‹, etwa als Solidaritätsbeiträge von der ansässigen Bevölkerung oder Diasporagemeinden, zur Finanzierung ihrer Aktionen und des Lebensunterhaltes heran. Die Notwendigkeit fortlaufender Budgets zu erstellen, führte automa-

tisch auch zur Suche nach dauerhaften Einnahmequellen, die mitunter in eine »Ökonomie des Bürgerkrieges« mündeten. Aus dieser
Logik heraus wurden rohstoffreiche Landesteile besetzt und der
›Terrorist‹ mutierte in Teilen zum Wirtschaftsboss und Ausbeuter.[12]
Die Geschichte politischer Gewalt in der ›Dritten Welt‹ und die
Kontinuität ethnisch-nationaler Unabhängigkeitskämpfe der ›Ersten Welt‹ machen das Abgrenzungsproblem, die ›Transitionen‹,
zwischen den verschiedenen Gewaltarten (kriminelles Bandenwe-
sen, Guerilla, Bürgerkrieg und Terrorismus) besonders deutlich.

Gerade die Kombinationen aus ethno-nationalem bzw. anti-
kolonialem Widerstand mit Terrorismus sind äußerst widerstands-
fähig. In Ländern wie Kolumbien führte das Patt zwischen Rebellen
und dem Staat gar zu einer ›hoheitsrechtlichen Arbeitsteilung‹
innerhalb des Territoriums, und qua ihrer offiziellen politischen
›Vorfeldorganisationen‹ wandelte sich die entwaffnete IRA mit der
Sinn Fein zum nationalen Polit-Establishment. Durch diese Art von
Anerkennung mittels Friedensverhandlungen oder ›Quasi-Legiti-
mationen‹ von Hoheitsrechten wurden solche Gruppen in den
Zugzwang politischer Logik und Verantwortung gebracht. Die
einst so erfolgreiche PLO hat sich darauf nicht einstellen können
und ist als ›nationale Partei‹, als Dachorganisation palästinensischer
Aktionsgruppen gescheitert. Das arbeitsteilige Verhältnis zwischen
der ETA und der Baskischen Nationalpartei (PNV) war erfolgrei-
cher, und soll von deren langjährigem Chef »einmal auf den folgenden einprägsamen Nenner« gebracht worden sein: »Ihr schüttelt
den Baum, und wir ernten die Früchte.«[13] Je länger die Lebens-
dauer solcher Organisationen, desto höher die Wahrscheinlichkeit
der schleichenden Anerkennung und damit der einen oder anderen
Transition zwischen Legalität und Kriminalität.

Die dritte Welle

Die dritte, »sozialrevolutionäre« oder »Neue Linke«-Welle, als die
sie Rapoport bezeichnet, hatte ihre Gründerzeit zwischen 1965 und
1975. In dieser Zeitspanne wurden Dutzende Organisationen erstmals, und oft nur kurz, aktiv. Auf den Zusammenhang zwischen
der 68er-Bewegung als Zeichen revolutionären Aufbruchs sei hier
nur verwiesen und auch darauf, dass diese weltweite Gründerwelle

---

[12] Jean/Rufin 1999.
[13] Waldmann 2005, 181.

mit verschiedenen anti-kolonialen Konflikten und Unabhängig-
keitskriegen in Zusammenhang steht. In den Industrienationen erinnert ihre Form von Terrorismus an die anarchistische Welle. Terrorismus, insbesondere der »reine Terrorismus« des RAF-Typus,
»(...) der die terroristische Logik in gewissermaßen idealtypischer
›Reinheit‹ verkörpert«, wie in der eingangs zitierten Definition nach
Peter Waldmann, kann nur unter »*soliden demokratisch-rechtsstaat-
lichen Kontextbedingungen mit der für sie typischen Bedeutung der
öffentlichen Meinung* funktionieren. Nur unter diesen Bedingungen
ist eine effiziente Ziel-Mittel-Relation, für die eine gewisse *Gewalt-
›Sparsamkeit‹* typisch ist, zu erreichen.«[14] Mit verhältnismäßig wenigen Attentaten verschafften sich etwa die deutsche RAF oder die
Roten Brigaden in Italien ein Maximum an Aufmerksamkeit. Nach
Heinrich-W. Krumwiede ist der Terrorismus als spezielle Form
politischer Gewaltausübung »in erster Linie ein auf die Erste Welt
bezogenes Phänomen«.[15] Die Öffentlichkeit moderner Demokratien und ihre Presse- und Meinungsfreiheit wird dabei entweder
zur Bühne für terroristische Anschläge oder zum Schauplatz der
Sympathisantensuche für eine andere weltpolitische Politszenerie.
Stefan Troebst spricht hier von der »Ressource der Weltöffentlichkeit«.[16] Die Freiheit des Waren-, Personen- und Gedankenverkehrs –
Grundsätze jeder liberalen Ordnungsvorstellung – erweisen sich
auch als Transmissionsriemen für internationale Terroristen und
ihre Botschaften. Das eine bedingt das andere.

Fundamentalismus und Terrorismus – die vierte Welle?

»Fundamentalismus wird häufig mit politisierter Religion oder gar
mit Militanz und Terrorismus gleichgesetzt. (...) Entgegen dem
weit verbreiteten Eindruck, dass Fundamentalisten überwiegend
politische Ziele verfolgen, kann man zudem festhalten, dass sich die
meisten fundamentalistischen Gruppen als religiöse Subkulturen
oder als Kommunen organisieren, indem sie sich entweder primär
symbolisch oder auch räumlich von anderen Gruppen und kulturellen Milieus abgrenzen.«[17] Soll die vierte Welle, deren Tide nach
der Prognose Rapoports noch bis ca. 2020/2030 anhalten wird,

---

[14] Nach Krumwiede 2005, 74ff. (Hervorhebungen im Original)
[15] Ebd.
[16] Troebst 2002.
[17] Riesebrodt 2004, 26 u. 27.

mehr als Symptom für die Rückkehr der Religionen, oder mehr als kennzeichnende Qualität einer neuen Art von Terrorismus aufgenommen werden? Diesen »transnationalen Terrorismus« zeichnen nach Ulrich Schneckener folgende Trends aus: »wachsendes Zerstörungspotential, medial gesteigerte Schockeffekte, Fähigkeit zur Planung komplexer Operationen, die USA oder der Westen als Feindbild«.[18] Tatsächlich ergeben sich hier Schnittmengen, welche aus dem historischen Verlauf zweier Phänotypen der Moderne – Fundamentalismus und Terrorismus – zu erklären sind. So findet sich Kritik an ›der Moderne‹ als Motiv religiöser Fundamentalismen genauso wie die Rückkehr der Religionen als alternatives Potenzial für Identitätsfindung oder öffentliche Macht. Ein auf diese religiös-ideologische Weise genährter Skeptizismus kann mitunter von militanter Feindseligkeit und sozialer Schließung zu offensiven Handgreiflichkeiten wechseln.

Tatsächlich greifen aber nur wenige Radikale sowohl den fundamentalistischen Lebensweg als auch seine terroristische Prophetie auf. Hans Magnus Enzensberger bezeichnet sie im Titel seines Essays »Versuch über den radikalen Verlierer« als »(des) Schreckens Männer«. Die ›schweigende Zustimmung‹ großer Teile der Bezugsgruppen fällt dabei in eine andere Kategorie, werden sie doch vereinnahmt. Es sind kleine, aktive Zellen beider Phänomene, welche zumeist einer marginalisierten Mitte entstammen und um charismatische Führerpersönlichkeiten geschart den Anspruch auf die *moral majority* erheben. Der Grund, aus dem aber gerade der Islam und Islamismus weitgehend zu Synonymen für ›religiösen Terrorismus‹ geworden sind und al-Qaida als sein schärfstes Schwert gilt, liegt in einer weiteren Parallelentwicklung der Moderne. Denn als ›Quelle‹ liegt diesem Fundamentalismus auch die Enttäuschung über die ›Moderne‹ zugrunde, vor allem über die ungleiche Verteilung deren Chancen in der Gegenwart. Schien die Entwicklung in der arabischen Welt nach erfolgreich geschlagenen Unabhängigkeitskämpfen noch verheißungsvoll, blieb die Chance, binnen kurzem auf den national eingeschlagenen Wegen zu den Gewinnern der Modernisierung gezählt werden zu können, zunächst noch intakt, verlor die islamische Welt zunehmend ihre Position der Augenhöhe mit dem Westen. Panarabismus, Sozialismus, Liberalismus erfüllten ihre Versprechungen nicht, und sozial-revolutionäre Utopien als Wege des Aufstieges überzeugten bald niemanden mehr. Als Reserve zu den von Korruption und Dekadenz beherrschten

---

[18] Schneckener 2006.

National(itäten)staaten bot sich für viele die Religion als die ältere, ›primordiale‹ Gemeinschaft an. *Umma* und Kalifat statt Klassen, Arabischer Liga oder (Vereinten) Nationen.

Ursachen wären viele zu benennen, häufig wird in diesem Zusammenhang der *Arab Human Development Report* zitiert, der verschiedene Defizite arabischer Länder bei politischer Freiheit, wirtschaftlichem Erfolg oder dem Status der Frau konstatiert und mit objektiven Faktoren wie Lebenserwartung, Schulbildung und Alphabetisierungsgrad oder Pro-Kopf-Einkommen verknüpft. Diese Statistik klammert sogleich den ›Islam‹ als primären Faktor aus, denn die andere – sogar bevölkerungsreichere – Hälfte der islamischen Weltreligion, der ›Tropenislam‹ vornehmlich in Südostasien, ist von den positiven wirtschaftlichen Eckdaten her diesem Trend nur eingeschränkt zuzurechnen. Spätestens seit der Asienkrise 1997/98 macht sich aber auch dort das mitunter gezielt propagierte Gefühl breit, die Kolonialherren zwar abgeschüttelt zu haben, nicht aber ihre imperialistischen Methoden, die in Form der Globalisierung nur in anderer Gestalt ihre Lebenswelten weiterhin in Abhängigkeit halten. Mit diesem ›Schuldtransfer‹ kann hervorragend von hausgemachten Problemen abgelenkt werden. Die ›Kreuzfahrer‹ neuen Zuschnitts sind die ›Raubritter‹ in der vom Westen, insbesondere den USA (des ›großen Satans‹), gesteuerten Globalisierung. Dagegen – so die Selbstdarstellung – wird ein ›gerechter Krieg‹ geführt.

Ins Visier der Attentäter gerät der gesamte Westen auch, weil dieser mit seiner medialen Macht bis in den letzten Winkel der Erde vordringen kann. Das Ziel für einen Anschlag muss dabei nicht einmal geographisch im ›Westen‹ liegen. Weltweit sind Botschaften oder von westlichen Touristen frequentierte Bars an Traumstränden von Ägypten bis Bali attackiert worden – so offensichtlich war der Adressat. Die durchgehend höhere Zahl einheimischer Opfer und materieller Schäden für die lokale Bevölkerung durch Terroranschläge und Terrorismusbekämpfung selbst gehen dabei in den westlichen Nachrichtensendungen als ›Kollateralschäden‹ unter. Das bestätigt zweierlei: erstens den ego-zentristischen – und deshalb so wirksamen – Wahrnehmungshorizont des Westens, und zweitens, dass als eigentliches Zielpublikum die Bevölkerung und politische Szene vor Ort anvisiert sind. Das sind altbekannte Kalküle einer »Propaganda der Tat«, die gleichzeitig die Gelegenheit für die kleine, persönliche Rache am Westen bietet. Auch wenn es den Attentäter sein eigenes Leben kostet, ist sein heroisches Nachleben als Märtyrer garantiert – dafür wurde ideologisch-propagandisti-

sche Vorsorge getroffen. Die Mobilisierung religiös-fundamentalistischer Bewegungen an der Basis (*grass-root*) und die Terrorbereit-
schaft kleinerer Gruppen und deren Querverbindungen reichen
sich dazu selbstverstärkend die Hände. Von diesen Zeichen ermu-
tigt, exekutieren radikale Splittergruppen der sich missverstanden
fühlenden, nicht als gleichwertig von den Gastländern anerkannten
islamischen Diaspora eine Art ›Solidaritäts- und Gesinnungsterror‹.
Zwischenzeitlich überrascht es nicht mehr, dass es sich dabei meist
um jüngere Männer handelt, die eigentlich schon als ›integriert‹
galten. Bombenanschläge auf *soft-targets* wie U-Bahnen oder Bahn-
höfe haben andere Nachahmungstaten zur Folge und werden fast
schon reflexartig al-Qaida zugerechnet, oder ›der‹ Islam gerät unter
den Generalverdacht der Komplizenschaft, zumindest der zynischen
Beistimmung. In einem Wort: Auf beiden Seiten herrscht Ver-
schwörungsverdacht und dieser nährt die wechselseitigen Klischees.
»Das Bild des Westens im Okzidentalismus ähnelt den schlimms-
ten Aspekten seines Gegenparts, des Orientalismus, der seine
menschlichen Ziele ihrer Menschlichkeit beraubt.«[19] Der Islamismus leistet solchen Vorstellung Vorschub, und aus der Verschmel-
zung großer politischer, religiöser und sozialer Motive entsteht eine
aggressive Ideologie. Dieser kleinste gemeinsame Nenner wiederum
kann den »radikalen Verlierer« genauso motivieren wie den mate-
riell bestens versorgten Saudi oder den im Westen als längst assimi-
liert geltenden Einwanderer. Es sind gerade diese Imponderabilien
des menschlichen Faktors, die von sozialwissenschaftlicher Seite
nicht restlos aufzulösen sind, denn sie zielen auf das Denken und
Fühlen, auf die Herzen der Menschen. Dass Terrorismus gezielt als
politisches Mittel eingesetzt wird, schließt auch opake Motive wie
Größenwahn, Rachsucht, Vernichtungswille oder Märtyrertod für
ein Kollektiv, die letztendlich zu radikalen Aktionen in einen Ge-
waltkreislauf ohne Ausgang zu führen scheinen, nicht aus.

Durch den Fundamentalismus wird der Islam zur Religion aus
zweiter Hand, obwohl ja die fundamentalistische Interpretation
genau das Gegenteil von sich behauptet. Aus dieser neu betonten
Selbstbezogenheit folgt noch keineswegs religiöse Militanz. Der
Islamismus hingegen politisiert. Der Islam wird zur Kampfreligion
und Verteidigungsgemeinschaft inmitten eines feindlichen Umfeldes erhoben. Von seinen Wortführern wird die offensive Verteidigung ihrer Wertvorstellungen unmissverständlich gepredigt und als
Selbstbehauptung gerechtfertigt und gleichzeitig die Vertretungs-

---

[19] Buruma/Margalit 2004, 18.

macht für weltweit rund 1,3 Milliarden Musliminnen und Muslime pauschal und ohne Mandat in Anspruch genommen. In diesem Feld und von diesen Transitionen bestimmt, bewegt sich der Terrorismus der vierten Welle in seiner islamistischen Spielart, die nicht mit Fundamentalismus und schon gar nicht mit dem Islam als Weltreligion verwechselt werden darf, ohne die eindeutigen Zusammenhänge dabei aber herunterspielen zu wollen.

Die Doppelfront des Islamismus

Terrorismus ist eine Taktik, mit der in historisch höchst unterschiedlichen Situationen Politik gemacht wurde und wird. Auch zur Verfolgung religiöser Absichten kann diese als Kommunikationsstrategie aktiviert werden. Ob dahinter tatsächlich religiös-fundamentalistische Motive stehen, sei dahingestellt und muss von Fall zu Fall untersucht werden. Auf globaler Ebene sind die politischen Ziele solcher Art Terrorismus diffus und höchstens als Appell und Provokation zu bezeichnen. Konkreter politischer Gehalt ist auf regionaler und lokaler, innenpolitischer Ebene zu ersehen: Ins Visier religiös-fundamentalistischer Gruppen geraten nämlich primär die Regime in den Herkunftsländern. Hier wird es ganz konkret, denn ihre Ziele können auf Machtwechsel hinweisen oder sind schlicht und einfach säkularer Protest oder Guerilla in religiös aufgeladenem Gewand.

Warum diese »vierte Welle« so bedrohlich scheint, und das ist die ›westliche Sichtweise‹, ist der ihr unterstellte »Kampf der Kulturen«, als ein ›wir‹ gegen ›sie‹. Ein Aufstand gegen die vom Westen ›beherrschte‹ Moderne nicht nur als technisch-ökonomische Wirklichkeit, sondern als alles vereinnahmen-wollende ›Sozialordnung‹. Dem Segen der Technik stehen religiös-fundamentalistische Gruppen ja durchgehend aufgeschlossen gegenüber und Terrorgruppen sowieso. Gerade die neuen Medien transnationaler Kommunikation wie Fernsehen und Internet werden weidlich und innovativ genutzt.

Die Terroristen im Namen Allahs können den Westen nicht stürzen, zumindest aber seine Doppelmoral mit den eigenen Waffen und Argumenten entlarven, an der sich ihre Wortführer, sei es nun religiös-fundamentalistisch oder als *terror-warlords*, ihre Zungen empört schärfen. Eigentliches Zielgebiet des rhetorischen Dschihads ist nicht der Westen, der aber Leiden, Furcht und Wut empfinden soll, sondern die islamische Welt selbst. Die einzig reelle

Gefahr des religiös motivierten Terrors für den Westen droht von anderer Seite her: die eigene Überreaktion.

Wird der Terrorist zum Gesetzgeber?

Gebetsmühlenartig wird zurzeit vom großen Sicherheitsrisiko gewarnt, gegen das sich der Staat wappnen müsse. »Der Begriff Sicherheit signalisiert das Nichtvorhandensein einer Unterscheidung zwischen innen und außen, zwischen Militär und Polizei. Während ›Verteidigung‹ eine Schutzbarriere gegen äußere Bedrohungen impliziert, rechtfertigt ›Sicherheit‹ eine ununterbrochene kriegerische Aktivität.«[20] Beginnen die Grenzen zwischen Militär und Polizei wieder zu fließen? Gerade die Unterscheidung zwischen ›äußerer‹ und ›innerer‹ Sicherheit gehört zu den grundsätzlichen Charakteristika des Verfassungsstaates. Wilhelm von Humboldt hat es so ausgedrückt: »Ich glaube daher hier als den ersten positiven Grundsatz aufstellen zu können: dass die Erhaltung der Sicherheit sowohl gegen auswärtige Feinde als innerliche Zwistigkeiten den Zweck des Staats ausmachen und seine Wirksamkeit beschäftigen muss.«[21] In der westlichen Tradition impliziert Krieg einen Ausnahmezustand und die Suspension von Rechten und Bürgerrechten, zur Abwehr eines Feindes von außen. Das Schlagwort des *war-on-terror* ist ein Widerspruch in sich, da dem Terror prinzipiell kein Krieg erklärt werden kann, und taugt daher auch nicht zur rechtlichen Begründung solcher Sondervollmachten. Seine Rhetorik gibt höchstens Auskunft über das US-amerikanische Selbstverständnis, in jedem Fall die Bedingungen diktieren zu können. Wenn aus der Geschichte des Terrorismus eine Lehre gezogen werden kann, dann diese: Seine Bekämpfung kann nur symmetrisch, also nicht in ›offener Feldschlacht‹, sondern nur nachrichtendienstlich erfolgen. Diese unspektakuläre Arbeit im Untergrund muss international koordiniert werden und infrastrukturelle Schlupflöcher, die Terroraktivitäten begünstigen, müssen geschlossen werden. Bei Steueroasen oder Ruheräumen wären solche Einschnitte oft zum wirtschafts-politischen Nachteil mancher Staaten, denn auch in der »terroristischen Schattenwirtschaft« (Loretta Napoleoni) werden Milliarden verschoben und beachtliche Renditen erzielt. Immerhin wäre das ein Anfang. Mit einem Paradox der Moderne als offener

---

[20] Hardt/Negri 2004.
[21] Nach: Herzog 1998, 78.

Gesellschaft muss sich die Öffentlichkeit aber langfristig abfinden: Absolute Sicherheit vor Terroranschlägen wird es nicht geben, denn würden dem Staat alle verfassungsrechtlichen Barrieren zur Maximierung von ›innerer Sicherheit‹ aus dem Weg geräumt werden, wäre es mit der Offenheit weitgehend vorbei. Die Geschichte der Staatsgewalt ist auch die seines »Erzwingungsvermögens« (Heiner Mühlmann), worin der Terrorismus manchem Kapitel seinen Stempel aufdrücken konnte. Am Anfang des Jahrtausends mit dem *open end* der Globalisierung rückt parallel zum Augenmerk auf den ›neuen‹ Terrorismus auch die fortgesetzte Expansion der Staatsautorität als Überwachungsstaat neu ins Blickfeld. Die Machtfülle der Staatsapparatur ist – entgegen der gängigen Einschätzung – weiter angestiegen. Die internationale Staatenwelt teilt sich – grob gesprochen – in zwei Teile: Der eine bewahrte erfolgreich sein »Erzwingungsvermögen« und baut es mit neuen Techniken kontinuierlich aus – dass hier teilweise einst nationale Hoheitsrechte nun auf transnationaler Ebene wahrgenommen werden, ist kein Widerspruch. Selbst die so grenzenlos scheinende wirtschaftliche Globalisierung braucht nationale Rahmenbedingungen. Die andere Seite der Staatenwelt hingegen vermag nur gewisse Rumpffunktionen zu wahren und stellt mehr Abgrenzung zu anderen Staaten als souveräne Staatlichkeit dar. Seit dem Ende des Kalten Krieges tritt das immer deutlicher zu Tage. Der internationale Terrorismus hat es verstanden, beide Trends für sich zu nutzen. Fast schon reflexartig ist der Staat, sei er nun stark oder schwach, bereit, überzogen auf jede Form von ›außerparlamentarischer Opposition‹ zu reagieren. Hier baut sich das eigentliche Sicherheitsrisiko auf. Diese Neigung zur staatlichen (Über)Reaktion wird von Terroristen gezielt ins Spiel gebracht, Regierungen damit zu Erfüllungsgehilfen der Terroristen gemacht: einerseits als politische Mobilisierungsfaktoren in den Herkunftsländern, den eigentlichen Zielgebieten, andererseits in der Verschärfung von religiös-konnotierter Abgrenzungspropaganda von Wir-Gruppen. Als Sofortmaßnahme im ›Westen‹ würde es näher liegen, terroristischen Anschlägen wie dem weitaus verlustreicheren Unfalltod auf den Straßen als einem gesellschaftlich akzeptierten »Hintergrundrisiko« (H.M. Enzensberger), als ›Widerspruch der Moderne‹, gegenüberzutreten. Wer in einer liberal-demokratisch verfassten Staatsordnung leben möchte, muss solche Risiken in Kauf nehmen. Alles hat seinen Preis – das klingt banal, daran zu erinnern ist aber nicht überflüssig, ansonsten könnte sich früher oder später die Frage stellen, wer schützt uns vor den Beschützern?

An dieser Stelle könnte sich der Kreis schließen, denn historisch gesehen war zuerst der Regimeterror. Der moderne Staat entstand als eine Zwangsanstalt mit Hoheits- und Gehorsamsanspruch, die auf behördlicher Gewalt beruhte. Seit dem 18. Jahrhundert ist in Europa dieser Zentralisierungsvorgang zu verfolgen, und im Lauf des 19. Jahrhunderts festigte sich das staatliche Machtmonopol progressiv. Während der zweiten Hälfte dieses Jahrhunderts lässt sich auch der kontinuierliche Interaktionsprozess zwischen wachsender Staatsgewalt und neuen Protestformen feststellen – darunter der Terrorismus als radikales, von Gewerkschaften organisierte Streiks als legalisiertes Beispiel. Es wäre deshalb angebracht, hinter diesen Zeithorizont des Staates zu blicken, in dessen Parametern sich die Terrorismusforschung bewegt.

La Terreur

Nicht von ungefähr stammt das Wort ›Terror‹ aus den Zeiten der Französischen Revolution. *La Terreur* war eine Periode innerer Konsolidierung durch brutale Unterdrückung aller ›Konterrevolutionäre‹, ganze Landstriche gerieten unter diesen Generalverdacht und »Madame Guillotine« tat ihr Werk auch gegen Wucherer, Royalisten oder – wie bei vielen Priestern der Fall – Verweigerern des Eides auf die Republik.

›Staatsterrorismus‹ als das ältere Phänomen terroristischer Gewaltanwendung wird und wurde von den Stützen und Sympathisanten eines Regimes zu dessen Erhalt und Ausbau betrieben. Die Mächtigeren wenden sich gegen die für ihre Ordnung gefährlich gewordenen ›Schwächeren‹ und garantieren den Schergen Straffreiheit. Der Staat setzt seine verbriefte Schutzfunktion – »Schutz und Schirm« heißt das in der politischen Sprache der Neuzeit – gegenüber bestimmten Gruppen als Hüter der Gesetze und Gewohnheitsrechte aus und wird zum Komplizen und Sponsor des Terrors. Heutzutage sind es offizielle Exekutivorgane wie Polizei oder Militär, bzw. ›Freischärler‹, für die der Terminus ›vigilanter Terrorismus‹ eingeführt wurde. Dazu kann vor allem der Terrorismus von ›Rechts‹ für einen autoritäreren, ›ordentlichen‹ Staat genauso gezählt werden wie die verschiedenen ›Kontra-Aktivitäten‹ in Süd- und Mittelamerika etwa, oder der Ku-Klux-Klan, welcher sich die Verteidigung der ›Werte des Südens‹ auch innerhalb der ›Union der Yankees‹ auf die (konföderierten) Fahnen geschrieben hat und diese Werte mit staatlicher Infrastruktur und in stillem Einverständnis oder Duldung ihrer Repräsentanten gegen bestimmte Feindgruppen wie ›Neger‹, jüdische Intellektuelle u. a. verteidigt. Auffällig bis heute ist die ›Theoriearmut‹ solcher Gruppen: Das Eintreten für ›Ruhe-und-Ordnung‹ – oder was auch immer zu dieser Zeit darunter verstanden wurde – bedarf keiner theoretischen Debatten, gilt es doch traditionelle Lebensweisen zu schützen. So fand auch der KKK in seinen Anfängen breite Unterstützung. »Für den weißen Südstaatler stellte sich der Ku-Klux-Klan als eine ›law-and-order‹-Bewegung dar, die für Wiederherstellung der guten alten Ordnung eintrat. (…) Als eine selbsternannte Polizeiorganisation betrachtete er sich als Rechtsdurchsetzer, nicht als Rechtsbrecher. Er war Polizei, Richter und Henker. Die Zwecke und die ›Erfordernisse der Zeit‹ rechtfertigten seine Maßnahmen, ohne das Schuldbewusstsein aufkam.«[22] Besonders in ländlichen Gesellschaften, in denen auch der historische Klan seine Wurzeln besitzt, waren ›Sühne- und Rügebräuche‹ eine häufig anzutreffende ›basisdemokratische‹ Art der Rechtspflege. Sie bestätigten Herrschaftsverhältnisse. Gerade gegen diese aktionistischen Traditionen juristischer Selbsthilfe, deren Spektrum vom peinlichen ›Bäckerschupfen‹ – einer Bloßstellung – bis zum Pogrom und brutaler Lynchjustiz reichen konnte, kämpften die entstehenden Staatsbehörden dezidiert um das Gewaltmonopol, das allein von einer mit exklusiven Hoheitsrechten ausgestatteten Staatsbürokratie verwaltet werden sollte. Jede Form von polit-juridischer Selbsthilfe galt bald als Affront.

Auch an den Quellen der modernen Mafia finden sich unklare politische oder Herrschaftsverhältnisse im Wandel. Im Zuge des italienischen Einigungsprozesses während der zweiten Hälfte des 19. Jahrhunderts bildeten sich verschiedene regionale Selbst(hilfe)organisationen heraus: die *Camorra* (was ›Schläger‹ bedeutet), eine vorwiegend städtische Gruppe etwa, diente den Bourbonenkönigen Neapels als offizielle Schutztruppe; die *Cosa Nostra* entstand, fernab von Rom, als paramilitärisch organisierte private Sicherheitstruppe der Großgrundbesitzer Siziliens am Lande. Ihre Strukturen umfassen patriarchalische Clans unter ›Bossen‹ und *Capos*, die ihre echte oder fiktive Blutsverwandtschaft vertiefen. Als letzte Reminiszenz ihrer Ursprünge unterstützte ›die Mafia‹ während eines kurzen Machtvakuums im Zweiten Weltkrieg tatkräftig die in Unteritalien gelandeten Alliierten gegen die Faschisten und dort stationierten Wehrmachtsteile Hitlerdeutschlands.

---

[22] Chamlers 2006, 59 u. 49.

Flankierter ›Terror von oben‹ ist – so eine Bilanz – deshalb geschichtlich weiter zurückzuverfolgen, weil politisches Machtübergewicht ›von oben‹ leichter zu schaffen als dieses ›von unten‹ in Frage zu stellen war. Alles eine Frage von Bündnis und Gegenbündnissen.

Von welcher Art konnten diese sein? Protestaktionen ›von unten‹ versprachen nur im Kollektiv und auf breiter Basis Erfolg. Der Einzelne oder die kleine Gruppe vermochte nichts oder zu wenig auszurichten und musste sich allgemeinen Unruhesituationen aus wirtschaftlichen Notlagen oder Aktionen des Aufbegehrens gegen Benachteiligungen heraus anschließen. Ungerechtigkeitsempfinden ist das Substrat jeden Protests. Initiativen einzelner konnten solche sozialen Gärungen zünden, eine ›revolutionäre Situation‹ aber nicht herbeiführen. Formen ständischen Widerstands, vor allem als Bauernaufstände oder Handwerkerkrawalle, gelten zu Recht als selbstverständliche Qualität der ›Vormoderne‹, und ihre Praxis ist charakteristisch für die Epoche vor dem staatlichen Gewaltmonopol. Diese Aufstände und Unruhen waren wie dargelegt in den wenigsten Fällen ›sozial-revolutionär‹, sondern zählten zum Verhandlungsrepertoire. Sie traten fast immer für die ›gute alte Ordnung‹ ein, welche die Mächtigen, die Adelsstände, städtische Oberschichten u. a. zu ihren Gunsten zu manipulieren trachteten. ›Politischer Widerstand‹ war also meist konservativ, die wohl erworbenen Rechte der Väter und Altvorderen konservierend.

Neben diese kollektiven Aktivitäten in aller Öffentlichkeit – also nicht aus dem Untergrund geführt – traten die Einzelaktionen des Fehderechtes und Attentates. Sven Felix Kellerhof bezeichnet Attentate auf ungerechte Herrscher treffend als »legitimierten Hochverrat«.[23] In Form von ›Fehden‹, sozusagen ›privatrechtlich‹, konnte sich auch der ›kleine Mann‹ in Allianz mit anderen Rechtsgenugtuung verschaffen, mit Gewalt einfordern, was ein Mächtiger, etwa ein deutscher Kurfürst im Falle der Schadensersatzforderung eines Michael Kohlhaas, verweigerte. Eine ähnliche Rechtshilfe stellte auch der berühmte Götz von Berlichingen. Damit war natürlich Opportunismus und der Begleichung von ›Privatrechnungen‹ Tür und Tor geöffnet. Hielt sich dieses Selbsthilfeverfahren in nächster Instanz im Rahmen, lag kein Rechtsbruch vor und der ›Kläger‹ blieb ›Rechtsfreund‹. Erst wenn die Verhältnismäßigkeit der Rechtsdurchsetzung verlassen, also der Landesfrieden gebrochen wurde, konnte man als ›vogelfrei‹ gebrandmarkt werden. Heute würde diese Vorgehensweise als ›Selbstjustiz‹ gelten, aber ein Staat im mo-

---

[23] Kellerhof 2003.

dernen Sinne existierte damals eben noch nicht, und die Trennung
zwischen ›privat‹ und ›öffentlich‹ war wenig scharf. Natürlich gab
es, ähnlich dem sozial-revolutionären Terrorismus, hier breiten
Raum für gesellschaftliche Radikalisierungen und der Propagierung
von ›Utopien‹. Einer kleinen Gruppe und ihren Vorstellungen
stand aufgrund der Umstände jedoch nur der direkte Weg in die
›Öffentlichkeit‹ einer lokalen *face-to-face-society* offen. Der Umweg
über ein Medium der öffentlichen Meinung, wie die Presse, die
noch nicht existierte, war noch nicht gegeben. Typischer sind Attentate. Typisch aus zweierlei Gründen: wegen des beschränkten ›Zer-
störungsgrades‹ aus Ermangelung technischer Möglichkeiten für
Einzelne, und, daraus folgend, die Konzentration auf die Spitze mit
dem Typus des ›Tyrannenmordes‹ in direkter Aktion, von Angesicht zu Angesicht sozusagen. Die Wirkung solcher Attentate blieb
aber gering, denn aus der Dynastie rückte der nächste Herrscher in
der Erbfolge vor. Terror und Terrorismus vor der Erfindung der Ex-
plosivstoffe blieb Handarbeit und damit von Natur aus beschränkt.
Schockieren konnten nur Umfang und Grausamkeit, worin jeder
Regimeterror aufgrund seiner besseren Ressourcenausstattung,
sprich Mannstärke und Versorgung, im Vorteil blieb. Der techni-
sche Fortschritt sollte dem Einzelnen neue Mittel in die Hand spielen und ihn zu einer überregional wahrnehmbaren Größe erheben.

Die hardware der Moderne als Grundvoraussetzung

Neben sozio-politischen Änderungen sind vor allem neue techni-
sche Errungenschaften »industrieller Revolutionen« zur zweiten
conditio sine qua non des modernen Terrorismus geworden. Mit der
Bildung und Ausweitung der Industriegesellschaften sind einerseits
gänzlich neue Berufsgruppen entstanden, die auch den Volkswider-
stand und populäre Widerstandsdiskurse neu formulierten. Ein
neuer ›Stand‹, die Intellektuellen, schwang sich zu ihren Wortführern auf. Sie wurden zu »Vordenkern der Moderne«, wie sie Christoph Charle bezeichnet hat – mitunter als ›freie Radikale‹. Die Ent-
faltung des Bildungs-, Presse- und Verlagswesens machte es möglich
und verschaffte deren Forderungen und Gedankenarbeit jetzt erst
auch die entsprechenden Plattformen und jenen unumgänglichen
Resonanzkörper öffentlichen Diskurses, welcher vor der Französischen Revolution nur in Ansätzen vorhanden war. Die Periode von
1815 bis 1860 gilt als die große »Zeit der Propheten«.[24] Dem
Selbstverständnis, Regime aus Pflicht zum Wandel desavouieren zu

müssen, deren Legitimität grundsätzlich in Frage zu stellen und das
von intellektuellen Führern aufgerufene, gebildete Publikum statt-
dessen in das politische Richteramt der Publizität zu hieven, wurden nun auch die schlagkräftigen Mittel in die Hände gespielt.
Neben dem Meinungsjournalismus, der Missstände gezielt aufde-
cken und politisches Bewusstsein erzeugen sollte, sind es – andererseits – die Werkzeuge und Infrastruktur des modernen Terrorismus
der kleinen Gruppen erst große Beachtung durch erhöhte Zerstö-
rungswirkung beschert: handhabungssichere Sprengstoffe mit der
Erfindung des Dynamits; die Verlässlichkeit kleinkalibriger Schuss-
waffen; die Revolutionen der Mobilität durch die Eisenbahn, der
Nachrichtenübermittlung durch Telegraphie und der Auflagenzahl
mit Rotationspresse für Endlospapier, um die wesentlichsten zu
benennen. Die Revolution des Transportwesens hat die Welt ›ge-
schrumpft‹, in »80 Tagen«, so der populäre Roman des technikbe-
geisterten Jules Vernes, war sie zu umrunden. Telegraphische Nach-
richten benötigten für dieselbe Strecke nur noch Stunden und am
nächsten Tag wurden sie als Pressemeldung druckfrisch in den Straßen kolportiert. Jeden technischen Fortschritt nutze der Terrorismus für weitere, reflexive Innovationen: die drahtlose Funktech-
nologie etwa, hat mit aus sicherer Entfernung gezündeten Bomben
der demoralisierenden Wirkung von Sprengstoffattentaten eine neue
Qualität zerstörerischer Effizienz verliehen, während durch Selbstmordattentate herkömmliche Massenverkehrsmittel wie Autos und
Flugzeuge selbst zu Bombenfahrzeugen mit verheerender Wirkung
umfunktioniert wurden.[25] Die Protagonisten dieser Taten dokumentieren ihre Aktionen oft nun schon selbst, und stellen sie als Video-
clips ins Netz. Unabhängig von den großen Medien können ihre
Botschaften dann global abgerufen werden. Dem Einfallsreichtum
der zynischen Tüftler scheint keine Grenzen gesetzt zu sein, und
die Schere zwischen den Aufwendungen für Anschläge und den
Präventions- und Sicherheitsmaßnahmen geht weiter auseinander.

Ein weiterer Blick zurück?

In der Vormoderne galt Religion als Ausdruck fundamentalen politischen Dissens. In der Moderne schien säkularer Protest an diese
Stelle getreten zu sein, motiviert von Ideologien und Utopien, die

---

24 Charle 1997.
25 Croitoru 2006 bzw. Davis 2007.

mitunter ›religiösen‹ Charakter annehmen konnten. Lassen sich nun Analogien zur »vierten Welle« nach Rapoport herstellen, wenn der gängige Zeithorizont der Terrorismusforschung noch weiter ausgedehnt würde? Als Begriff bezeichnet Moderne einen Umbruch in allen Bereichen des individuellen, gesellschaftlichen und politischen Lebens gegenüber der Tradition. Rar sind in Gesamtdarstellungen zum Terrorismus historische Beispiele, die über das 19. Jahrhundert hinausgehen, oder nicht die Französische Revolution von 1789 als konventionelle Epochenschwelle zur Moderne, als Ausgangspunkt nehmen. Wenn überhaupt, werden diese ›vormodernen‹ Beispiele nur erwähnt, höchstens kursorisch gestreift, dazu zählen u. a. die Assassinen und *sicarii,* die hinsichtlich möglicher prototypischer Bezüge zu Terrorismus und Fundamentalismus in diesem Sammelband noch gesondert untersucht werden. Deren sozialer Kontext ist aber von heutigen Umständen grundverschieden, wie auch die religiöse Komponente eine grundlegend andere ist: Industrialisierung; Fortschrittsglaube; die Entstehung des modernen Staates; Rationalität als Glaube an die Vernunft und Machbarkeit des Lebens; Autonomie der gesellschaftlichen Bereiche wie Wirtschaft und Politik, die Individualisierung und Emanzipation des Individuums sind alles Qualitäten, die mit der Moderne assoziiert werden, und irreversible die Zeiten gewendet haben. Die Säkularisierung der Lebenswelt als Folge der Aufklärung und der Niedergang der institutionalisierten Religionen stellte sich jedoch als Trugschluss heraus – insbesondere aus der europäischen Froschperspektive: Europa allein – nicht der Westen allgemein – ist hinsichtlich des Säkularisierungsgrades weltweit als Ausnahme zu sehen. Deshalb wird wohl die »Rückkehr der Religion« als politischer Faktor hier besonders misstrauisch verfolgt. In dem Maße, wie nun die moderne Gesellschaft selbst produzierte Risiken thematisiert – und die Kombination von Fundamentalismus und Terrorismus, beides Phänomene der Moderne, ist eine solche –, wird sie »reflexiv« und im Sinne von Ulrich Beck zu einer »Zweiten Moderne«,[26] worin Religion einen neuen Stellenwert erfährt – auch auf dem Hintergrund terroristischer Gewalt.

---

[26] Beck/Bonß 2001.

Literatur

AHDR 2002 = Arab Human Development Report (AHDR) 2002. Creating Opportunities for Future Generations. Sponsored by the Regional Bureau for Arab States/UNDP. Arab Fund for Economic and Social Development, New York 2002.

Beck/Bonß 2001 = Ulrich Beck/Wolfgang Bonß (Hgg.) Die Modernisierung der Moderne, Frankfurt am Main 2001.

Becker/Hödl/Steyrer 2005 = Joachim Becker/Gerald Hödl/Peter Steyrer (Hgg.), Krieg an den Rändern – Von Sarajevo bis Kuito, Wien 2005.

Buruma/Margalit 2004 = Ian Buruma/Avishai Margalit, Okzidentalismus: Der Westen in den Augen seiner Feinde, München – Wien 2005.

Chalmers 2006 = David Chalmers, The Klan rides: 1865-71, in: David C. Rapoport (Hg.), Terrorism – Critical Concepts in Political Science, Bd. I, London-New York 2006, 48-60 (Erstausgabe 1965).

Charle 1997 = Christophe Charle, Vordenker der Moderne – Die Intellektuellen im 19. Jahrhundert, Frankfurt am Main 1997.

Clutterbuck 2006 = Lindsay Clutterbuck, The Progenitors of Terrorism. Russian Revolutionaries or extrem Irish Republicans, in: David C. Rapoport (Hg.), Terrorism – Critical Concepts in Political Science, Bd. I, London-New York 2006, 293-318.

Croitoru 2006 = Joseph Croitoru, Der Märtyrer als Waffe. Die historische Wurzel des Selbstmordattentats, München 2006.

Davis 2007 = Mike Davis, Eine Geschichte der Autobombe, Berlin 2007.

Demandt 2003 = Alexander Demandt (Hg.), Das Attentat in der Geschichte, Erfstadt 2003.

Dietl/Hirschmann/Tophoven 2006 = Wilhelm Dietl/Kai Hirschann/Rolf Tophoven, Das Terrorismuslexikon – Täter, Opfer, Hintergründe, Frankfurt am Main 2006.

Finsen 2001 = Hans Carl Finsen, Die Rhetorik der Nation – Redestrategien im nationalen Diskurs, Tübingen 2001.

Frank/Hirschmann 2002 = Hans Frank/Kai Hirschmann (Hg.), Die weltweite Gefahr: Terrorismus als internationale Herausforderung, Berlin 2002.

Hardt/Negri 2004 = Michael Hardt/Antonio Negri, Multitude: Krieg und Demokratie im Empire, Frankfurt am Main-New York 2004.

Hecken 2006 = Thomas Hecken, Avantgarde und Terrorismus. Rhetorik der Intensität und Programme der Revolte von den Futuristen bis zur RAF, Bielefeld 2006.

Herzog 1998 = Roman Herzog, Staaten der Frühzeit: Ursprung und Herrschaftsformen, München 1998.

Jean/Rufin 1999 = François Jean/Jean-Christophe Rufin (Hg.), Ökonomie der Bürgerkriege, Hamburg 1999.

Kaczynska 1994 = Elzbieta Kaczynska, Das größte Gefängnis der Welt: Sibirien als Strafkolonie zur Zarenzeit, Frankfurt am Main-New York 1994.

Kellerhoff 2003 = Alexander Kellerhoff, Attentäter – Wahnsinnige, Verführte, Kriminelle, Erfstadt 2003.

Krumwiede 2005 = Heinrich-W. Krumwiede, Ursachen des Terrorismus, in: Peter Waldmann (Hg.), Determinanten des Terrorismus, Weilerswist 2005, 29-84.

Malthaner 2005 = Stefan Malthaner, Terroristische Bewegungen und ihre Bezugsgruppen. Anvisierte Sympathisanten und tatsächliche Unterstützer, in: Peter Waldmann (Hg.), Determinanten des Terrorismus, Weilerswist 2005, 85-138.

Münkler 2002 = Herfried Münkler, Grammatik der Gewalt, in: Frankfurter Allgemeine Zeitung Nr. 240 (16.10.2002).

Naimark 2006 = Norman M. Naimark, Terrorism and the Fall of Imperial Russia, in: David C. Rapoport (Hg.), Terrorism – Critical Concepts in Political Science, Bd. I, London-New York 2006, 269-289.

Napoleoni 2004 = Loretta Napoleoni, Die Ökonomie des Terrors. Auf den Spuren der Dollars hinter dem Terrorismus, München 2004.

Rapoport 2006 = David C. Rapoport (Hg.), Terrorism – Critical Concepts in Political Science (Bd. I, The First or Anarchist Wave; Bd. II, The Second or Anti-Colonial Wave; Bd. III, The Third or New Left Wave; Bd. IV, The Fourth or Religious Wave), London-New York 2006.

Reinhard 2000 = Wolfgang Reinhard, Geschichte der Staatsgewalt. Eine vergleichende Verfassungsgeschichte Europas von den Anfängen bis zur Gegenwart, München 2000.

Riesebrodt 2004 = Martin Riesebrodt, Was ist »religiöser Fundamentalismus«?, in: Clemens Six/Martin Riesebrodt/Siegfried Haas (Hg.), Religiöser Fundamentalismus – Vom Kolonialismus zur Globalisierung, Wien 2004.

Schroers 1961 = Rolf Schroers, Der Partisan, Köln-Berlin 1961.

Schneckener 2006 = Ulrich Schneckener, Transnationaler Terrorismus, Frankfurt am Main 2006.

Thamer 2004 = Hans-Ulrich Thamer, Die Französische Revolution, München 2004.

Torke 1997 = Hans-Joachim Torke, Einführung in die Geschichte Russlands, München 1997.

Troebst 2002 = Stefan Troebst, Von den Fanarioten zur UCK: Nationalrevolutionäre Bewegungen auf dem Balkan und die »Ressource Weltöffentlichkeit«, in: Jörg Requate/Martin Schulze Wessel (Hg.): Europäische Öffentlichkeit. Transnationale Kommunikation seit dem 18. Jahrhundert, Frankfurt am Main-New York 2002, 231-249.

Waldmann 2003 = Peter Waldmann, Terrorismus und Bürgerkrieg, München 2003.

Waldmann 2005a = Peter Waldmann, Terrorismus – Provokation der Macht, Hamburg 2005.

Waldmann 2005b = Peter Waldmann, Die zeitliche Dimension des Terrorismus, in: Peter Waldmann (Hg.), Determinanten des Terrorismus, Weilerswist 2005, 139-188.

»War on Brigandage« –

Rom und der bewaffnete Widerstand in Judäa

ILJA STEFFELBAUER

[Brian schreibt ein Graffiti an die Palastmauer.
Der Centurio ertappt ihn dabei.]
Centurio: Na, was haben wir denn da? »Romanes
eunt domus?« Menschen genannt Romanes,
sie gehen, das Haus?
Brian: Es heißt: »Römer geht nach Haus!«
Centurio: Tut es aber nicht!
Monty Pythons, Das Leben des Brian, GB 1979

Die Wege, die Fragmente ihrer Natur nach eher esoterischer fach-
wissenschaftlicher Diskurse in der weiteren gelehrten Welt nehmen, sind oft verworren und geheimnisvoll. So haben die *sicarii*,
deren Schicksal es eigentlich hätte sein müssen – ähnlich anderen
obskuren Begriffen aus den Altertumswissenschaften – ihr lexikali-
sches Dasein bestenfalls in fachinternen Nachschlagewerken zu
fristen, den ihren in ein aktuelles Lexikon zum internationalen Terrorismus gefunden: »Eines der frühesten Beispiele einer terroristischen Bewegung war (sic.) die Sicarii, eine hoch organisierte religiöse Sekte bestehend aus Männern der niedereren Schichten, die
während der Zelotenkämpfe in Palästina um 70 n. Chr. aktiv waren. Sie griffen Ziele am lichten Tag an, wobei sie ein Kurzschwert
benutzten.«[1]

Eine rasche und deswegen notwendigerweise nur oberflächliche
Suche nach dem Stichwort *sicarii* in gängigen, wissenschaftlichen
online-Aufsatzsammlungen[2] erbringt unter den aktuelleren Ein-

---

[1] Thackrah 2004, 114.
[2] Questia (http://www.questia.com) und Jstor (www.jstor.org), Abfragen
zuletzt: 28.06.2007.

trägen sofort eine ähnliche Erwähnung: »Wellen von Terrorismus
sind im ersten Jahrhundert der christlichen Ära durch die Zeloten-
Sicarii belegt, eine jüdische Gruppe, die in Ermordungen und
Giftanschläge gegen Römer, welche Palästina besetzt hielten, verwickelt war.«[3] In beiden Fällen fehlt ein Zitat für die Herkunft dieser
Information, was den Althistoriker, der sich über das plötzliche
Interesse gegenwartsbezogener Politikwissenschafter und Soziologen an einem eher obskuren Detail römischer Provinzialgeschichte
wundert, vorläufig am Ende der Fährte ankommen lässt.

Weitere Recherche führt zu einem einflussreichen Artikel von
David Rapoport,[4] in dem die *sicarii*, dort erneut mit den Zeloten
gleichgesetzt, als historisches Beispiel für messianischen Terrorismus dienen. Am Ende der Spur findet sich diesmal indes nicht
wie so oft ein aktualitätsbezogener Forscher, der antiken historischen Phänomenen moderne Kriterien auferlegen will, sondern im
Gegenteil aller Wahrscheinlichkeit nach ein Artikel von Richard
Horsley, Professor für Altertümer und Religion an der Universität
von Massachusetts, aus dem Jahr 1979, in dem dieser versuchte, die
Argumente und Ergebnisse der damaligen Diskussion über Terror
als Kampfmittel antikolonialer und revolutionärer Gruppen auf die
ihm wohl bekannten Verhältnisse im Judäa des 1. Jahrhunderts
nach Christus zu übertragen.[5]

Im selben Jahr 1979, am Ende des Jahrzehnts, welches das Olym-
pia-Attentat von München, die Hochzeit der RAF in Deutschland,
die Eskalation des Nordirlandkonfliktes und die erste Welle der
palästinensischen Selbstmordattentate und Flugzeugentführungen
erlebt hatte, nahm – unabhängig – eine legendäre englische Komi-
kertruppe die Analogie zwischen dem jüdischen Kampf gegen Rom
und modernen Formen des antiimperialistischen Terrorismus in
Filmform auf. Dies berechtigt einerseits zu der Entscheidung, eine
Kernszene ihrer Auseinandersetzung mit dem Thema diesem Auf-
satz als Zitat voranzustellen und wirft wieder einmal die Frage auf,
inwiefern wissenschaftliche Theoriebildung und Kunstschaffen
Ausdruck eines gemeinsamen Zeitgeistes sein können.

Dass die Herausgeber dieses Bandes die vor fast 30 Jahren her-
gestellte Gleichsetzung zwischen antiken *sicarii* (=Zeloten) und
modernen Terroristen in ihre Zusammenstellung in Form eines
vollen Beitrages mit einbeziehen wollten, gewährt dem Autor die

---

[3] Bergesen/Lizardo 2004, 39.
[4] Rapoport 1988.
[5] Horsley 1979.

Gelegenheit, die ansonsten offenbar zum notwendigen Stilmittel der historischen Einleitung verkommene Erwähnung der *sicarii* auch einmal im Kontext eines aktuellen Werkes zu Terrorismus und Fundamentalismus ausführlicher darzulegen. Dabei handelt es sich um den Versuch einer Zusammenfassung einer vornehmlich in religionsgeschichtlichen und altertumswissenschaftlichen Zeitschriften und Publikationen geführten Debatte, die aber, in dieser Weise in einen größeren Zusammenhang gesetzt, auch mithelfen kann, eine mittlerweile offenbar zum Gemeinplatz gewordene historische Analogie ins rechtere Licht zu rücken.

Die Folgen des Masada-Mythos

Dafür sollte die Dekonstruktion dieses Gemeinplatzes damit beginnen, die undifferenzierte Gleichsetzung von Zeloten und *sicarii* (von nun an der Einfachheit halber eingedeutscht: Sikarier) zu beenden, gegen die schon früh Einspruch erhoben, die aber bis dahin allgemein und auch danach noch immer wieder vertreten wurde[6] und die, wie aus den obigen Zitaten ersichtlich, in die Einbeziehung der Sikarier in die Ahnenreihe des modernen Terrorismus in verkürzter Form Eingang gefunden hat.

In Hinblick auf die gegenwärtige Terrorismusdebatte ist wichtig, die Kette der Schlüsse zu zertrennen, die am Ende den Anschein erweckt, dass sich hinter der historischen Maske des Sikariers das strukturelle Gesicht des religiös motivierten Terrorismus der so genannten »vierten Welle« verbirgt. Sie geht in etwa so: Sikarier sind Zeloten. Zeloten sind messianisch motivierte Revolutionäre. Wenn die Sikarier auch Terroristen sind, sind sie folglich dieselbe Sorte religiös motivierter Terroristen, die uns gerade so massiv beschäftigen.

Eine wichtige Rolle bei dieser Gleichsetzung spielt die von Flavius Josephus (Jüdischer Krieg 7, 8-9), unserer wichtigsten, zeitgenössischen Quelle zu allen Ereignissen in Judäa vor und während des jüdischen Krieges, überlieferte Anekdote um die Belagerung der Festung Masada in der judäischen Wüste und ihren Fall wohl im Frühjahr 73 n. Chr., der durch den Massenselbstmord der 960 verbliebenen Verteidiger, von Josephus konsequent als Sikarier bezeichnet, einen zusätzlichen, tragischen Akzent erhielt. Die Bege-

---

[6] Die ältere Forschung gesammelt und diskutiert bei Smith 1971.
[7] Ben-Yehuda 2002, 46-54.

benheit ist so bekannt und bei Josephus nachzulesen, sodass sie hier, von den obgenannten Eckdaten abgesehen, nicht noch einmal erzählt werden muss.

Wichtig für unsere Argumentation ist, dass, wie Nachman Ben-Yehuda ausführlich gezeigt hat, die Anekdote von Masada im Laufe der Geschichte des Zionismus im 19. und 20. Jahrhundert als Symbol jüdischer Selbstbehauptung an Bedeutung gewann und durch den Staat Israel in den ersten Jahrzehnten seines Bestehens zu einem nationalen Mythos gemacht wurde.[7] Für die Instrumentalisierung der Legende von Masada für den Verteidigungswillen des modernen israelischen Staates, als säkularen Staat wie als religiöse Heimat, war es vorteilhaft, die Frage, wo die dort verschanzten Sikarier politisch bzw. religiös standen, im Unklaren zu lassen und ihr Verhältnis zu den ebenfalls schwer zu fassenden Zeloten und dem jüdischen Widerstand gegen Rom insgesamt zu verschleiern. In diesem Sinn spricht schon der archäologische Ausgräber Masadas, Yigael Yadin, in den 1960er-Jahren durchgehend von »Zeloten« in Masada, bezeichnet gefundene Objekte und Strukturen gar als »zelotisch«, was diesen Begriff in den Rang eines archäologischen Ordnungsbegriffes erhebt, ein Privileg, das sonst nur epochen- (archaisch, eisenzeitlich) oder kulturkreisspezifischen (hellenistisch, byzantinisch) Termini zukommt. Es gibt also folglich »zelotische Keramik« und »zelotische Bauten«.[8] Die Motivation, während des 20. Jahrhunderts, den ersten Bezug innerhalb der oben entworfenen Beziehungskette herzustellen, nämlich: »Sikarier sind Zeloten,« ist also in der Rezeption der jüdischen Geschichte im Kontext des Zionismus und der Selbstbehauptung und Identitätsfindung des Staates Israel zu suchen.

Eine historische Argumentation gegen diese Identifizierung der Sikarier auf Masada mit der Zelotenbewegung an sich muss sich dagegen auf die verfügbaren Indizien stützen, wobei es zu klären gilt, was ein Sikarier und Zelot nun eigentlich ist und warum sie nicht notwendigerweise dasselbe sein müssen.

Sikarier

Der Begriff Sikarier (*sikários*) ist im Griechischen ein lateinisches Lehnwort und taucht insgesamt 15 mal in Flavius Josephus‹ *Jüdischem Krieg*, noch ein paar mal in seinen *Jüdischen Altertümern* und

---

[8] Ben-Yehuda 2002, 67-143 insbesondere 81-82.

einmal in der Apostelgeschichte des Lukas auf. All diese Werke wurden nach 60 n. Chr. im Umfeld des hellenisierten Judentums Palästinas verfasst. Flavius Josephus, 37/38 n. Chr. geboren als Joseph ben Mathitjahu, Mitglied der priesterlich-adeligen Oberschicht Judäas in Jerusalem, schreibt für sein hellenistisch gebildetes Publikum im römischen Reich daher ebenfalls Griechisch. *Sikários* leitet sich aber von Lateinisch *sica*, allen Beschreibungen nach eine Art Krummdolch oder gekrümmtes Kurzschwert, ab, einem grundsoliden lateinischen Wort mit der Wurzel *sec*, wie in *secare* (schneiden). Der lateinische *sicarius* ist demnach wörtlich ein »Dolchmann«, wobei, wie beim englischen *gunman*, nicht so sehr der Besitz der Waffe als vielmehr die Bereitschaft, sie auch jederzeit mit tödlichem Ausgang einzusetzen und in diesem Zusammenhang eine gewisse Professionalität, in dem Begriff Ausdruck findet. In der *Lex Cornelia de sicariis et veneficis*, einem zwischen 82 und 79 v. Chr. durch den Diktator Sulla erlassenen Gesetz gegen Brandstiftung mit Tötungsabsicht, Giftmord und Justizmord und gegen Personen, insbesondere Banden, welche bewaffnet zu Raub und Mord unterwegs waren, tritt uns der Begriff im Kontext der Versuche des Diktators entgegen, die herrschende politisch-soziale Gewalt und Rechtlosigkeit der Bürgerkriegszeit in den Griff zu bekommen[9]. Seitdem hat er im römischen Sprachgebrauch die Bedeutung: »Meuchelmörder«, oder, wie wir heute zeitgemäßer anglisiert sagen würden, »Killer«.

In diesem Sinne wurde der Begriff ins Griechische des Josephus übernommen, wobei keine Veranlassung besteht daran zu zweifeln, dass er einen Sprachgebrauch wiedergibt, den er, ebenso wie der Autor der Lukas-Texte des Neuen Testaments, von Sprechern des Lateinischen lernte. Also handelte es sich bei *sicarius* (Dolchmann = Killer) um den Begriff, mit dem die Vertreter der römischen Macht vor Ort einen bestimmten Typ von Leuten bezeichneten. Was für Leute?

Immer, wenn Josephus den Antritt eines römischen Statthalters in Judäa ab der Jahrhundertmitte beschreibt, wiederholt er eine stereotype Geschichte. Gleich ob Marcus Antonius Felix (Amtsantritt: 52 n. Chr., Jüdischer Krieg 2,252-257), Porcius Festus (Amtantritt: 60 n. Chr., Jüdische Altertümer 2,185-188) oder Lucceius Albinus (62 n. Chr., Jüdische Altertümer 20,204-210), der Ablauf ist ähnlich: Das flache Land wird von Banditen (*lêstaí*), ein Begriff, mit dem wir uns noch auseinanderzusetzen haben werden, heimge-

---

[9] Vgl. Hengel 1961, 47-48.

sucht. Der neue Statthalter unternimmt mehr oder weniger erfolgreich etwas gegen sie. In Jerusalem, manchmal auch auf dem Land,
tritt ein anderer Typ von Räuber auf, der Sikarier genannt wird.
Diese beziehen ihren Namen von der von ihnen verwendeten
Waffe, und – so können wir annehmen – der damit verbundenen
Taktik städtischer Meuchelmorde. Sie begehen nämlich ihre zahlreichen Morde, indem sie sich untertags bei religiösen Festen unter
die Menge mischen, mit den unter ihren Gewändern verborgenen
Dolchen auf ihre Opfer losgehen und danach sofort in den Men-
schenmassen untertauchen.

Zu ihren (ersten) Opfern gehört der Hohepriester Jonathan, zur
Zeit des Amtsantrittes des Felix und danach fühlt sich in Jerusalem keiner mehr sicher. Die Furcht vor den Morden und die ergrif-
fenen Gegenmaßnahmen werden zu einem schlimmeren Problem
als die Morde selbst. Man kann annehmen, dass sich insbesondere
die Priesteraristokratie ihrerseits mit professionellen Schlägern um-
gab, von denen wir spätestens in der Zeit des Albinus hören, dass sie
nicht nur als Leibwächter eingesetzt wurden, sondern auch dazu,
um Druck auf ärmere Priester auszuüben und sich ihres Anteiles am
Tempelzehnt zu bemächtigen. Unter der Statthalterschaft des Albinus gehen die Sikarier zu systematischen Entführungen über, um
von den Römern gefangene Genossen freizupressen. Wir halten
also fest: Schon über ein Jahrzehnt vor Beginn des Jüdischen Krieges sind Sikarier als städtische Terroristen gegen die jüdische Oberschicht, nicht gegen die römischen Besatzer, aktiv.

Nachdem der jüdische Aufstand tatsächlich ausgebrochen war,
woran die Sikarier als »Gruppe« keinen erkennbaren Anteil hatten,
heißt es lediglich, es seien Sikarier in der Menge gewesen, welche in
die Oberstadt eindrang, die Häuser des Hohepriesters Ananias ben
Nedebaios, die Paläste des Königs Agrippa und der Königin Bere-
nike und die Schuldarchive in Brand setzte (Jüdischer Krieg 2,425).
Die Hauptträger dieser Übergriffe waren indes Zeloten.

Im weiteren Verlauf des Krieges wird erwähnt, dass sich Sikarier in den Besitz der Festung Masada gesetzt hatten (4,400) und
von dort aus Raubzüge durchführten, von denen unter anderem
Idumäa bedroht war (4,516). Wir erfahren später (7,252-406), dass
dies unter der Führung eines Eleazar, eines Nachkommen von Judas
dem Galiläer, von dessen Widerstand gegen die Einführung des römischen Zensus später noch zu reden sein wird, geschah. Josephus
erwähnt in diesem Zusammenhang, dass die Sikarier seit dieser Zeit
bestünden und gewaltsam jene unter ihren Landsleuten angriffen,
die mit den Römern irgendwie kooperierten – selbst wenn sie nur

die Steuern zahlten. Es folgt die Geschichte der Belagerung von Masada, die oben schon kurz umrissen wurde.

Im Anschluss erwähnt Josephus noch, dass Sikarier aus Judäa nach Ägypten geflohen waren und dort ebenfalls Unruhen auslösten, aber von den dortigen, jüdischen Honoratioren an die Römer übergeben wurden (7,407-419). Andere, prominent unter ihnen ein gewisser Jonathan, ein Weber, gelangten nach Kyrene (im heutigen Libyen) (7.437-442).

Jonathan der Weber hat, so sei nebenbei bemerkt, wenig mit dem beschriebenen Verhalten der Sikarier gemein, sondern gleicht eher einem messianischen Schwärmer, von denen es in derselben Zeit etliche gab, führte er die Juden von Kyrene doch in die Wüste und versprach ihnen Zeichen und Wunder. Ein typisches Verhalten für ›falsche‹ Propheten, die nach Gefolgschaft und Publicity gieren (vgl. z. B.: Jüdische Altertümer 2,188), aber doch kaum für die gesichtslosen Dolchmänner, als die uns die Sikarier sonst vorgestellt werden.

Auch wenn renommierte Forscher die Position vertreten haben, dass »die Sikarier« eine einzige, geschlossene Massenbewegung, politische Partei oder zumindest organisierte Gruppierung waren und gleichzeitig versucht haben, diese von den Zeloten zu unterscheiden,[10] was in diesem Artikel im Folgenden ebenfalls noch zu geschehen hat, soll hier eine noch strengere Lesung der Stellen des Josephus versucht werden:

›Sikarier‹ kann, wie oben bereits angedeutet, keine Selbstbezeichnung einer jüdischen Gruppe sein. Josephus sagt klar und mehrmals (Jüdische Altertümer 2,185-188, Jüdischer Krieg 2,252-257 und 2,425), dass ihr Name von der Waffe abgeleitet wurde. Wenn jemand einen Judäer mit einer Klinge sieht, ›Sica!‹, (Krummdolch) denkt und ›Sicarius!‹ (Meuchelmörder) schreit, kann das nur ein Römer sein. Dass der Begriff später von den Judäern übernommen wurde, ist wahrscheinlich. Sein Auftauchen in der Apostelgeschichte und der rabbinischen Literatur,[11] unabhängig von Josephus, sind die Indizien dafür. Dass das Phänomen ebenso wie der Name neu war und erst unter der römischen Herrschaft auftrat, kann man aus dem Umstand schließen, dass es als lateinisches Lehnwort in die Sprache der Einheimischen Eingang fand. Sikarier sind dann aber zuallererst einmal ›Dolchmänner‹, die mit ihrer cha-

---

[10] Smith 1971, Zeitlin 1967, Zeitlin 1965, Zeitlin 1962, Horsley 1979, Horsley 1985.
[11] Hengel 1961, 51-54.

rakteristischen Taktik vor allem in Jerusalem aktiv sind und dort
von der römischen Autorität wahrgenommen werden. Genau so
beschreibt sie Josephus. Als zusätzliches Indiz kann angeführt werden, dass die rabbinische Tradition die Sikarier allein mit den Ereignissen in Jerusalem in Verbindung bringt.[12]

Hengel wunderte sich an der zitierten Stelle über den Widerspruch zu Josephus, verflicht dahinein aber seine eigene Annahme,
dass es so etwas wie eine Partei ›die Sikarier‹ gab, die er auch noch
mit den Zeloten gleichsetzen möchte. Was aber, wenn die Rabbiner
richtig lagen, Josephus seine Begriffe eben mit der Uneindeutigkeit
angewandt hat, die bei jedem Begriff, der eine spezifische Bedeutung (Jüdischer Killer in Jerusalem mit einem krummen Messer
und einer bestimmten Taktik) und ebenso zwei allgemeine (juri-
disch: Meuchelmörder, umgangssprachlich: Dolchmann) hat, nicht
weiter unverständlich ist? Halten wir uns dabei noch vor Augen,
dass der Autor eine Situation beschreibt, die alle Züge von Krieg,
Bürgerkrieg, Revolution, Guerillakrieg und Terrorismus trägt, inklusive der Geheimhaltung und Verschworenheit, die diesen Phänomenen in der Geschichte immer anhaften.

Können wir also mit maximaler Vorsicht sagen, dass es ›den
Sikarier‹ im engeren Sinne gibt – einen geübten Dolchmann, der in
den 50er und 60er-Jahren des 1. Jahrhunderts nach Christus mit
seiner typischen Taktik in der Sache der anti-aristokratischen Gruppen in der judäischen Gesellschaft der Zeit vor allem in Jerusalem
Terror verbreitet, ganz im Sinne von Horsleys Übertragung des modernen Terrorismus als Waffe der Machtlosen auf die antike Situation? Dass, zweitens, deswegen nicht unbedingt davon auszugehen
ist, dass es eine geschlossene Bewegung oder gar eine organisierte,
politische Gruppe namens ›die Sikarier‹ gab, sondern dass sich,
wenn wieder einmal jemand in Jerusalem blutüberströmt zu Boden
stürzte und der Täter in der Menge untertauchte, einfach der Schrei
›Sikarier!‹ erhob, so schnell, wie gegenwärtig der Aufschrei: ›Terroristen!‹ bei der Hand ist? Können wir, mit demselben skeptischen
Grundton, mit dem man sich heute dagegen verwehren möchte,
hinter jedem Terroristen gleich al-Qaida zu vermuten, die Möglichkeit in Betracht ziehen, dass, wenn ›ein Sikarier‹ zuschlug, dahinter
nicht gleich ›die Sikarier‹ als Organisation standen?

Wenn, wie der Autor es hier versuchen möchte, diese Prämissen
akzeptiert werden, entsteht trotzdem kein Problem, die Sikarier auf
Masada und selbst die Exilsikarier in Ägypten und Kyrene unterzu-

---

[12] Hengel 1961, 52.

bringen. Es sind dann eben in Masada, Theben und Kyrene nicht Parteimitglieder der Sikarier am Werk, sondern ehemalige Sikarier, das heißt, Jerusalemer Terroristen, die rechtzeitig aus der Stadt entkommen konnten. Im Fall von Masada hatten sie ihre Familien dabei und eine funktionierende Führung. Es handelt sich bei den ca. 960 Menschen in der Festung in der judäischen Einöde dann um die Parteigänger eines gewissen Menachem, der am Beginn der Parteikämpfe in Jerusalem ermordet worden war, die sich nun mit ihrem Anhang für den Rest des Krieges in dieser Festung verschanzten und dort – mehr oder weniger tatenlos, bis auf einige Überfälle auf benachbarte, jüdische Siedlungen – ausharrten, bis die Römer kamen, um ihnen ein Ende zu machen.

Zeloten

Aufgrund der Person des Eleazar ben Ya'ir, des Führers der Belagerten in Masada und ihres vorherigen Führers in Jerusalem, Menachem, besteht eine genealogische Beziehung der Führer der Sikarier von Masada zur Zensusrebellion des Judas von Galiläa im Jahr 6 n. Chr.[13] Bei der Umwandlung Judäas in eine römische Provinz in diesem Jahr und bei der damit verbundenen Erfassung der Bevölkerung zu Zwecken der Besteuerung regte sich Widerstand. Josephus berichtet, dass ein gewisser Judas aus Galiläa gemeinsam mit einem Pharisäer namens Zadok eine Widerstandsbewegung ins Leben rief. Josephus nennt sie die »vierte Philosophie«, da er versucht, dem griechischen Publikum seiner Schriften die zu dieser Zeit existierenden jüdischen Sekten (Essener, Pharisäer und Saduzäer) als vergleichbar mit griechischen Philosophenschulen (Kyniker, Epikuräer, Stoiker etc.) zu erklären. Nach den ersten drei sind die Anhänger des Judas von Galiläa dann also die vierte (Jüdische Altertümer 28,4-10 und Jüdischer Krieg 2,117).

Kernsatz seiner Lehre (Flavius Josephus nennt Judas wörtlich einen Lehrer bzw. Gelehrten, *sophistés*), war, dass die jüdische Bevölkerung Palästinas keinen anderen Herrn über ihr Land anerkennen sollte als Gott. Monette Bohrmann hat den geistesgeschichtlichen Hintergrund dieses Anspruches umfassend ausgearbeitet.[14] Für unsere Zwecke reicht es zusammenzufassen, dass dieses Konzept auf die Idee vom gelobten Land als Gabe Gottes an Israel und

[13] Loftus 1977.
[14] Bohrmann 1989, außerdem Appelbaum 1971.

auf den Bund zurückgeht, dessen wichtigster Eckpfeiler war, ›keinen Gott außer Gott‹ anzuerkennen. Judas' Forderung gehört in diese Tradition, welche man ›zelotisch‹ nennen kann, wieder, ohne zu behaupten, es habe eine organisierte Zelotenbewegung gegeben oder gar ›die Zeloten‹ seien als Partei von Judas ›gegründet‹ worden.

Wie Bohrmann es auf den Punkt bringt: »Jeder traditionelle Jude ist ein potentieller Zelot. Ein Saduzäer weist das mündlich überlieferte Gesetz zurück und will sich, indem er das tut, von einem Pharisäer absetzen, doch unter bestimmten Umständen ist jeder von beiden in der Lage, sich wie ein Zelot zu verhalten. Zeloten sind Teil der Tradition, aber ihre Lesart der Tradition ist auf einen einzigen, essenziellen Punkt fokussiert: die exklusive Natur Gottes (des eifersüchtigen Gottes); und die Folge dieser Haltung ist eine gewaltsame Ablehnung jeden Götzendienstes. Ein Zelot ist eifersüchtig, gewaltbereit und in Eile.«[15] Zelot zu sein, bedeutete vor allem kompromissloses Festhalten am Bund mit Gott. So eifersüchtig wie der Gott der Zeloten ist, so eifersüchtig bedacht sind sie auf ihren Bund mit ihm. Mehr noch, und damit kommt das Moment der Gewalt ins Spiel, der Zelot, Beispielen aus der Schrift folgend,[16] fühlt sich sanktioniert, Gewalt gegen Götzendiener und Kompromissbereite anzuwenden und er ist davon überzeugt, dass er durch die Auslöschung der Götzendiener und ihrer Kollaborateure das Anbrechen der messianischen Endzeit beschleunigen kann.[17]

Die besondere Leistung von Judas und Zadok bestand darin, dass sie diese religiösen Motive in eine politische Bewegung umwandeln konnten: Für Judas, und die, die wie er dachten – das heißt nicht seine Anhänger oder seine Partei, sondern jeder kritische Jude, der seine Ansichten teilte – war Steuerzahlung an den römischen Staat gleichbedeutend mit der Anerkenntnis der Herrschaft des Kaisers über Judäa. Anerkenntnis der römischen Herrschaft bedeute, einen anderen Herrscher als Gott über Judäa anzuerkennen. Dies war nun aber gleichbedeutend mit Abfall vom Bund, mit Götzendienst. Ein Schritt, zu dem ein zelotisch denkender Jude nicht bereit sein konnte. Mehr noch, ein Schritt, den er anderen mit Gewalt austreiben konnte und musste und der ihn – in logischer Fortsetzung dieser Denkrichtung – dazu veranlassen mochte, die Beseitigung der römischen Herrschaft an sich anzustreben. Nennen wir diese Version, Josephus' »vierte Philosophie«, politische Zeloten.

---

[15] Bohrmann 1989, 192-193.
[16] Für das klassische Beispiel des Phineas zuletzt Collins 2003.
[17] Bohrmann 1989, 192-208.

Die im Zusammenhang mit der Masada-Geschichte geschilderten Gewaltmaßnahmen gegen kooperative Juden gehören damit eindeutig zu einer mit dieser Forderung verbundenen Strategie, Kollaboration mit Feme zu bedrohen. Eine andere Strategie des Terrors, die z. B. an die machtvollen Drohgebärden und brutalen Übergriffe des Ku-Klux-Klan erinnert. Die Bühne dafür ist in beiden Fällen ländlich. Es handelt sich aber auch um eine andere Strategie als die gezielten Ermordungen und Erpressungen der städtischen Sikarier.

Eleazar, der Führer der Sikarier in Masada, wird als ein Nachkomme dieses Judas vorgestellt. Menachem, der vorherige Führer der Gruppe in Masada, so lange sie noch in Jerusalem weilte, wird von Josephus als Sohn des Judas von Galiläa bezeichnet. Aufgrund des zeitlichen Abstandes ist wohl eher an einen Enkelsohn zu denken. Zwei andere Söhne des Judas wurden in den späten 40er-Jahren als Banditen hingerichtet. Ohne die lange Debatte hier auszuführen,[18] kann gesagt werden, dass versucht wurde, über die Verwandtschaft der Personen eine Kontinuität der Organisationen zu begründen. Die Sikarier in Masada – und alle anderen Sikarier – seien damit politische Zeloten gewesen. In dem von Bohrmann vertretenen Sinne einer Weltanschauung – Zeloten, ohne schon politisch zu sein – mag das auf manche oder gar alle von ihnen zugetroffen haben. Die Entscheidung zum Massenselbstmord lässt sich innerhalb der jüdischen Tradition am ehesten aus der zelotischen Theorie entwickeln: Tod von eigener Hand ist besser als Unterwerfung unter die Götzendiener, denn dies bedeutet Abfall von Gott.

Was aber nicht notwendigerweise folgt, ist, dass die Sikarier in Masada die letzten Überlebenden einer möglicherweise auch noch messianisch, dynastischen Bewegung waren, die von Judas von Galiläa zu Eleazar ben Ya'ir reichte. Der Satz: »Sikarier sind politische Zeloten« ist in seiner Absolutheit falsch. Sowenig wie alle Terroristen Islamisten und alle Islamisten Terroristen sind, waren alle Sikarier Anhänger von Judas' »vierter Philosophie« und alle Zeloten im religiösen Sinne automatisch Dolchmänner.

Horsley[19] hat gezeigt, dass ein Gros der während des jüdischen Krieges von Josephus als »Zeloten« bezeichneten Gruppen wahrscheinlich aus der entwurzelten Landbevölkerung stammte, die bereits nach Ausbruch des Krieges bevor und während sich die römi-

---

[18] Sie ist bei Horsley 1985 nachzulesen.
[19] Horsley 1986.

sche Schlinge um Jerusalem zusammenzog, in die Stadt flüchtete.
Sie dürften auch schon vorher das soziale Substrat gebildet haben,
in dem ›Judas‹ in der Endkonsequenz anarchistische Philosophie
aufgehen konnte.

Den Boden dafür bereiteten wohl die schwierige ökonomische
Lage in Judäa während der ersten Hälfte des ersten Jahrhunderts,
der wachsende Druck auf die kleinbäuerlichen Schichten, die Unfähigkeit und bisweilen himmelschreiende Bestechlichkeit und
Unsensibilität der römischen Statthalter sowie die Unfähigkeit der
einheimischen Eliten, die doppelte Rolle zu spielen, die ihnen in
der herrschenden Konstellation zugekommen wäre: erstens Mittler
und Kooperationspartner der römischen Verwaltung zu sein und
zweitens, sich des Respekts, der Loyalität und des Gehorsams der
einheimischen Bevölkerung zu versichern. Dass die jüdische Elite
in dieser Zeit dazu nicht in der Lage war, mag unter anderem darin
begründet liegen, dass es sich um eine Gruppe aus dem Umfeld des
idumäischen Aufsteigers Herodes des Großen handelte, die zumeist
erst vor einer Generation Macht und Reichtum erlangt hatte. Zweitens profitierte die Elite in hohem Maß von der wirtschaftlichen
Integration Judäas in den römisch-hellenistischen Wirtschafts-
raum, während weite Teile der ländlichen Bevölkerung zu den Ver-
lierern zählten. Zuletzt war die Elite trotz ihrer Kontrolle des Tempels und des Amtes des Hohepriesters nicht in der Lage, gegenüber
der Bevölkerung ein religiöses Erklärungsmonopol zu etablieren.
Vor allem die starke Bewegung der Pharisäer untergrub die Autorität der mehrheitlich saduzäischen Elite. Auf diese Weise war die
Integrationsfähigkeit der einheimischen, judäischen Führungs-
schicht derartig kompromittiert, dass sie die ihr von den Römern
zugedachte Rolle als Führer und Lenker der örtlichen Bevölkerung
nicht wahrnehmen konnte. Schlimmer noch, indem sie es versuchte, erwarb sie sich in den Augen ihrer Landsleute den Makel
der Kollaboration. ›Judas‹ Zensusrebellion und die folgenden Ausschreitungen gegen reiche Landbesitzer und Römerfreunde waren
die an der unmittelbar ökonomisch betroffenen Basis entstandenen
ersten Böen des bevorstehenden Sturmes.[20]

Die herrschende Lage brachte dabei neben den städtischen Sika-
riern und den eher ländlichen politischen Zeloten noch eine dritte,
charakteristische Form vormodernen, sozialen Protestes hervor:
Banditentum.[21] Diesem sei hier zum Schluss deswegen noch etwas

---

[20] Dazu: Goodman 1987.
[21] Isaac 1984.

mehr Raum gewährt, weil das am häufigsten verwendete Wort für die jüdischen Aufständischen bei Josephus »Bandit« ist.[22]

Banditen

In den Quellen als »Räuber« (lat. *latrones*, griech. *lêstai*) bezeichnete Gruppen konnten nicht nur im judäischen Fall auch sozialrevolutionäre oder »nationale« aufständische Kräfte sein.[23] In Teilen Spaniens waren die Verhältnisse ähnlich. Dort wird auch klar, dass es – wie schon Hengel[24] vermutete – andere als kriminelle Energien gewesen sein müssen, die manche dieser ›Räuber‹ antrieben. Als Beleg mag eine Anekdote von Appian reichen: »Es war ein solcher hoher Geist unter den Räubern, dass keiner der Gefangenen die Sklaverei ertrug. Einige ermordeten sich selbst, andere ihre Käufer; ein Teil bohrte die Schiffe, auf denen sie weggeführt wurden, in den Grund.«[25] Mit diesem Zitat sei auch gleich gezeigt, dass kollektiver Selbstmord, um Hinrichtung, Sklaverei oder Niederlage zu entgehen, keinesfalls ein auf die Sikarier in Masada beschränktes Phänomen war, sondern in der antiken Kriegsgeschichte des Öfteren vorkam. Die Bewohner des von Hannibal belagerten Sagunt entschieden sich dafür (Liv. 21.14.1f. und Val. Max. 6.6 ext. 1.), ebenso wie die Karthager selbst später ihre Kinder in die Flammen ihrer brennenden Stadt warfen.

Unsere unmittelbare historische Vergangenheit sollte moderne Forscher misstrauisch machen, wenn Besatzungsmächte von Banditen reden. Die Klassifizierung eines Gegners als ›Räuber‹ (*latro*, *lêstés*) versetzte diesen aus römischer Sicht in einen staatsrechtlichen Status, der sich deutlich von dem eines Feindes (*hostis*) in einem regulären Krieg unterschied. Spätestens den Juristen des 2. Jahrhunderts nach Christus war das klar: »Feinde sind die, denen wir oder die uns öffentlich den Krieg erklären; die anderen sind Räuber oder Plünderer.«[26]

---

[22] Hengel 1961, 25-46.
[23] Vgl. Mac Mullen 2.1992, Appendix B, 255-268, ohne dass genau entscheidbar ist, auf welche der genannten »Räuber« eine andere als kriminelle Motivation zutrifft und Shaw 1984 und zuletzt Drinkwater 2004, insbesondere: 91-109.
[24] Hengel 1961, 27.
[25] Appian, Historia Romana (Hispania) 6,68 nach Hengel 1961, 27.
[26] Pomponius, Digesten 50,16,118.

An sich ist der *latro/lêstés* ein Verbrecher, der, um fremdes Gut an sich zu bringen, vor potenziell auch tödlicher Gewalt nicht zurückschreckt. Er kann auch ein Seeräuber oder ein irregulärer Soldat sein, der auf Beute ausgeht.[27] Dazu kamen aber mit der fortschreitenden Kaiserzeit weitere Kriterien, die, unabhängig von der Raubabsicht, die Einordnung von Personen in diese Kategorie erlaubten: unerlaubter Waffenbesitz und der Zusammenschluss in Banden. Ja, wer solcherart definierte Räuber irgendwie unterstützte oder mit ihnen gemeinsam aufgegriffen wurde, sollte genau so bestraft werden wie sie. Das bedeutete im Fall von Provinzialen ohne römisches Bürgerrecht Kreuzigung oder die Bestien in der Arena. Hatte das Unwesen einer Räuberbande Ausmaße erreicht, die an Aufruhr (*seditio*) oder Staatsgefährdung (*crimen maiestatis*) grenzte, war eine mildere Strafe ohnehin nicht denkbar.[28]

Wir finden also hier in Josephus' Sprachgebrauch, von der rein abwertenden Absicht einmal abgesehen, möglicherweise jene offizielle Diktion, die es dem römischen Staat erlaubte, mit allen ›notwendigen Mitteln‹ und unter Umgehung seines sich selbst auferlegten Kriegsrechtes, gegen jede lokale Opposition vorzugehen. Des einen Bandit ist des anderen Aufständischer, was zu einer letzten Betrachtung Anlass geben soll. Ihr Zweck ist es, den jüdischen Aufstand und das Wirken der Sikarier in den Kontext seiner Epoche zu stellen. Verhältnismäßigkeit ist, wie Thomas Kolnberger in diesem Band ebenfalls zu zeigen versucht hat, wichtig für jedes historische Einzelbeispiel, das in einen größeren Kontext eingebettet werden soll.

Aufständische

Was die Empörer und Aufständischen in Judäa während dieser ca. 50 Jahre taten, wie sie es für sich rationalisierten und vielleicht auch propagandistisch kommunizierten, stammte zweifellos aus ihrer Kultur und Religion – ihrem ›Jüdischsein‹. Der Umstand, dass es in Judäa zu Unruhen, Gewalt und schließlich einer massiven Erhebung kam, die von Rom mit militärischer Macht niedergeschlagen wurde, hat, so sollte nach dem zuvor Gesagten klar sein, mit einer spezifischen Inkompatibilität zwischen Judentum und *imperium romanum* nichts zu tun. Wenn, wie Ernst Batrusch meint, »die

---

[27] Hengel 1961, 25.
[28] Hengel 1961, 32-34.

Juden zur ›Mutter aller‹ ein gestörtes Verhältnis hatten, ja die größten Krisen im frühen Prinzipat, soweit sie von Reichbewohnern
ausgingen, die jüdisch-römischen Konflikte waren«,[29] dann kann
der häusliche Friede der unter der Übermutter Roma versammelten
Völkerfamilie während der ca. 130 Jahre zwischen der Errichtung
der Provinz Judäa und dem Ende des Bar-Kochba-Aufstandes insgesamt nur als schwer zerrüttet bezeichnet werden.

Nehmen wir zum Beispiel Gallien: Bei der Einführung des Zensus in Gallien unter Augustus gibt es wie in Judäa Unruhen. 21 n.
erheben sich die Gallier wieder wegen einer Tributerhöhung. Zwei
Legionen müssen gegen sie eingesetzt werden. 68 stellen sie sich
hinter ihren römischen Statthalter gegen Nero. 69 erheben sich die
Bataver. Stämme diesseits und jenseits des Rheines schließen sich
ihnen an. Man plant die Errichtung eines separaten gallischen Imperiums. Es existiert bis 71 n. Chr. Auch an messianischen Figuren
mangelt es nicht: Ein gewisser Mariccus, der sich »*adsertor Gallia-
rum et deus*« (Befreier der Gallien und Gott) nannte, sammelte
69 n. Chr. im Gebiet der Häduer 8 000 Anhänger (*fanatica mul-
titudo* = einen »rasenden Pöbel«) um sich, die von lokalen Milizen
und römischen Truppen zerstreut wurden.[30]

Als alternatives Beispiel mag der pannonisch-illyrische Aufstand
von 6 bis 9 n. Chr. dienen, der die persönliche Anwesenheit des zukünftigen Kaisers Tiberius erforderte und in Rom höchste Beunruhigung auslöste. Der Anführer der Dalmatier, Bato, soll Tiberius
auf die Frage nach den Gründen des Aufstandes geantwortet haben:
»Weil ihr uns nicht Hirten und Hunde, sondern Wölfe zu Hütern
geschickt habt.«[31]

Ähnliches lässt sich – ohne Anspruch auf Vollständigkeit – während dieser 130 Jahre aus allen Teilen des Imperiums zusammentragen: Noch unter Augustus gibt es in Athen einen Aufstand, 6 n.
muss man auf Sardinien gegen »Räuber« regelrecht Krieg führen
und schon 19 n. noch einmal; ebenso gegen die Isaurer in Kleinasien. 21 und 26 n. Chr. folgen Aufstände der Thraker, 28 n. ein
Aufstand der Friesen, 36 n. ein Aufstand des kilikischen Stammes
der Cieten, 41 n. einer der Mauretanier. Erst 47 n. wird der friesische Aufstand beendet, 52 n. erheben sich wieder die Cieten, 59 bis
60 n. die Icener und Trinovaten in Britannien unter der Königin
Boudicca. 60 n. folgen Erhebungen in Pontos, Unruhen in Britannien und Africa. Um 77 n. gibt es einen Aufstand der Brukterer

---

[29] Baltrusch 2002, 11.
[30] Tacitus, Historien, 2,61.

(Germanien), 88 n. einen des Statthalters von Obergermanien in Kooperation mit den Germanen. 116 n. empören sich die mesopotamischen Städte gegen Rom, 122 n. wird ein Aufstand in Mauretanien beendet. Auch vor oder nach dem gewählten Zeitausschnitt ist der Befund ähnlich. Teile Spaniens befinden sich zwischen 29 und 19 v. Chr. quasi ständig im Aufstand und in Gallien gibt es zwischen 29 und 26 v. zumindest drei separate Unruheherde: die Treverer, die Moriner und die Aquitanier. Als Kaiser Augustus 27 v. Chr. nach Lugdunum (Lyon) reist, um sich um die gallische Situation zu kümmern, wird er in den Alpen von den dortig ansässigen Salassern (im Aostatal) attackiert. 26 v. werden sie durch Deportation, Sklaverei und Massaker »befriedet«.

Wohl gemerkt hatte keine der oben genannten Völkerschaften und Regionen den besonderen Vorteil, einen zeitgenössischen Chronisten, eine wesentlich auf Schrifttum beruhende, bis in die Gegenwart andauernde Kultur und die erhöhte Aufmerksamkeit der christlichen Tradition zu besitzen. Würde man über die Beweggründe der Gallier, Pannonier oder Thraker einzigartig gut Bescheid wissen, könnte man zu ähnlich weit reichenden Schlüssen wie im Falle der Juden kommen.

Will man umgekehrt das Wirken der Sikarier in den breiteren Kontext des Widerstandes gegen Rom stellen, so stellen sie sich als ein regionales (Judäa), streng genommen vielleicht sogar lokales (Jerusalem) Phänomen dar. Anders als terroristischen Bewegungen späterer Zeiten gelang es ihnen nicht, außerhalb ihres Kernraumes aktiv zu werden, obwohl dafür optimale Bedingungen gegeben gewesen wären, war die jüdische Diaspora doch überall im römischen Reich verbreitet. Doch gerade dort, die oben zitierte Anekdote um die Exil-Sikarier in Kyrene und Ägypten beweist es, konnte der Aufstand kaum Fuß fassen. Insgesamt bleiben die jüdischen Gemeinden außerhalb Judäas ruhig, was die Analyse stützt, dass vor allem lokale soziale Probleme den Boden für die Empörung bereiteten.

Zusammenfassung

Nach Rapoports Definition sind die Sikarier Terroristen. »Nach dieser Ansicht wird Terror als außergewöhnliche und außermoralische Gewalt verstanden, als ein Typ (von Gewalt), der die Konventionen und Grenzen überschreitet, die eine spezifische Gesellschaft aufstellt, um Zwangsmaßnahmen zu regulieren. Diese Konventionen identifizieren Rechtfertigungen und errichten Grenzen und Immunitäten, welche einen in die Lage versetzen, zwischen angemessenen und unangemessenen gesellschaftlichen Reaktionen gegen Kriminelle im Unterschied zu kriegerischer Gewalt zu unterscheiden (…) Das unterscheidende Merkmal des Terroristen ist daher, die bewusste Entscheidung, diese Beschränkungen hinter sich zu lassen oder die Weigerung, die geltenden moralischen Unterscheidungen zwischen Kriegsführenden und Neutralen, Kombattanten und Nichtkombattanten, angemessenen und unangemessenen Zielen, legitimen und illegitimen Mitteln als bindend zu betrachten.«[32] Die Sikarier setzen nach den Zeugnissen ihrer Zeitgenossen eindeutig außergewöhnliche und außermoralische Gewalt ein, um ihrer Forderung Nachdruck zu verleihen. Dass sie erfolgreich Terror, also ein Klima gesamtgesellschaftlicher Unsicherheit und Furcht, erzeugten, ist aus den Berichten des Josephus evident. Eben die von Josephus geschilderte Reaktion ist der beste Beweis dafür, dass ihre Handlungen den gesellschaftlichen Konsens in Jerusalem außer Kraft gesetzt hatten.

Sie waren aber nicht unbedingt, nicht alle und vor allem nicht in einem organisatorischen Sinne religiös motivierte Terroristen. Es ist wahr, dass es in Gestalt des Zelotentums im Judäa der Zeit Strömungen gab, die in ihrer Absolutheit und Abgeschlossenheit mit modernen Fundamentalismen vergleichbar sind. Es gab sogar so etwas wie eine politisierte Religion, die alle Züge messianischer Endzeiterwartung in sich trug, der in der gegenwärtigen Diskussion um den Terrorismus der »Vierten Welle« viel Gewicht beigemessen wird. Ebenso wie in der Gegenwart ist aber die Kopplung zwischen Terroristen und Fundamentalisten keine eindeutige, sicher keine automatische. Im Fall des viel zitierten Beispiels der Sikarier sollte dieser bedachtsame Nebensatz vielleicht in Zukunft in die historischen Einleitungen mitgenommen werden.

Als an der Beobachtung der Tagespolitik abgebrühter Historiker wagt man den Satz von den Lehren aus der Geschichte ohnehin nicht mehr in den Mund zu nehmen. Deswegen anstelle dessen eine Beobachtung: Der extreme Messianismus des 1. und 2. Jahrhunderts nach Christus und die Katastrophen, die er für das traditionelle Judentum mit der Zerstörung des Tempels und der zweiten Diaspora auslöste, haben im nachfolgenden rabbinischen Judentum eine konsequent skeptische Haltung gegenüber jeder Art von unmittelbarer Endzeiterwartung und dem Versuch, Gott mit Ge-

---

[31] Cassius Dio, 56.16.3.
[32] Rapoport 1988, 196-7.

walt zu zwingen, sein messianisches Versprechen einzulösen, hinterlassen.[33] Die Erfahrung lehrte, dass es offenbar klüger ist, zuerst
für das zeitliche Leben zu sorgen und erst in zweiter Linie auf die
Erfüllung der letzten Dinge zu hoffen. Oder, wie Rabbi Yochanan
ben Zakkai lehrte: »Wenn du einen Setzling in der Hand hast, und
sie sagen dir, der Messias sei gekommen, dann pflanze erst den Setzling und danach heiß den Messias willkommen.«

Literatur

Applebaum 1971 = S. Applebaum, The Zealots: The Case for Revaluation,
    in: The Journal of Roman Studies 61 (1971), 155-170.
Baltrusch 2002 = E. Baltrusch, Die Juden und das Römische Reich, Ge-
    schichte einer konfliktreichen Beziehung, Darmstadt 2002.
Ben-Yehuda 2002 = N. Ben-Yehuda, Sacrificing Truth, Archaeology and
    the Myth of Masada, New York 2002.
Bergesen/Lizardi 2004 = A. J. Bergesen/O. Lizardo, International Terro-
    rism and the World-System, in: Sociological Theory 22 (2004) 1 (The-
    ories of Terrorism: A Symposium, March 2004), 38-52.
Bohrmann 1989 = M. Bohrmann, Flavius Josephus, the Zealots and Yavne,
    Bern 1989.
Collins 2003 = J. Collins, The Zeal of Phinehas: The Bible and the Legi-
    timation of Violence, in: Journal of Biblical Literature 122 (2003) 1,
    3-21.
Drinkwater 2004 = J. Drinkwater, Bandits in the Roman Empire: Myth
    and Reality, New York 2004.
Goodman 1987 = M. Goodman, The Ruling Class of Judaea, The Origins
    of the Jewish Revolt against Rome A.D. 66-70, Cambridge 1987.
Hengel 1961 = M. Hengel, Die Zeloten, Untersuchungen zur jüdischen
    Freiheitsbewegung in der Zeit von Herodes I. bis 70 n. Chr., Leiden-
    Köln 1961.
Horsley 1979 = R. A. Horsley, The Sicarii: Ancient Jewish »Terrorists«, in:
    The Journal of Religion 59/4, 435-458.
Horsley 1986 = R. A. Horsley, The Zealots. Their Origin, Relationships
    and Importance in the Jewish Revolt, in: Novum Testamentum 28/2
    (1986), 159-192.
Horsley 1985 = R. A. Horsley, Menahem in Jerusalem a Brief Messianic
    Episode among the Sicarii: Not »Zealot Messianism«, in: Novum Tes-
    tamentum 27 (1985) 4, 334-348.
Isaac 1984 = B. Isaac, Bandits in Judaea and Arabia, in: Harvard Studies in
    Classical Philology 88 (1984), 171-203.
Loftus 1977 = F. Loftus, The Martyrdom of the Galilean Troglodytes (B.J.
    i 312-3; A. xiv 429-30). A
Mac Mullen 2. 1992 = R. Mac Mullen, Enemies of the Roman Order,
    2. London/New York 1992.

---

[33] Vgl. Rapoport 1988, 197.

Marcus 1996 = J. Marcus, Modern and Ancient Jewish Apocalyptism, in: The Journal of Religion 76 (1996) 1, 1-27.

Rapoport 1988 = D. Rapoport, Messianic Sanctions for Terror, in: Comparative Politics 20 (1988) 2, 195-213.

Shaw 1984 = B. D. Shaw, Bandtis in the Roman Empire, in: Past and Present 105 (1984), 3-52.

Smith 1971 = M. Smith, Zealots and Sicarii, Their Origins and Relation, in: The Harvard Theological Review 64 (1971) 1, 1-19.

Thackrah 2004 = J. R. Thackrah, Dictionary of Terrorism, New York 2004.

Zeitlin 1962 = S. Zeitlin, Zealots and Sicarii, in: Journal of Biblical Literature 81 (1962) 4, 395-398.

Zeitlin 1965 = S. Zeitlin, Masada and the Sicarii, in: The Jewish Quarterly Review 55 (1965) 4, 299-317.

Zeitlin 1967 = S. Zeitlin, The Sicarii and Masada, in: The Jewish Quarterly Review 57 (1967) 4, 251-270.

Weiterführende Literatur

Schäfer 2003 = P. Schäfer, The History of the Jews in the Greco-Roman World, London-New York 2003.

Zeitlin 1961 = S. Zeitlin, The Pharisees: A Historical Study, in: The Jewish Quarterly Review 52 (1961) 2, 97-129.

Die Assassinen

Vorläufer des islamistischen Terrors?[1]

HEINZ HALM

Am 16. Oktober 1092 fiel in Iran Nizâm al-Mulk, der Wesir des Sultans Malik Schah, auf dem Weg zur Hauptstadt Isfahan einem Attentat zum Opfer. Der Reisetrupp des Ministers war dabei, bei einem Dorf in der Nähe der Stadt Nehavend zu lagern, als sich ein Junge der Sänfte des Ministers näherte. Der Junge war wie ein Derwisch gekleidet und hielt einen Zettel in der Hand, sah also aus wie einer der Bittsteller, die üblicherweise die Petitionen oder Beschwerden den Begleitern eines großen Herrn überreichen durften. Der Junge rief dem Wesir einen Segenswunsch zu und bat ihn, den Zettel persönlich entgegenzunehmen, und der reckte den Arm aus, um die Bittschrift anzunehmen; in diesem Augenblick stach der Junge mit einem Dolch zu. Als der Attentäter zu fliehen versuchte, stolperte er über einen Zeltstrick und stürzte; er wurde augenblicklich von den Männern des Wesirs getötet. Der Wesir wurde in sein Zelt getragen, wo er kurz darauf seiner Verletzung erlag.

Das Attentat war das erste einer Serie von etwa fünfzig geglückten Anschlägen, die in den folgenden gut anderthalb Jahrhunderten die islamische Welt in Atem hielten. Diese Zeit – von 1092 bis 1271 – fällt weitgehend mit der der Kreuzfahrerherrschaften in Syrien und Palästina (1097-1292) zusammen, und es waren vor allem lateinische oder altfranzösische Quellen der Kreuzfahrerzeit,[2] die den Europäern erste Informationen über die geheimnisvolle Sekte der *heyessini* oder *assissini* gaben, die die Franken auch ›die Alten vom Berge‹ (*segnors de montana*) nannten. Sie hausten in Bur-

---

[1] Auf eine wissenschaftliche Umschrift des Arabischen und Persischen habe ich verzichtet und eine annähernd phonetische Schreibweise für deutsche Leser angewandt. Die betonten Längen sind dabei durch einen Zirkumflex bezeichnet.

[2] Zu den Quellen ausführlich Lewis 1952; 1967, 141 ff.; 1989, 192 ff.

gen im syrischen Küstengebirge, von wo aus sie Anschläge auf christliche Herren unternahmen, wie z. B. auf den Fürsten Raimund von Toulouse, den Grafen von Tripolis (im Libanon), der 1152 am Tor seiner Stadt von mehreren Attentätern mit Dolchen niedergestreckt wurde.

Aber die Kreuzfahrer waren nicht die eigentliche Zielgruppe der Attentäter, deren Anschläge ja schon vor Beginn der Kreuzzüge eingesetzt hatten. Die syrischen Burgen bildeten nur die vorderste, sichtbare Front eines Aktionsgebietes, dessen eigentliches Zentrum im Norden Irans lag und im Osten bis Afghanistan und Zentralasien reichte. Das wurde erst späteren europäischen Reisenden klar, denen es gelungen war, weiter nach Osten vorzudringen, etwa dem Juden Benjamin von Tudela, der 1167 in Bagdad weilte, oder dem flämischen Franziskaner Wilhelm von Rubruck, der 1253 an den Hof des mongolischen Großkhan reiste. Den westlichen Autoren des Mittelalters blieb indes die innere Struktur der Organisation immer verborgen, so wie sie auch die Bedeutung ihres geheimnisvollen Namens nie ergründeten, obwohl sie ihn in der allgemeinen Bedeutung von ›Mörder‹ in fast alle romanischen Sprachen übernommen haben.

Seit es Terroranschläge islamistischer Selbstmordattentäter gibt, haben westliche Beobachter immer wieder auf die Assassinen als deren Muster und Vorbild hingewiesen, und ein Terrorpate wie Usâma bin Lâden, der unauffindbar in den Höhlen der Berge von Tora-Bora haust und weltweit Attentate steuert, fordert geradezu zwangsläufig zum Vergleich mit dem ›Alten vom Berge‹ heraus, zu dem die Legende die verschiedenen Oberhäupter der Assassinen verschmolzen hat.[3] Es war der Venezianer Marco Polo (1254-1324), der die Legende, die er selber nur vom Hörensagen kannte, in Europa verbreitet hat: Danach betäubte der ›Alte vom Berge‹ junge Männer mittels eines Schlaftrunks und verbrachte sie in einen paradiesähnlichen Garten, wo alle ihre Lüste befriedigt wurden, schläferte sie dann wieder ein und setzte sie aus, so dass er dann ihre Sehnsucht nach dem verlorenen Paradies ausnutzen und sie für seine Attentatspläne gefügig machen konnte, indem er ihnen die Rückkehr in den Garten in Aussicht stellte.[4]

Die innere Struktur und die Geschichte der Organisation der ›Assassinen‹ hat sich der Wissenschaft erst erschlossen, als vereinzelt im 19. und in wachsender Fülle im 20. Jahrhundert arabische und

[3] Daftary 1994.
[4] Polo 1983, 60-64; Daftary 1994.

persische Originalquellen zugänglich wurden,[5] und zwar sowohl
zeitgenössische Berichte über deren Wirken als auch Texte aus den
Reihen der Gruppe selbst. Rasch wurde klar, dass die ›Assassinen‹
ein Ableger jener religiösen Richtung des Islam waren, die man
heute als ›Ismailiten‹ bezeichnet, die sich im 9. Jahrhundert vom
schiitischen Islam abgespalten hat und bis heute in verschiedenen
Zweigen weiter existiert; Oberhaupt eines dieser Zweige ist der
Agha Khan. Zeitweilig haben die Oberhäupter (Imame) dieser islamischen Richtung sogar politische Macht ausgeübt: 909 errich-
teten sie im heutigen Tunesien ein Gegenkalifat gegen das von
Bagdad; 969 gründeten sie Kairo und herrschten dort bis 1171 als
Kalifen; die Herrscher dieser Dynastie der Fatimiden – benannt
nach Mohammeds Tochter Fatima, von der sie abzustammen be-
haupteten – gelten als Vorfahren des Agha Khan.[6]

Nun liegt es nahe, die Beweggründe der Attentäter in den religiösen Anschauungen der Ismailiten-Sekte zu suchen, die seit gut
einem Jahrhundert durch eine Fülle von Originalschriften zugänglich und wissenschaftlich erschlossen sind. Das Ergebnis ist jedoch
gänzlich negativ; Attentate spielen in den Lehren der Ismailiten
keine Rolle. Die religiöse Grundidee des ismailitischen Islam ist
eine radikale Erneuerung des angeblich verderbten und fehlgeleite-
ten Islam durch einen von Gott gesandten Retter aus der Nach-
kommenschaft Mohammeds, den ›Rechtgeleiteten‹ (*al-mahdî*), der
die verirrten Muslime wieder auf den rechten Weg zurück bringen wird. In der Erwartung der Wiederkunft dieser messianischen
Gestalt und in der Vorbereitung ihrer Herrschaft liegt der Kern der
ismailitischen Verkündigung (*da'wa*); der Gründer der nordafrika-
nisch-ägyptischen Fatimiden-Dynastie, der Kalif al-Mahdî, hat sich
anfänglich als dieser Erwartete ausgegeben. Aber weder in der Lehre
der Fatimiden-Kalifen noch in der der heute fortbestehenden
Zweige der Ismailiten-Sekte spielen Attentate oder Terror irgend-
eine Rolle. Die ›Assassinen‹ stellen also eine Sonderentwicklung
dar, die auf eine bestimmte Region und eine bestimmte Zeit begrenzt blieb.

Diese Sonderentwicklung hat aber offenbar in den eschatologi-
schen Hoffnungen der Ismailiten ihre Wurzeln. Von allem Anfang
an stand die bevorstehende große Wende, der Neuanfang des Islam,
im Zentrum der ismailitischen Lehre: Der Mahdi wird kommen
und die ungerechten pseudo-islamischen Regime stürzen; er wird –

[5] Lewis 1967, 10 ff.; 1989, 26 ff.
[6] Halm 1991; 2003; Daftary 1990, 144 ff.

nach einer alten, immer wieder zitierten Formel – »die Welt mit Gerechtigkeit erfüllen, so wie sie jetzt mit Ungerechtigkeit erfüllt ist«. Diesen Neuanfang, den großen Umsturz, gilt es vorzubereiten, dem Mahdi den Weg zu bahnen, mit der Waffe in der Hand bereit zu sein; wenn er erscheint, wird man auf seiner Seite, der siegreichen, kämpfen und den Lohn dafür erhalten.

Die eschatologisch-chiliastische Grundidee des ismailitischen Islam durchzieht die Lehren der Sekte von ihren Anfängen im 9. Jahrhundert bis heute, meist latent, doch immer wieder unterbrochen von offenen Ausbrüchen, in denen das Reich des Mahdi mit Gewalt herbeigezwungen werden sollte. Hier liegt der Schlüssel zum Verständnis der Attentate der Assassinen: Wer die Feinde der Ismailiten – und damit die Feinde des Mahdi – vernichtet, die Hinderer des großen Umschwungs aus dem Weg räumt, beschleunigt das Kommen des verheißenen Endreichs. (Auch im modernen Terrorismus fehlt diese eschatologisch-chiliastische Komponente nicht: Die Taten der Aktivisten sollen das herrschende System irgendwann mit einem Schlag in sich zusammenstürzen lassen, so dass das Neue entstehen kann).

Dazu fügt sich, dass der Begründer der Assassinenbewegung, Hassan-e Sabbâh, selber ein Abtrünniger war, der sich von allen, sogar seinen eigenen ismailitischen Autoritäten losgesagt hatte.

Der Werdegang des Hassan-e Sabbâh ist uns dank der erhaltenen Fragmente seiner Autobiographie in Umrissen bekannt – ein einzigartiges Dokument, in dem wir zumindest in Umrissen das Profil des Urbildes des ›Alten vom Berge‹ erkennen können. Den Text verdanken wir dem Mongolenkhan Hülägü, einem Enkel Dschingis Khans, der 1256 bei der Eroberung Irans die Burg Alamût zur Übergabe zwang und die dortige Bibliothek der Assassinen durch seinen gelehrten Wesir Dschuvainî sichten ließ; dieser hat wesentliche Passagen der Autobiographie des Hassan-e Sabbâh in sein eigenes Geschichtswerk aufgenommen.[7] Den allergrößten Teil der Bibliothek ließ der Mongolenherrscher dagegen wegen ihres ›ketzerischen‹ Charakters vernichten.

Der Iraner Hassan-e Sabbâh (d. h. Hassan, Sohn oder Nachkomme des Sabbâh) stammte aus Qom (Ghom), dem heutigen religiösen Zentrum der Islamischen Republik Iran. Er war von Hause aus (Zwölfer-)Schiit, wie der größte Teil der Bevölkerung seiner Heimatstadt, geriet aber in jungen Jahren an ismailitische Missionare, die im Auftrag der Fatimiden-Kalifen von Kairo An-

---

[7] Juvaini 1958.

hänger für den erwarteten Erlöser, den Mahdi, warben, und zwar
aus dem Untergrund heraus, da sie ja in Feindesland operierten und
den Umsturz nicht nur predigten, sondern auch vorbereiteten.
Hassan-e Sabbâh berichtet, dass seine Konversion maßgeblich
durch eine schwere Krankheit gefördert worden sei, die ihn er-
schüttert und zur Besinnung gebracht habe – ein Muster, das sich
auch bei heutigen Attentätern wiederfindet. Im Jahr 1071/72 legte
er das Gelübde ab, das ihn zur Verschwiegenheit und zur Loyalität
gegenüber dem ismailitischen Kalifen von Kairo verpflichtete, und
schlug selbst die Karriere eines Werbers (*dâ'î*) ein. Nach intensiver
Schulung und Wanderjahren im Iran und Irak kam er dann 1078
über Damaskus und Beirut nach Kairo, wo er am Zentrum der
ismailitischen Propaganda (*da'wa*) selbst zum Missionar ausgebildet
wurde. 1081 wirkte er bereits in Isfahan, und in den nächsten neun
Jahren war er als geheimer Agent und Missionar in verschiedenen
Gegenden Irans tätig. Am 4. September 1090 konnte er die Burg
Alamût in den Bergen des Elburs südlich des Kaspischen Meeres
mit Hilfe einiger zuvor eingeschleuster Gesinnungsgenossen im
Handstreich in seine Gewalt bringen, und dieses über 1.800 Meter
hoch gelegene Felsennest wurde nun für mehr als anderthalb Jahr-
hunderte – bis zur Einnahme durch die Mongolen – zum Zentrum
der Tätigkeit der Assassinen. Im Oktober 1092 gelang das erste
Attentat auf den Wesir Nizâm al-Mulk. Zwei Jahre später, 1094,
sagte sich Hassan-e Sabbâh anlässlich eines Thronfolgestreits in
Kairo von seinen dortigen Oberherren, den Fatimiden-Kalifen, los.
Die Entmachtung und Verdrängung des rechtmäßigen Thronfol-
gers Nizâr[8] mag wohl nur der äußere Anlass für das Schisma gewesen sein; wir dürfen vermuten, dass bei der Enttäuschung Hassan-e
Sabbâhs die Verweltlichung der Fatimiden-Dynastie und das Aus-
bleiben des verheißenen Reichs des Mahdi eine nicht unwichtige
Rolle gespielt hat: Das Reich ist nahe, das Kommen des Großen
Umschwungs soll herbeigezwungen werden. Hassan-e Sabbâh starb
im März 1124; auf ihn folgten in Alamût sieben ›Großmeister‹,
deren letzter von den Mongolen umgebracht wurde.
    Die Gewinnung oder Errichtung fester Stützpunkte gehörte seit
alters zur Taktik der Ismailiten: Der erwartete Mahdi sollte bei
seinem Erscheinen eine bewaffnete Basis vorfinden. Diese Stützpunkte nannte man *dâr al-hidschra*, ›Stätte der Auswanderung‹,
und spielte damit auf die Hidschra des Propheten Mohammed an.

---

[8] Daher die Bezeichnung »Nizariten« für den Alamût-Zweig der Ismailiten; Halm 1988, 193 ff., Daftary 1990, 324 ff.

Wie dieser das heidnische Mekka verlassen hatte, um den Islam im Exil zu begründen, so sollte auch die Erneuerung des Islam im ismailitischen Sinne außerhalb der verderbten Zentren des irregeleiteten Islam beginnen. Die Stützpunkte lagen meist am Rande der politischen Machtbereiche, dort, wo der Arm der Herrschenden nicht hinreichte: bei den Berberstämmen der algerischen Kabylei, in der ostarabischen Wüste, im jemenitischen Bergland, im Industal oder eben in den unzugänglichen Hochtälern des Elburs südlich des Kaspischen Meeres. Diese Randgebiete waren zudem im frühen Mittelalter noch kaum – und dann nur oberflächlich – islamisiert, so dass die bäuerliche oder beduinische Bevölkerung häufig den Islam erst durch die ismailitischen Werber in seiner ismailitischen Form kennen lernten.

Das Einsatzgebiet der Leute Hassan-e Sabbâhs war das Reich der Großseldschuken, einer türkischen Dynastie, die seit 1055 das Kalifat von Bagdad als eine Art weltlicher Schutzherren (Sultane) des Kalifen beherrschten; neben dem Kalifen, der als Nachfolger des Propheten auch religiöses Prestige genoss, war der türkische Sultan der eigentliche Machthaber. Wie die Kalifen waren auch die seldschukischen Sultane strenggläubige Sunniten, die den ismailitischen Werbungen und Umsturzversuchen mit gewaltsamen Maßnahmen zu begegnen suchten. Die Ismailiten mussten also im Untergrund arbeiten und feste Stützpunkte zu gewinnen suchen. Der Einnahme von Alamût folgte die Besetzung einer ganzen Reihe weiterer Burgen, die sich am Nordrand Irans nach Osten hinzogen; daran schloss sich dann im Nordosten Irans die Landschaft Kohistân (›Bergland‹) an, deren wichtigste Städte Zûzan, Qâ'in, Tabas und Tûn unter die dauernde Kontrolle der Ismailiten von Alamût gerieten. Sogar in der Nähe von Isfahan, der bevorzugten Residenz der Seldschuken-Sultane, konnten einige Burgen gewonnen werden.

Seit 1106 operierten die Abgesandten Hassan-e Sabbâhs auch im Norden von Syrien, und kamen damit erstmals mit den Kreuzfahrern in Berührung, die 1098/1099 ihre Herrschaften im ›Heiligen Land‹ gegründet hatten. Seit dem Jahr 1133 konnten die Werber im Handstreich oder aber auch durch Kauf mehrere Burgen im syrischen Küstengebirge – also im Niemandsland zwischen den Kreuzfahrern und den islamischen Emiraten von Aleppo und Damaskus – in ihre Hand bringen; ihre mörderischen Aktivitäten richteten sich fortan gegen beide Seiten. Die Ruinen der Assassinenburgen beeindrucken noch heute, etwa das auf dem Kamm des Gebirges thronende Qadmûs oder besonders das weiter östlich gelegene Masyâf, dessen Dorfbewohner bis heute Ismailiten geblieben

sind. In Masyâf saß von 1162 bis zu seinem Tod 1192 der aus Basra
im Irak stammende Werber Râschid ad-Dîn Sinân, dem es gelang,
sich von Alamût weitgehend unabhängig zu machen; für seine
Nachbarn, die Kreuzfahrer, war er der ›Alte vom Berge‹ schlechthin.

Die Burgen und die von ihnen ausgehenden Aktivitäten waren
den zeitgenössischen politischen Machthabern nur zu wohl bekannt; auch über die Geheimlehre der Ismailiten wusste man eini-
ges. Man nannte sie allgemein ›Batiniten‹ (al-bâtiniyya), weil sie dem
Wortlaut des Koran einen geheimen ›inneren‹ (bâtin) Sinn unterlegten, den nur die erfahren durften, die das Gelübde abgelegt hatten.
Aber alle Versuche, die abgelegenen, schwer zugänglichen Burgen
zu erobern, misslangen, so dass die ›Batiniten‹ einen regelrechten
Staat im Staate der Seldschuken-Sultane von Isfahan bildeten.

Über die Rekrutierung und Ausbildung der Attentäter wissen
wir nichts. Nur im Fall des ersten Anschlags auf den Wesir Nizâm
al-Mulk ist kurz etwas über die Auswahl des Täters gesagt. Hassan-e
Sabbâh lässt junge Leute vor sich treten und fragt: »Wer von euch
ist willens, dieses Land von dem Übeltäter Nizâm al-Mulk zu
befrein? Da legte ein Mann namens Bû Tâhir Arrânî die Hand auf
sein Herz, um seine Bereitschaft anzuzeigen.« Meistens sind es aber
mehrere Attentäter, mal zwei, die sich als türkische Söldner verklei-
den oder sich als Reitknechte verdingen, mal vier oder sogar acht,
die als Derwische auftreten – eine beliebte und wirkungsvolle Tar-
nung, da die heiligen Männer allgemeine Verehrung genossen und
bei ihren Bettelgängen überall hin Zutritt erhielten. Die meisten
Attentate geschahen am helllichten Tage in aller Öffentlichkeit, bei
Auftritten oder Ausritten des ausgewählten Opfers. Diese Öffentlichkeit war gesucht und diente der Fama von der Allgegenwärtig-
keit der Assassinen. Um Selbstmordattentate im eigentlichen Sinne
handelte es sich nicht; wir sahen ja, dass der Attentäter des Wesirs
Nizâm al-Mulk zu fliehen versucht hatte. Doch da als Waffe ausschließlich der Dolch diente und die Bühne der Öffentlichkeit
gesucht wurde, endete das Attentat in aller Regel mit dem Tod der
Täter, die diesen Ausgang offenbar auch – in Erwartung des Paradieses – in Kauf nahmen. Sie nannten sich daher ›die sich Aufopfernden‹ (al-fidâ'iyyûn), eine Bezeichnung, die in den 1960er
Jahren bei den palästinensischen Attentätern wieder auftritt.[9]

Auf der Burg von Alamût wurde nach jedem gelungenen Attentat ein Freudenfest gefeiert, und die Opfer wurden in einer Liste
registriert. Da die wenigen erhaltenen Schriften der Assassinen

---

[9] In der Gen./Dat./Akk.-Form fedâ'iyyîn.

keine Auskunft über die Taktik der Attentate geben, muss uns eine Analyse der Opferliste aushelfen. Da sind zunächst einmal die Herrscher: Der Kairoer Fatimiden-Kalif al-Âmir – das offizielle Oberhaupt der Ismailiten! – fiel 1130, der abgesetzte sunnitische Kalif von Bagdad, ar-Râschid, starb 1138, der amtierende Kalif al-Mustarschid 1139. Bevorzugt wurden die Wesire, die für die Tagespolitik zuständigen leitenden Minister: Nizâm al-Mulk 1092, der fatimidische Wesir al-Afdal in Kairo 1121, der notorische Bagdader Ismailitenverfolger Mu'în ad-Dîn 1127. Dann die kleineren weltlichen Teilherrscher: der Emir Buri von Damaskus 1131, der Seldschuken-Sultan Dawud in Tabrîz 1143. Zwei Anschläge auf den ägyptischen Sultan Saladin, der 1171 die Fatimiden in Kairo gestürzt hatte, schlugen in den Jahren 1174 bis 1176 fehl; der Sultan, der verletzt worden war, zog es daraufhin vor, keinen Fremden mehr vorzulassen und im Feld in einem schwer bewachten hölzernen Turm zu schlafen. Die Gouverneure der Hauptstadt Isfahan und der Städte Tabrîz und Marâgha in Aserbeidschan – wegen der Nähe zu Alamût gefährliche Gegner – wurden ermordet, daneben aber auch religiöse Autoritäten, Kadis und Oberkadis wie die von Hamadân und Tiflis, die in ihren Fatwas die ›Batiniten‹ als vom Islam Abgefallene für vogelfrei erklärt hatten.

Die Liste zeigt, dass es sich bei den Opfern um führende Repräsentanten des weltlichen und religiösen Establishments handelt, und zwar sowohl des sunnitischen in Iran, Irak und Syrien als auch des schiitisch-ismailitischen in Ägypten (allerdings ist bei der Zurechnung der Morde ein gewisser Vorbehalt zu machen; schon die zeitgenössischen Quellen lassen durchblicken, dass unter der Maske angeblich ›batinitischer‹ Aktivität auch manch andere Rechnung beglichen worden sei). Die Attentate der Assassinen sind also keine Ritualmorde, sondern politisch motivierte Attentate des klassischen, vormodernen Typs, vergleichbar den Anschlägen auf den amerikanischen Präsidenten Abraham Lincoln, den Zaren Alexander II. oder den österreichischen Thronfolger Franz Ferdinand in Sarajevo. Sie verfolgen eine »Strategie des kalkulierten Terrors«.[10] Wenn Saladin nur noch ihm bekannte Personen vorlässt und nachts in einem schwer bewachten hölzernen Turm schläft, wenn es Mode wird, Brustpanzer unter dem Kaftan zu tragen, dann zeigt der Terror Wirkung.

In den gut anderthalb Jahrhunderten ihrer Existenz haben die ›Assassinen‹ beträchtliche innere Wandlungen durchgemacht. Eines

---

[10] Lewis 1989, 75.

der spektakulärsten Ereignisse fand am 8. August 1164 auf Alamût statt. Der vierte Großmeister Hassan ließ im Hof der Burg von einer Kanzel, die so aufgestellt war, dass die versammelte Gemeinde Mekka den Rücken zuwandte, das Ende des islamischen Gesetzes, der *scharî'a*, verkünden und den Anbruch dieser neuen Ära mit einem Festessen – mitten im Fastenmonat Ramadan – bekräftigen.[11] Der Antinomismus – die Geringschätzung des bloß äußerlichen religiösen ›Buchstaben‹-Gesetzes – lag der ismailitischen Lehre von allem Anfang an latent zugrunde; das islamische Gesetz galt als notwendiges Disziplinierungsinstrument Gottes für die Menschen, das mit dem Erscheinen des Mahdi gegenstandslos werden würde, doch der demonstrative Akt von 1164 zeigt die Assassinen von Alamût einmal mehr als Gruppe, die den Anbruch der verheißenen Endzeit nicht abwarten, sondern ihn herbeizwingen wollen. Schon der latente Antinomismus hatte die Ismailiten bei den sunnitischen und schiitischen Muslimen immer wieder dem Verdacht ausgesetzt, sie seien Feinde des islamischen Gesetzes; erst recht musste der Akt von Alamût sie zu Nichtmuslimen oder, was schlimmer war, zu todeswürdigen Renegaten stempeln. Die meisten Rechtsgutachten (*fatwâ*) gegen die Ismailiten im Allgemeinen und die Assassinen im Besonderen laufen darauf hinaus, diese als Nichtmuslime einzuschätzen.

Der Akt von 1164, dem auch andere Gemeinden gefolgt waren, wurde indes bald von Alamût selbst widerrufen. Die Haltung der Großmeister schwankte in der Folgezeit. Der sechste Meister, Dschalâl ad-Dîn Hassan III. (1210-1221), kehrte sich sogar ganz von der ismailitischen Lehre ab und näherte sich dem Sunnitentum an; er schloss zudem ein Bündnis mit dem Kalifen von Bagdad. Damit konnten die ›Assassinen‹, deren Burgen noch immer unbezwungen waren, in das Herrschaftssystem des Seldschuken-Reichs integriert werden, ja man konnte sich ihrer Waffen nun auch gegen die Kreuzfahrer bedienen. Die waren bisher eher eine Zielgruppe am Rande gewesen, wenn es auch hier zu einigen spektakulären Attentaten kam. Nach dem Grafen von Tripolis 1152 ermordeten die Assassinen 1192 den fränkischen König von Jerusalem, Konrad von Montferrat, und 1213 den normannischen Fürsten Raimund von Antiochia. Doch auch im syrischen Raum, im Niemandsland zwischen den Kreuzfahrerstaaten und den islamischen Emiraten weiter im Osten, wandelte sich das von den Burgen des ›Alten vom Berge‹ in Masyâf regierte Territorium allmählich zu einem von bei-

---

[11] Hodgson 1955, 160 ff.; Lewis 1967, 72 ff; 1989, 103 ff.; Jambet 1990.

den Seiten anerkannten politischen und militärischen Partner, mit dem man Gesandtschaften austauschte, Bündnisse schloss und militärische Unternehmungen plante und ausführte. So wurden aus den Terrornestern im Lauf des 13. Jahrhunderts regelrechte Lokalmächte; die drei zusammenhängenden Herrschaftsgebiete der Assassinen – das Gebiet um Alamût im Elburs, die Städte im ostiranischen Kohistân und die syrischen Burgen um Masyâf – wandelten sich zu kleinen Territorialstaaten, die als Mitspieler im politischen Spiel anerkannt und zugelassen waren. Zuletzt wurde der ›Alte vom Berge‹ in Masyâf sogar ein tributpflichtiger Vasall des christlichen Johanniterordens.

Das Ende der Assassinen kam im Iran durch den Einfall der Mongolen; vor dem Khan Hülägü kapitulierte der letzte Großmeister von Alamût, Rukn ad-Dîn Khûrschâh (1255-1256), mit der Burg Maimûndiz; daraufhin ergaben sich nacheinander auch die anderen Burgen, darunter Alamût. Anfang Dezember 1256. Die letzte Burg, Girdkûh, fiel erst im Jahr 1270. Der Großmeister wurde in die Mongolei verschleppt; dann gestattete man ihm die Rückkehr nach Iran, doch wurde er unterwegs umgebracht. (Die Agha Khane führen ihren Stammbaum auf die Großmeister von Alamût zurück, allerdings ohne die Traditionen der Assassinen zu pflegen.) Gleichzeitig machten die ägyptischen Mamluken-Sultane der Herrschaft der syrischen Assassinen ein Ende: 1271 wurde der letzte ›Alte vom Berge‹, Rukn ad-Dîn, auf Geheiß des Sultans Baibars nach Kairo deportiert; in den Jahren 1271 bis 1273 fielen die letzten Assassinenburgen im syrischen Küstengebirge. Mit der Bevölkerung ihres Ländchens verfuhr man glimpflich; sie wurden als nichtmuslimische Minderheit – gleich den Christen, Juden und Zoroastriern – eingestuft und mit der entsprechenden Kopfsteuer belegt. Bis heute ist die Bevölkerung von Masyâf und den umliegenden Ortschaften – wie erwähnt – überwiegend ismailitisch.

Lassen wir die vielfältigen und schillernden Namen der Assassinen noch einmal Revue passieren. Sie gehörten zu der islamischen Richtung der Ismailiten, und zwar zu dem Zweig der Nizâriten, benannt nach dem fatimidischen Prinzen Nizâr, dessen Entmachtung und Ermordung 1094 den Anlass des Abfalls Hassan-e Sabbâhs von Kairo geliefert hatte. Sie selbst nannten sich ›die sich Aufopfernden‹, *al-fidâ'iyyûn*, während sie von ihren Gegnern ›Bataniten‹ genannt wurden, weil sie dem Wortlaut des Koran einen nur ihnen bekannten geheimen »inneren« (*bâtin*) Sinn unterlegten. Woher aber kommt der Name *heysessini*, *assissini* oder *assassini*, den anscheinend nur die Kreuzfahrer benutzten? Dem französischen

Orientalisten Silvestre de Sacy gelang 1818 der Nachweis, dass bei einigen syrischen und ägyptischen arabischen Autoren des 13. Jahrhunderts die Bezeichnung *al-haschîschiyya* benutzt wird, von der die verballhornten lateinischen Namen offenbar abgeleitet sind.[12] *Haschîsch* bedeutet »Gras«, meint aber auch den Indischen Hanf und das daraus gewonnene Rauschgift. Warum diese Autoren die *fidâ'iyyûn* so bezeichnet haben, liegt bis heute im Dunkeln; es gibt keinerlei Hinweise darauf, dass die Attentäter Rauschgift genommen hätten. So müssen wir es bei Bernard Lewis‹ Vermutung bewenden lassen, dass *haschîschiyya/assassini* nur »eine populäre Beschimpfung« war,[13] etwa im Sinne von »Leute, die nicht ganz klar im Kopf sind«.

Der deutsche Übersetzer von Bernard Lewis‹ Buch *The Assassins* hat seiner Ausgabe den Untertitel »Zur Tradition des religiösen Mordes im radikalen Islam« beigegeben und das Buch mit einem »Dossier« versehen, das diese Tradition belegen soll.[14] Aber eine solche Tradition gibt es nicht. Tradition gibt es nur dort, wo etwas tradiert wird, und das gerade ist im Fall der ›Assassinen‹ und des Islam nicht der Fall. Es gibt eine europäische Assassinen-Tradition, begründet durch die Autoren der Kreuzfahrerzeit und durch Marco Polo; eine islamische Assassinen-Tradition dagegen gibt es nicht.[15] Die ›Assassinen‹ – ohnehin als Nichtmuslime und Feinde des Islam eingestuft, sind in der islamischen Welt vollständig in Vergessenheit geraten – anders als die Kreuzfahrer –, und es ist höchst unwahrscheinlich, dass Usâma bin Lâden und seine Adepten je vom ›Alten vom Berge‹ und seinen Taten gehört haben. Der moderne islamistische Terror ist eine völlig neue Erscheinung, wie an anderer Stelle im vorliegenden Band dargelegt wird. Allerdings weisen die Aktivitäten der Assassinen eine Reihe von Analogien zu den neuzeitlichen Formen des politischen Attentats auf: die ›asymmetrische‹ Kriegführung von Einzeltätern, die gegen die Macht von Herrschern antreten, die über gewaltige Armeen verfügen; der eschatologisch-chiliastische Zug der Erwartung der ›Großen Wende‹, die herbeigezwungen werden soll; die demonstrative Öffentlichkeit der

---

[12] De Sacy 1818.
[13] Lewis 1967, 11f.; 1989, 28 f.
[14] Lewis 1989, 213 ff.
[15] Auch die Verwendung der Selbstbezeichnung *fidâ'iyyûn* durch palästinensische Attentäter am Ende des 20. Jahrhunderts ist kein Beleg für eine Assassinen-Tradition; der Begriff in der allgemeinen Bedeutung »sich Aufopfernde« ist bei Sunniten wie Schiiten immer in Gebrauch gewesen.

Tat und die damit einhergehende Bereitschaft, das eigene Leben zu opfern. Mit dem modernen Terrorismus Vergleichbares weisen die Assassinen also durchaus auf, doch sind die Unterschiede deutlich erkennbar; ein historischer Zusammenhang existiert nicht.

Literatur

Daftary 1990 = Farhad Daftary, The Isma'ilis: Their History and Doctrines, Cambridge 1990.

Daftary 1994 = Farhad Daftary, The Assassin Legends. Myths of the Isma-'ilis, London/New York 1994.

De Sacy 1818 = Silvestre de Sacy, Mémoire sur la dynastie des Assassins et sur l'origine de leur nom, in: Mémoire de l'Institut Royal 4(1818), 1-85.

Halm 1988 = Heinz Halm, Die Schia, Darmstadt 1988.

Halm 1991 = Heinz Halm, Das Reich des Mahdi. Der Aufstieg der Fatimiden, München 1991.

Halm 1996 = Heinz Halm, Die Assassinen 1092-1273, in: Alexander Demandt (Hg.), Das Attentat in der Geschichte, Köln/Wien, 61-73.

Halm 2003 = Heinz Halm, Die Kalifen von Kairo. Die Fatimiden in Ägypten 972-1074, München 2003.

Hodgson 1955 = Marshall G. S. Hodgson, The Order of Assassins . The Struggle of the Early Nizârî Ismâ'îlîs Against the Islamic World, 's-Gravenhage (The Hague) 1955.

Jambet 1990 = Christian Jambet, La grande résurrection d'Alamût. Les formes de la liberté dans le shî'isme ismaélien, Paris 1990.

Juvaini 1958 = Ata-Malik Juvaini, The History of the World-Conqueror, engl. von J. A. Boyle, Manchester 1958, II, 666-725.

Lewis 1952 = Bernard Lewis, The Sources for the History of the Syrian Assassins, in: Speculum 27 (1952), 475-489.

Lewis 1967 = Bernard Lewis, The Assassins. A Radical Sect in Islam. London. 1967.

Lewis 1989 = Bernard Lewis, Die Assassinen. Zur Tradition des religiösen Mordes im radikalen Islam, Frankfurt am Main 1989.

Polo 1983 = Marco Polo, Il Milione. Die Wunder der Welt, Zürich 1983.

Nowell 1947 = C. E. Nowell, The Old Man of the Mountain, in: Speculum 22 (1947), 497-519.

Terror als Ermächtigungsstrategie?

Palästinensische *Fida'iyun* und Selbstmordattentäter

SABINE DAMIR-GEILSDORF

Im bereits seit Jahrzehnten andauernden Konflikt zwischen Israelis und Palästinensern hat sich eine Spirale von Gewalt und Gegenge- walt entwickelt. Beide Seiten bezichtigen einander des Terrorismus: Palästinenser führen u. a. israelische militärische Operationen auf palästinensischem Gebiet, die auch zum Tod zahlreicher Zivilisten führen, Kollektivstrafen sowie gezielte Tötungen ihrer politischen Führungspersonen als Zeichen eines ›Staatsterrors‹ an. Aus Sicht der Regierung Israels hingegen sind dies Antworten auf die Ter- roranschläge palästinensischer Gruppen, in jüngster Zeit vor allem Selbstmordattentate und der Beschuss israelischen Gebietes mit Kassam-Raketen und Mörsergranaten. Die eine Seite legitimiert ihre Anwendung von Gewalt als Mittel des Widerstands und Frei- heitskampfs gegen eine Besatzungsmacht, die andere Seite als Sicherheitsmaßnahmen im Rahmen der Terrorismusbekämpfung.

Anschläge von palästinensischen Gruppen scheinen ein Beispiel par excellence zu sein für die Problematik – oder laxer ausgedrückt, den Sinn und Unsinn – einer allgemeingültigen Definition von Terrorismus, der oft ein moralisch aufgeladener und pejorativ ge- brauchter Kampfbegriff von nur ungenügender analytischer Schärfe ist.[1] Wie Thomas Kolnberger in seinem einleitenden Bei- trag darlegt, zeigt sich diese Problematik in ethno-nationalen und anti-kolonialen Kämpfen besonders in den – unterschiedlichen und wechselnden – Abgrenzungen von Freiheitskämpfern und Ter- roristen,[2] ergibt sich aber auch durch die ›transitorische Gestalt‹ der Gewalt entsprechender Gruppen. Beurteilungen von palästinen- sischen Personen und Gruppen, die je nach Position als ›terroris- tisch‹ oder als ›Widerstandskämpfer gegen eine Besatzungsmacht‹

---

[1] Bakyoni 2002, 8-12.
[2] Vgl. Hoffmann 2001, 38-41.

bezeichnet werden, wechselten nach Änderungen der Wahl ihrer Mittel und Ziele sowie politischen Lagern. Gewalt einzelner Gruppen hat durchaus nicht konstant zivile Anschlagsziele – in den meisten Definitionen hervorgehoben als ein Kennzeichen von Terrorismus. Problematisch für den palästinensischen Kontext ist auch, dass Terrorismus nach den meisten Definitionen von klandestinen Untergrundgruppen gegen eine Staatsmacht in einem asymmetrischen Konflikt ausgeht. Zwar richtet sich die Gewalt palästinensischer Gruppen gegen den israelischen Staat, die Hamas (Akronym aus Harakat al-muqawama al-islamiya = »Islamische Widerstandsbewegung«, im arab. auch »Eifer«) aber, welche von der EU im Jahr 2003 auf ihre Liste terroristischer Vereinigungen gesetzt wurde, ist keine klandestine Untergrundgruppe, sondern entschloss sich nach früheren Wahlboykotts, im politischen System mitzuarbeiten und erzielte erst einen Erfolg in den Kommunalwahlen, dann gewann sie die absolute Mehrheit in den Parlamentswahlen im Januar 2006. Die PLO (Palestine Liberation Organisation) propagierte in den 1960er Jahren den bewaffneten Kampf zur ›Befreiung ganz Palästinas‹ als eine Volkserhebung, akzeptierte später eine Koexistenz mit Israel in einer Zweistaatenlösung und war Verhandlungspartner bei der Etablierung der Palästinensischen Autonomiebehörden. Nachdem ihr Vorsitzender Arafat nach der Unterzeichnung der »Prinzipienerklärung« im September 1993 erst den historischen Händedruck mit Yitzhak Rabin austauschte und 1994 den Friedensnobelpreis erhielt, wurde er später von der israelischen Regierung für palästinensische Selbstmordattentate, auch solche von Organisationen wie Hamas und Islamischer Dschihad, verantwortlich gemacht, zum Terroristen erklärt, unter Hausarrest gestellt und belagert.

Terror/Widerstand hat hier offensichtlich eine transitorische Gestalt. Die Akteure palästinensischer Gewalt wechselten im Laufe der letzten vierzig Jahre so wie ihre Rhetoriken und Taktiken: klassische Guerilla-Anschläge in den 1960er Jahren auf militärische Ziele; Flugzeugentführungen und Geiselnahmen in den 1970er Jahren, Attentate auf einzelne Personen; Kassam-Raketen und Selbstmordattentate in den vergangenen Jahren. Bis in die 1980er Jahre trugen den bewaffneten Kampf vor allem Gruppen, die sich selbst als ›links‹ bzw. ›marxistisch-leninistisch‹ bezeichneten. Seit den 1990er Jahren sind es zunehmend islamistische. Diese transitorische Gestalt steht in einem Zusammenhang mit politischen Rahmenbedingungen, Gewaltanwendungen des ›Feindes‹ Israel, Streitigkeiten und Machtkämpfen zwischen verschiedenen Gruppen, aber auch solchen innerhalb von Fraktionen und Splittergruppen einzelner Bewegungen. Eine in ihrer Bedeutung keinesfalls zu unterschätzende Rolle spielen hier auch die Nahost-Politik westlicher Länder und Einflüsse anderer Staaten der Region. Die Wechselbeziehungen dieser Faktoren und ihre Dynamiken im Laufe der letzten Jahrzehnte darzulegen, würde den Rahmen dieses Beitrags sprengen. Im Folgenden wird daher aus diesem komplexen Gefüge nur ein Aspekt in den Blick genommen: Gewalt und Terror als (Selbst-)Ermächtigungsstrategie mit dem Fokus auf Selbstmordattentate.

Besonders im Laufe der Aqsa-Intifada (zweite Intifada, Beginn 2000) sind sie zu einer Art neuen Waffe im Kampf gegen die Israelis avanciert. Im zunehmend religiös kodierten Konflikt werden die Attentäter von militanten islamistischen Gruppen als eine Art neue Heldenfiguren propagiert, die durch ihre Tat, ausgegeben als Martyrium und besonders edle Form des Dschihads, nicht nur den direkten Eingang ins Paradies finden, sondern auch einen Triumph für das Kollektiv herbeiführen. Selbstmordattentate werden aber nicht nur von islamistischen Gruppen verübt. Zwischen 2000 und Ende 2005 wurden 40 Prozent der Attentate Hamas zugerechnet, 23 Prozent verschiedenen Fatah-Fraktionen, 27 Prozent der Gruppe Dschihad al-islami, 5 Prozent der PFLP (Popular Front for the Liberation of Palestine) und weitere 5 Prozent koordinierten Aktionen verschiedener Gruppen.[3]

Kosten-Nutzen-Kalkulationen

Die seit den 1980er Jahren in verschiedenen Regionen zunehmenden Selbstmordattentate sind keinesfalls ein spezifisch islamisches oder religiöses Phänomen,[4] lassen sich also nicht durch religiöse Quellen oder gar eine strukturell Gewalt fördernde Beschaffenheit des Islam erklären. Sie sind u. a. von taktischen Überlegungen geleitet. Bei einer militärischen Unterlegenheit können sie mit einem relativ geringen Aufwand im Feind-Kollektiv eine hohe Opferzahl und vor allem eine disproportionale Furcht erzeugen, die mit konventionellen Mitteln kaum zu erreichen wären. Im Zeitraum zwischen dem Ausbruch der Aqsa-Intifada im September 2000 und dem Dezember 2006 zählte eine israelische Institution mehrere

---

[3] C.S.S. 2006, 13f.
[4] Vgl. Merari 2006 u. ausführlich Croitoru 2003.

Zehntausend als ›terroristische Anschläge‹ gewertete palästinensische Gewalttaten. ›Nur‹ 151 von ihnen waren Selbstmordattentate. Durch sie starben jedoch fast die Hälfte der in diesem Zeitraum insgesamt 1 116 getöteten Israelis. Die meisten Attentate (60) wurden nach diesem Bericht im Jahr 2002 verübt, 2000 waren es vier, 35 im Jahr 2001, 26 im Jahr 2003, 15 im Jahr 2004, sieben im Jahr 2005 und vier 2006.[5] Ihnen gegenüber stehen nach palästinensischen Angaben im Zeitraum zwischen September 2000 und Mai 2007 insgesamt 4.486 getötete Palästinenser sowie 31.403 Verletzte.[6]

Wenn diese Opferzahlen stimmen, verhalten sie sich etwa eins zu vier, was militante palästinensische Gruppen im Hinblick auf ihre militärische Unterlegenheit jedoch durchaus als Erfolg werten und deshalb vielfach mit der ›Effizienz‹ der Attentate argumentieren. Als erfolgreiches Vorbild dienten dabei auch die Selbstmordattentatsserien im Libanon der 1980er Jahre. Aus der Sicht palästinensischer Gruppen bewirkten sie den Abzug der multinationalen Truppe, 1985 schließlich auch den Rückzug Israels auf eine schmale ›Sicherheitszone‹. Zu betonen ist hier wiederum, dass auch die Selbstmordattentate im Libanon der 1980er Jahre nicht spezifisch islamistisch legitimiert waren: Über die Hälfte verübten säkulare nationalistische Gruppen, darunter die Syrische Sozialistische Nationale Partei (SSNP), der auch viele Christen angehörten. Auf palästinensische Selbstmordattentate folgen in der Regel harte militärische Angriffe der israelischen Seite, die den militanten palästinensischen Gruppen als neuerlicher Beweis der Brutalität und Inhumanität ihres Gegners dienen damit wiederum als rückwirkende Legitimation für ihr eigenes Vorgehen. Zu den Kosten-Nutzen-Kalkulationen gehört auch, dass die entsprechenden Gruppen relativ mühelos ihre Botschaft verkünden können, denn die Aufmerksamkeit der Medien ist ihnen garantiert. In den Krisenzeiten der Aqsa-Intifada wurden die Attentate nach Umfragen z.T. von 75 Prozent der Palästinenser in der Westbank und dem Gazastreifen unterstützt.[7] Ein solcher Rückhalt entsteht jedoch nicht in einem luftleeren Raum, sondern ist abhängig von durch politische Lagen beeinflusste und auch in einem längeren Zeitraum gewonnene Plausibilitätsstrukturen.

---

[5] Vgl. IICC 2007, 51.
[6] Vgl. PRSC 2007.
[7] JMCC 2002, PSR 2003.

›Wie Phönix aus der Asche‹ – historische Meisternarrative, Identitätenpolitik und bewaffneter Kampf

In den 1950er Jahren wurde der bewaffnete Kampf von kleinen, im arabischen Ausland entstandenen palästinensischen Untergrund-gruppen verübt, die sich als Fida'iyun (»Freiheitskämpfer«/»sich Aufopfernde«) verstanden und in meist klassischen Guerilla-Aktio-nen in israelisches Gebiet eindrangen. Die 1964 auf Anregung der Arabischen Liga gegründete PLO vereinte verschiedene politische palästinensische Gruppen und sollte zumindest nach der Auffassung des ägyptischen Präsidenten Gamal Abd el-Nasser die Fida'iyun-Bewegung kontrollieren.[8] In ihrer Anfangszeit war sie stark geprägt von panarabischen Ideen, die jedoch nach dem Krieg 1967, in dem die arabischen Staaten eine erneute Niederlage gegen Israel erlitten hatten, an Einfluss verloren. Das Engagement der arabischen Staa-ten für die Palästinenser wurde zunehmend als phrasenhaft beurteilt, genutzt für Aufhetzungen und Mobilisierungen der Meinungen im Kontext einheimischer Machtkämpfe. Die 1959 in Kuwait gegrün-dete Fatah (umgekehrtes Akronym für Harakat at-tahrir al-watani al-filastini = »Palästinensische Nationale Befreiungsbewegung«), die seit ihrer Gründungszeit den bewaffneten Kampf propagiert hatte, gewann innerhalb der PLO die Oberhand. Ihr militärischer Flügel, al-Asifa (»Sturm«), hatte ab 1964 erste Anschläge in Israel verübt, ins-piriert war sie dabei ähnlich wie die linke PFLP von Vietnam, Kuba, Algerien und China, wo teilweise auch ihre Kämpfer Guerilla-Trai-nings absolvierten.[9] In der 1968 verabschiedeten Palästinensischen Nationalcharta der PLO (deren Änderung 1996 beschlossen wurde) heißt es in Artikel 9: »Der bewaffnete Kampf ist der einzige Weg, um Palästina zu befreien«, in Artikel 10: »Die Fida'i-Operation bildet den Kern des Befreiungskriegs des palästinensischen Volks«.[10] Nach-dem Arafat 1969 Vorsitzender der PLO wurde, agierten verschie-dene militante palästinensische Gruppierungen zwar weiterhin auch separat, trugen teilweise auch Konflikte über Taktiken und Ziele aus,[11] die PLO bemühte sich jedoch stark um eine innere Einheit beim bewaffneten Widerstand, propagiert als Volksrevolution in einer Reihe anderer antikolonialer Befreiungsbewegungen.[12] Zum

---

[8] Lindholm Schulz 1996, 76.
[9] Sayigh 1996, 107, 80-242.
[10] Munazzamat at-tahrir al-filastiniya 1968.
[11] Sayigh 1996, 80-370.
[12] Vgl. dazu Fishman 2003.

Gründungsmythos der PLO wurde der Kampf von Karameh, einer jordanischen Grenzstadt, wo am 21.03.1968 israelische Soldaten palästinensische Fida'iyun angriffen. Obwohl der Kampf eigentlich als militärischer Sieg der Israelis einzustufen war, weil die Palästinenser und die jordanische Armee wesentlich höhere Verluste erlitten, wurden die Israelis doch zum Rückzug gezwungen. Darstellungen der PLO feierten Karameh als überragenden Sieg der dort befindlichen Fatah-Zentrale und entscheidenden Wendepunkt in der Geschichte der Palästinenser, begründet durch ihren neuen Heroismus. Aus zahlreichen Publikationen, Reden und Pamphleten über Karameh exemplarisch herausgegriffen ist hier die Darstellung von Abdallah Frangi, dem ehemaligen Generaldelegierten Palästinas in Deutschland und seit 2005 Vorsitzender der Fatah im Gazastreifen: »Einige warfen sich mit um den Leib gebundenen Sprengstoffgürteln unter die Ketten der israelischen Panzer und jagten sich und die Panzer in die Luft. Karameh gab den Palästinensern und der gesamten arabischen Welt Würde und Hochachtung zurück. […] In der gesamten arabischen Welt wurde diese Schlacht als glänzender Sieg gefeiert. […] Die Bewunderung für die Feddayin war überschwenglich. In den Flüchtlingslagern liefen die Menschen zusammen und riefen immer nur ein Wort ›Karameh, Karameh‹.«[13]

Solche glorifizierenden Darstellungen sind auch vor dem Hintergrund eines anhaltenden Viktimisierungsdiskurses der entstehenden palästinensischen nationalen Bewegungen zu verstehen sowie als Antwort auf die Kritik, die Palästinensern nach dem ersten arabisch-israelischen Krieg 1948 entgegengebracht wurde. Von den etwa 1,2 bis 1,4 Mio. Palästinensern, die bei Beendigung des britischen Mandats in Palästina lebten, wurden im Kontext des Krieges nach Angaben der UN etwa 750 000 vertrieben oder flohen außer Landes. Während es in offiziellen israelischen Geschichtsdarstellungen vor dem Auftreten der so genannten israelischen »Neuen Historiker« in den 1980er Jahren lange hieß, die arabische Bevölkerung des ehemaligen Mandatgebiets Palästina habe das Land freiwillig verlassen oder sei den Aufrufen der arabischen Führer gefolgt, überhaupt der Krieg erst durch die arabische Ablehnung des UN-Teilungsplans von 1947 und den Einmarsch der arabischen Armeen entstanden, sprechen palästinensische Darstellungen von gezielten Vertreibungsplänen und Massakern an der arabischen Bevölkerung. Beide Seiten verwenden hier auch den Begriff des kollektiven Traumas. Palästinenser subsumieren die Ereignisse im

---

[13] Frangi 1982, 153.

Kontext des Krieges unter dem Begriff *nakba* (»Katastrophe«).
Wahrgenommen als einschneidende historische Zäsur stellen sie
eine wesentliche Konstituente palästinensischer Identität dar, auch
für Palästinenser der zweiten und dritten Generation im Ausland.[14]

Als markante Kontinuitätsbrüche nehmen Kriege in kollektiven
Gedächtnissen und in Erinnerungskulturen von Gesellschaften
eine zentrale Rolle ein. Verschiedene palästinensische Deutungseli-
ten ziehen Erinnerungen an den Krieg 1948 besonders in Krisenzeiten zur Begründung eines palästinensischen Nationalethos und
zur politischen Mobilisierung heran, auch in der Literatur, Alltags-
und Populärkultur werden sie immer wieder reproduziert. Von
aktueller Relevanz bleiben die Ereignisse allein durch die umstrittene Frage nach dem Recht auf Rückkehr der palästinensischen
Flüchtlinge und ihrer Nachkommen – von der UN im März 2006
mit fast 4,4 Mio. Personen angegeben. Etwa 1,3 Mio. von ihnen
leben bis heute in 59 Flüchtlingslagern in Jordanien, im Libanon,
in Syrien, in der Westbank und im Gazastreifen. Palästinensische
Geschichtsdarstellungen tendieren dazu, die *nakha* als Beginn einer
bis heute andauernden Leidensgeschichte des Kollektivs zu deuten,
als anhaltende Kette der Unterdrückung seiner Rechte. Ihr Narrativ
stehe nicht nur einem hegemonialen israelischen (Sieger-)Gedächt-
nis gegenüber, auch in den arabischen Aufnahmestaaten werde
ihnen fälschlicherweise vorgeworfen, »weggelaufen« zu sein und ihr
Land an Juden verkauft zu haben.[15]

Nationalistische Bewegungen verfügen über Meisternarrative
und Meistererinnerungen, die die gemeinsame Geschichte eines
nationalen Kollektivs zeigen (auch wenn dieses noch keinen Nationalstaat hat, d. h. der Nationalstaat nur prospektiert wird) und davon ausgehend Visionen für eine gemeinsame Zukunft – so auch
die palästinensischen, die ab den 1960er Jahren den bewaffneten
Kampf propagierten. Nationale Gedächtnisse erinnern aber ten-
denziell vor allem Inhalte, die ein positives Selbstbild unterstützen,[16] wenn nicht, werden (nationale) Niederlagen oft in einen kollektiven Gewinn umgebucht, etwa in der Deutung von Kriegstoten
als Helden, die für das Vaterland starben,[17] in Umdeutungen von
Niederlagen in Siege[18] oder in der Beschwörung einer glorreichen

---

[14] El-Maneie, Exodus, 46, 63ff.; Sa'di 2002.
[15] Vgl. z. B. ad-Durr 1963, Salih 2003, 75.
[16] Assmann 2004, 27f.
[17] Koselleck/Jeisman 1994.
[18] Vgl. Berding/Heller/Speitkamp 2000.

Vergangenheit mit mythischen Zügen, auf die dann nationale Erniedrigung folgte, um schließlich durch Wiederherstellung eines eigenen unabhängigen Nationalstaates in die Errettung zu münden.[19] Verschiedene palästinensische Bewegungen kontrastierten auf der *nakba* basierende Viktimisierungs- und Leidensnarrative mit ihren Anstrengungen zu deren Überwindung, d.h. die *nakba* wurde zur Negativfolie für die Mobilisierung und Legitimierung des bewaffneten Kampfs. In den hegemonialen politischen Diskussionen der 1960er Jahre bildeten die ›authentischen‹ Palästinenser die mit einem heroischen Kampfgeist versehene Generation des Widerstands, von »Flüchtlingen« umbenannt in »Helden der Rückkehr«. Kategorien von Scham, Ehre und Würde spielten dabei eine nicht zu unterschätzende Rolle. Häufig wird die Aufnahme des bewaffneten Kampfes dargestellt als Befreiung der Palästinenser von ihrer Konnotation mit Flüchtlingslagern als ›Symbolen der Ohnmacht‹ und ihre Wandlung von Opfern in Kämpfer.[20] Mit einer gezielten Identitätenpolitik produzierten Fatah, die Demokratische Front für die Befreiung Palästinas (DFLP) und später die PLO ab Mitte der 1960er Jahre Filme über heroische palästinensische Fida'iyun für die palästinensischen Zuschauer in den Flüchtlingslagern und die arabische Welt. Auch Yasir Arafat äußerte in seiner *nakba*-Gedenkrede 2004, dass die Palästinenser wie »Phönix aus der Asche« auferstanden seien, sich »ihre Lager im Exil und in der Zerstreuung schnellstens in Festungen des Sich-Opferns, des Ausharrens und der Revolution« verwandelt hätten. 56 Jahre nach der *nakba* – so Arafat – »beweist das palästinensische Volk, das Volk der Gewaltigen, dass Palästina kein Land ohne Volk ist, sondern dass sein heldenhaftes Volk heute Gesprächsgegenstand der Welt ist wegen seines Muts, seiner großartigen Gaben, seines Ausharrens und wegen der Unerschrockenheit seiner Söhne und Töchter.«[21]

Vom Fida'i zum Märtyrer

Die Heldenfigur des Fida'i wurde in den 1960er und 1970er Jahren auch in der palästinensischen Dichtung und Prosa kreiert, in der sich das Bild einer nationalen Wiedergeburt durch dessen Mut etablierte. In einer Art säkularem Märtyrermythos wurde sein Tod

---

[19] Jarausch/Sabrow 2002, 29ff.
[20] Vgl. Shemesh 2004, 96f.
[21] As-Sulta 2004.

häufig als eine neue Geburt, Triumph über das Leben und Erlösung
für das Kollektiv beschrieben, der in der *nakba* verloren gegangenen
Stolz wiederhergestellt. In vielfach verbreiteten Bildern vermählte
er sich durch den Tod mit der personalisierten und feminisierten
Heimat in einer mythischen Hochzeit, einer Art *hieros gamos* (»Heiligen Hochzeit«) zur Belebung und Befruchtung des Landes.[22]
»*Ardi irdi*« (»Mein Land ist meine Ehre«) wurde in der Dichtung
zum geflügelten Wort, in zahlreichen Liedern wurde (und wird) die
Heimat Palästina wie eine Mutter oder Geliebte besungen, das per-
sonalisierte und feminisierte Land zum zentralen Symbol des Über-
lebens stilisiert und sein Besitz und seine Verteidigung zum Mittelpunkt sowohl des entstehenden nationalen Bewusstseins als auch
der individuellen männlichen Selbstachtung.[23] Die in der Dichtung, in Liedern und in Politreden mit revolutionärem Pathos
gefeierten Fida'iyun wurden als Helden dargestellt, die durch ihren
todesmutigen Kampf für die Befreiung Palästinas der Ohnmacht
trotzten, einen persönlichen Gipfel der Ehre erlangten und infolge
ihrer mythisierten Vereinigung mit dem Land im Sterben letztlich
über den Tod triumphierten. Ihr Handeln wurde aber nicht nur als
eine individuelle Selbstermächtigung dargestellt, sondern auch als
eine kollektive: Nach diesen Rhetoriken führte ihre freiwillige, auf
das Kollektiv ausgerichtete Selbsthingabe eine Wende in der nationalen Geschichte herbei, schuf ein neues palästinensisches Selbst-
bewusstsein, befreite das Kollektiv auch durch ihren exemplarisches
Tod vom Stigma der Flüchtlingsnation und stellte die gedemütigte
(nationale) Ehre wieder her.

Mit der zunehmend religiösen Kodierung des bewaffneten
Kampfs seit Ende der 1980er Jahre (einhergehend mit der zunehmenden Wahrnehmung des Scheiterns der vormals noch zugkräfti-
gen ›großen Ideologien‹ wie Panarabismus, arabischer Sozialismus
und Kommunismus) gewann das religiöse Konzept des Martyriums
an Bedeutung. Während die islamischen Bewegungen bis zu den
1980er Jahren vom bewaffneten Kampf Abstand genommen und
sich vor allem durch die Schaffung sozialer Netzwerke ausgezeich-
net hatten, bezeichneten die erstarkenden religiös-politischen Bewegungen in der ersten Intifada (Beginn 1987) zunächst sämtliche Palästinenser die bei gewaltsamen Auseinandersetzungen mit
Israelis starben, als Märtyrer, unabhängig davon, ob durch einen
aktiven Kampf oder als am Rande stehende unbeteiligte Zivilisten.

---

[22] Neuwirth 2004.
[23] Vgl. Pannewick 2004, 166.

Dadurch verliehen sie deren Tod einen Sinn, zeigten (und zeigen) sich durch vielfältig inszenierte Erinnerungen an diese Märtyrer als Opfer israelischer Gewalt. Sie begannen aber auch, in ihre Rhetoriken des bewaffneten Kampfs – als Dschihad (»Heiliger Kampf« für ein von Gott den Muslimen zugesprochenes und usurpiertes unveräußerliches Land proklamiert – die Opfer-, Helden- und Erlösertopoi der säkularen, sich selbst als links definierenden Gruppen der 1960er und 1970er Jahre zu inkorporieren. Für die Selbstmordattentäter, die besonders im Laufe der zweiten Intifada (al-Aqsa-Intifada) auftraten, etablierten sie den neuen Begriff des *istishhadi*. Abgeleitet aus dem arabischen Terminus *shahid* (Zeuge bzw. Märtyrer) bildet er einen neuen Märtyrertypus – eine Art Heldenmärtyrer, in dessen Bild der Akt der Selbstopferung betont und als fundamentaler Unterschied zum Selbstmord herausgestellt wird, den die religiösen Quellen verbieten. Weiterhin gedenken sie jedoch auch passive Opfer als Märtyrer, was einhergehend mit dem Leidens- und Opfernarrativ entscheidend zur Wirkungskraft der Selbstmordattentäter als Märtyrer beiträgt. Islamische Konzepte des Martyriums erfuhren dabei gravierende Transformationen.[24] Wenn auch von vielen Palästinensern scharf kritisiert, etablierte sich im Laufe der Aqsa-Intifada ein regelrechter Märtyrerkult in der Westbank und besonders im Gazastreifen. Laut dem palästinensischen Psychiater Eyad Sarraj wurden dort die Selbstmordattentäter als Symbole der Macht zu Identifikationsfiguren für die durch den jahrelangen Gewaltkonflikt traumatisierten Kinder und Jugendlichen, ähnlich wie andernorts Pop- oder Fußballstars.[25] Begriffe wie »Held«, »Tapferkeit«, »Ehre«, »Mut« und »Selbstlosigkeit« füllen dabei Diskussionsmuster sowohl der religiösen als auch der nicht religiösen Gruppierungen.[26] Nationalistische und religiöse Argumente verschmelzen in den islamistischen Legitimationen der Attentate, sehr oft wird rein pragmatisch-strategisch mit dem ›Erfolg‹ der Attentate argumentiert oder sie werden als »Racheaktionen« für den »Staatsterrorismus« der Israelis gerechtfertigt.[27]

---

[24] Vgl. Cook 2007; Seidensticker 2005.
[25] Palestine-Israel Journal 2003; Journal of Palestine Studies 2002, 71ff.
[26] Beispiele bei Damir-Geilsdorf 2006.
[27] Vgl. z. B. Al-Dschihad 2005, 15; at-Takruri o.J., 17ff.

Mediale (Selbst-)Inszenierungen

Märtyrerinnen und Märtyrer werden immer ›gemacht‹, denn sie
sterben einen exemplarischen Tod für ein Kollektiv, das ihrer auch
als solche gedenken muss – sonst sind sie keine. Medien spielen daher für den Märtyrerkult eine zentrale Rolle. Rundfunk und Fernsehen zeigten in den Krisenzeiten der Aqsa-Intifada heroisierende
Märtyrerportraits; Pamphlete und Websites verbreiteten (stereoty-
pisierte) Lebensläufe der Märtyrer, ihre Testamente und Stolzesbe-
kundungen ihrer Angehörigen, insbesondere der Mütter. Zahlreich
plakatierte Poster spiegeln die beiden oben beschriebenen Märty-
rertypen wider. Manche erzählen von Opfern invasorischer Gewalt,
z. B. bei israelischen Angriffen getötete blutige Kinder, andere bilden Märtyrer eher als Heldenfiguren in Siegerposen ab, besonders
die Selbstmordattentäter. Deren Siegesbotschaft zeigt sich auch in
den Bestattungsriten, die Elemente von Hochzeitsfeiern enthalten:
Frauen geben traditionelle Freudentriller von sich, es werden Süßig-
keiten verteilt und den Familien Gratulationen ausgesprochen. Der
Trauerzug wird häufig von einer politischen Demonstration und
Verkündungen der dahinterstehenden Organisation begleitet. Trauer
zu zeigen ist hier tabuisiert.

Terroristischer Gewalt geht es weniger um den eigentlichen Zer-
störungseffekt als um die Botschaft, die durch die Gewalttat trans-
portiert wird, d. h. dass der objektiv stärkere, zum Feind deklarierte
Gegner als verletzlich gezeigt und in Angst und Schrecken gesetzt
wird.[28] Terror ist daher auch eine Art ›politisches Theater‹ mit
einer Botschaft für ein Zielpublikum.[29] Moderne Medien sind bei
der Inszenierung der Attentäter nicht wegzudenken. Nicht nur im
palästinensischen Kontext wurde Martyrium zum Medienspekta-
kel. Massenmedial wird die Botschaft der Selbstmordattentäter und
ihrer Organisationen für das Publikum im eigenen Kollektiv, aber
auch und für ein weltweites Publikum verbreitet. Internationale
Nachrichtenmagazine senden Videos der Attentäter, die sie beim
Verlesen ihres Testaments oder bei der Verabschiedung ihrer Verwandten zeigen, und die manchmal hollywoodähnliche Anleihen
haben können, anschließend bei ihrer Tat, wodurch Martyrium
nicht nur zu einer *reality television show* wird, sondern auch erst
durch diese kollektive Zeugenschaft seinen Effekt entfaltet.[30]

---

[28] Waldmann 2003, 109.
[29] Nacos 2000; Gerwehr/Hubbard 2006, 87.
[30] Devji: Landscapes of Jihad, 95.

Abdallah Frangi resümierte bereits 1982, nach den Flugzeugentführungen und Terroranschlägen in den 1970er Jahren, dass dadurch die Aufmerksamkeit der Weltöffentlichkeit auf die Palä-
stinafrage gelenkt worden sei und die Palästinenser zudem gemerkt
hätten, dass »Europäer und Amerikaner reagierten, wenn mit drastischen Mitteln ihre Interessen bedroht waren«.[31]

Den Schockeffekt, den terroristische Gewalt beim Feind erreichen will, erzielen Selbstmordattentate zweifellos. Verstärkt wird er
noch, wenn Frauen sie ausüben. Die Durchbrechung herkömm-
licher Geschlechterstereotypen (die auch soziale Gewissheiten ver-
mitteln) scheint hier auch bewusst eingesetzt zu werden.[32] In den
Intifada- und Dschihad-Rhetoriken sowohl der religiös-politischen
als auch der säkularen politischen Gruppen werden Frauen vor
allem als Opfer präsentiert, stellvertretend für das Leiden der Zivilbevölkerung, das durch den bewaffneten Kampf als männlich inszenierte Handlung gerächt und aufgehoben werden soll, damit die
Ehre des Kollektivs wiederhergestellt wird. Heroisierende Nachrufe
der Attentäterinnen unterscheiden sich auf den ersten Blick nicht
wesentlich von denen männlicher Akteure, sind aber auch ambivalent. Die in einem umstrittenen Ausmaß zu Fatah gehörenden
Al-Aqsa-Märtyrerbrigaden rühmten z.B. ihre erste Selbstmordattentäterin, Wafa Idris, die ihren Sprengstoffgürtel im Januar 2002
in Jerusalem gezündet hatte, in ihrem Nachruf als »lebendiges Beispiel dafür, dass die arabische Frau nicht nur für Kajal, Lidschatten
und Wangenrouge geschaffen ist. Denn sie ist auch dazu geschaffen,
ihren Geschlechtsgenossinnen und dem anderen Geschlecht zu
sagen, dass die Liebe der Tod ist und der Tod der äußerste Ausdruck
der Liebe zum Land und zum Menschen. Denn es ist das neue
Leben, das das palästinensische Volk aufbaut, während es vor den
Augen seiner Familie, seiner Verwandten, Kinder, Cousinen und
Cousins und den treulosen arabischen Regierenden stirbt.«[33] Andererseits zielten sie im gleichen Nachruf aber auch auf eine Beschä-
mung ›männlicher Ehre‹ ab: »Sie sagte, dass die Schnurrbärte der
Männer kein Beweis für ihre Männlichkeit sind und dass viele der
Regierenden Frauen in Männerkleidung sind«, unterstrichen durch
den Untertitel: »Wafa Idris – eine Frau, aber soviel wert wie 1000
Männer«. Auch Märtyerinnen-Portraits islamistischer Gruppen,
nach denen der Dschihad im Falle eines Angriffs gegen das Kollek-

---

[31] Frangi 1982, 154.
[32] Vgl. Damir-Geilsdorf 2007.
[33] Kata'ib al-Aqsa 2002.

tiv wie durch die israelische Besatzung eine Individualpflicht für
sowohl Frauen als auch Männer ist, scheinen implizit auf die Er-
zeugung von Scham und die Verletzung männlichen Ehrgefühls
abzuzielen. So bezeichneten die zu Hamas gehörenden Qassam-
Brigaden die Attentäterinnen, die »mit ihrem Blut die großartigsten
Zeichen des Heldentums und des Sieges für dieses unterdrückte
Volk verzeichneten«, als »Orden der Ehre« für das Kollektiv, ihre
Heldentaten aber auch als »Schande« für die untätigen Regierenden und erklärten direkte militärische Kampfaktionen zur eigentlichen Aufgabe von Männern.[34] Hamas bezeichnete Frauen auch
als »Reservearmee«, die genutzt werden sollten, wenn sie ein Attentat leichter als Männer ausüben könnten und entsandte erst später
als andere Gruppen Frauen. Dafür waren ihre Attentäterinnen
umso spektakulärer ausgewählt. Die erste, Rim ar-Riyashi (2004),
war eine verheiratete zweifache Mutter, auf ihrem vielfach verbreiteten Märtyrerin-Poster mit einem Kampfanzug bekleidet, einem
geschulterten Maschinengewehr und ihrem zweijährigen Sohn auf
dem Arm präsentiert. Die zweite, Fatima al-Najar (2006) durch-
brach nicht nur Geschlechterklischees: Mit ihren 57 Jahren und 41
Enkelkindern fiel sie aus dem sonst üblichen Altersprofil deutlich
heraus. Hier wird also vielleicht auch qua medialer Inszenierungen sowohl mit einem Schockeffekt beim Feind als auch mit einem
Mobilisierungspotenzial im eigenen Kollektiv kalkuliert.

Motive

Was die Selbstmordattentäter antreibt, bleibt trotz zahlreicher Er-
klärungsansätze unterschiedlicher wissenschaftlicher Disziplinen
letztlich wohl immer spekulativ und unterscheidet sich, erst recht in
verschiedenen regionalen Kontexten, von Fall zu Fall. Da ihre Abschiedsbotschaften (Briefe oder Videoansprachen) der Ideologie
ihrer Gruppe angepasst sind, die sie auch verbreitet, ist die Authen-
tizität der darin angegebenen Motive nicht gewährleistet. Auch in
der Literatur vielfach unternommene Analysen von Biografien der
Attentäter basieren meist auf Angaben in Gedenktexten oder der
Presse (meist der des angegriffenen Kollektivs). Zumindest bei den
palästinensischen Attentätern sind diese biographischen Angaben
oft jedoch widersprüchlich. Es fällt aber auf, dass weder in den
Testamenten noch in den heroisierenden Nachrufen die Rede von

---

[34] Kata'ib al-Qassam 2006.

den in westlichen Medien viel beschworenen 72 Paradiesjung-
frauen ist, überhaupt Beschreibungen des zu erwartenden Paradieses keine Rolle spielen. Anders hingegen sieht dies in den Texten
der saudischen al-Qaida aus – aber das ist eben auch ein völlig
anderer Kontext. In den Selbstzeugnissen palästinensischer Attentäter, Texten ihrer Organisationen und in im Internet als Audio-
dateien verbreiteten heroisierenden Liedern dominieren neben dem
oben dargestellten Aspekt der Selbstopferung für das Kollektiv
vielmehr Auflistungen israelischer Gräueltaten sowie das Motiv
der Rache und (Ohn-)Macht. Als Individuum geben sich die Attentäter offensichtlich auf und opfern ihr Leben der größeren Entität
Nation, Volk oder religiös-politischer Ideologie. Sie werden aber
vielleicht auch aus ihrer Sicht – wenn auch nur im Moment des
Todes – zu einem handlungsfähigen Individuum, so dass sich die
Schwäche, die den Attentaten zugrunde liegt, in einen Moment der
Stärke wandelt. Im Testament der 29-jährigen Anwältin Hanadi
Jaradat, die bei ihrem Attentat im Oktober 2003 in einem Res-
taurant in Haifa 21 Menschen tötete und über 50 weitere verletzte,
heißt es: »Ich habe nichts anders vor mir als diesen Körper, den
ich zu Splittern machen werde, die alle vernichten, die uns aus un-
serem Land auszurotten versuchten. Alle, die den Tod für uns gesät
haben, werden ihn erhalten.«[35] Etwa ein Jahr vor ihrer Tat waren in
Jenin ihr Bruder und ihr Cousin getötet worden, was sie nach
Darstellung ihrer Unterstützer für die Dringlichkeit des Dschihads
sensibilisiert habe. In der Intifada erlebten jedoch viele Palästinenser den Tod naher Familienglieder und nicht jeder sprengt sich
gleich in die Luft. Auch in der Literatur immer wieder angeführte
schwere private oder berufliche Missstände als Motive für die Tat
bestätigen die (in Presse oder Gedenktexten verbreiteten) Biographien der palästinensischen Akteure nicht. Sie weisen vielmehr
äußerst unterschiedliche persönliche Profile und Situationen auf.
Die ›westliche‹ Presse und Literatur, aber auch israelische Berichte
(basierend auf Verhören inhaftierter, gescheiterter Attentäterinnen), zeigen die Tendenz, besonders bei den Frauen (anders als bei
Männern, denen offenbar eher eigenverantwortliches Handeln
zugeschrieben wird) von traumatisierenden Lebenserfahrungen als
Tatmotiv auszugehen oder sie als Opfer von – durch Männer verur-
sachte – Missständen darzustellen, indem sie nach Anhaltspunkten
im Beziehungsleben der Frauen suchen wie unfreiwillige Scheidun-
gen, Fehlgeburten, Unfruchtbarkeit oder soziale Außenseiter-

---

[35] Saraya al-Quds 2003.

rollen.[36] Der Wahrheitsgehalt lässt sich kaum eruieren, zumal die Berichte und biographischen Angaben über einzelne Frauen auch widersprüchlich sind. Somit ist Vorsicht vor allzu einfachen und verallgemeinernden Ursachenbenennungen geboten – dazu müssten seriöse psychologische Untersuchungen potenzieller AttentäterInnen in entsprechenden Ausbildungslagern vorliegen, aber diese wird es kaum geben können.

Dass sich während der Aqsa-Intifada ein Märtyrerkult in der palästinensischen Gesellschaft etablieren konnte, steht in einem Zusammenhang mit der gesamten politischen Situation. Die ersten palästinensischen Selbstmordattentate wurden 1997 in Meinungsumfragen noch von der überwältigenden Mehrheit der Bevölkerung abgelehnt.[37] Für viele Palästinenser schien jedoch der Nahostkonflikt durch diplomatische Mittel immer unlösbarer. Oslo und verschiedene bilaterale Verhandlungen stellten offenbar keine wirkliche Verbesserung in Aussicht: Vom Beginn des Oslo-Prozesses bis 2000 hatte sich die Anzahl der jüdischen Siedlungen in der Westbank und dem Gazastreifen verdoppelt und auch die ökonomische Perspektivlosigkeit stieg. Im dichtbesiedelten Gazastreifen lebte 2002 etwa die Hälfte der Haushalte unterhalb der Armutsgrenze, 2005 waren es 81 Prozent.[38] Viele Palästinenser hatten den Eindruck, aus dem Ausland aufgrund einer Politik der ›doppelten Standards‹ keine Hilfe erwarten zu können; die eigenen palästinensischen Behörden unter Arafat hatten durch Korruptionsaffären, Klientelismus und sein (auch auf israelischen Druck) hartes Vorgehen gegen islamistische Kräfte drastisch an Legitimation als Interessensvertreter verloren. Nicht nur Hamas, auch viele Gruppen der PLO kritisierten die Osloer Vereinbarungen als Alleingang von Arafats Fatah.[39] Für enttäuschte Kritiker der Osloer Abkommen gewannen radikale (auch miteinander konkurrierende) bewaffnete Oppositionsbewegungen, deren Fähigkeit zur Aufhebung der israelischen Besatzung wahrscheinlicher als die der Regierung schien, an Popularität; auch innerhalb der Fatah wurden harte Macht- und Richtungskämpfe ausgefochten. Hamas profitierte in diesem Zusammenhang davon, dass sie nicht nur einen effizienten Dschihad propagierte, sondern durch ihre starken sozialen Netzwerke in der Bevölkerung Popularität und Legitimität genoss, darüber hinaus im

---

[36] Brunner 2004, 96ff.
[37] JMCC 2002.
[38] FAO 2006.
[39] Baumgarten 2006, 97.

Vergleich zur Fatah als weniger korrupt und hierarchisch galt.[40] Ihre Infrastruktur hatte sie entscheidend dadurch ausweiten können, dass viele Golfstaaten ihre finanzielle Unterstützung der PLO auf Hamas transferierten, nachdem Arafat Sympathien für Saddam Husains Einmarsch in Kuwait gezeigt hatte.[41]

Gewalt und Gegengewalt

Nach Angaben des israelischen Außenministeriums ist der Rückgang der Selbstmordattentate auf israelische Terrorismusbekämpfungsmaßnahmen zurückzuführen, insbesondere die militärische Offensive im Frühjahr 2002 (*Operation Defensive Shield*) im Westjordanland.[42] Dies geschah jedoch auch mit Praktiken, die das für bewaffnete Konflikte geltende humanitäre Völkerrecht ausdrücklich verbietet.[43] Nach dem im Folgenden zitierten Jahresbericht von Amnesty International (AI)[44] schnitten während eines großen Teils des Jahres 2002 Abriegelungen und Ausgangssperren (kollektive Strafsanktionen) die meisten Städte und Dörfer voneinander ab und hinderten viele Palästinenser auch daran, zu ihren Arbeitsstätten zu gelangen, am Schulunterricht teilzunehmen oder ärztliche Hilfe zu finden. Routinemäßig nahmen F-16-Jäger, Kampfhubschrauber und Panzer palästinensische Wohngebiete unter Bomben- und Granatenbeschuss. Mehr als 2 000 palästinensische Häuser und öffentliche Gebäude wurden zerstört, riesige landwirtschaftliche Anbauflächen vernichtet. Als Folge dieser Angriffe konstatiert AI den Tod Hunderter unbewaffneter Palästinenser, unter ihnen über 100 Kinder, sowie von mehreren hundert weiteren Palästinensern, die bei bewaffneten Zusammenstößen mit israelischen Einheiten starben. 35 gezielte Tötungen führten oft auch zum Tod unbeteiligter Passanten. So starben z. B. bei der Tötung des Hamas-Aktivisten Salah Shehadeh durch eine über einem dicht besiedelten Viertel von Gaza-Stadt abgeworfene Bombe außer Shehadeh sieben weitere Erwachsene und neun Kinder, mehr als 70 Menschen wurden verletzt.[45] Ariel Sharon stellte am nächsten Tag heraus, dass der Tod

---

[40] Vgl. Gunning 2004, 244f.; Asseburg 2005, 15ff.
[41] Cragin 2006, 194f.
[42] Israel Ministry of Foreign Affairrs 2004.
[43] Heinz/Schlitt/Würth 2004, 28f.
[44] Vgl. AI 2003.
[45] Ebd.

von Zivilisten stets bedauerlich sei, beurteilte aber gleichzeitig die Tötungsaktion als »einen unserer wichtigsten Erfolge«.[46] Zu den Auswirkungen dieser Vergeltungsschläge gehörten zwar ein Rückgang der Attentate im darauffolgenden Jahr (nach einem Anstieg im gleichen Jahr) – vgl. die oben angeführten Zahlen –, aber auch steigende Sympathien für diese Form des Kampfes in der Bevölkerung. Nach einer Meinungsumfrage unterstützten im Oktober 2003 sogar 75 Prozent der Befragten das Selbstmordattentat von Hanadi Jaradat und 59 Prozent meinten, der bewaffnete Widerstand habe den Palästinensern mehr nationale Rechte als Verhandlungen gebracht.[47] Die Zahl gescheiterter Selbstmordattentate durch das Eingreifen israelischer Sicherheitskräfte oder ›Arbeitsunfälle‹ bei der Ausführung blieb auch ungebrochen hoch – zwischen September 2000 und Dezember 2005 insgesamt 450.[48]

Auch das Beispiel der Waffenstillstandsverhandlungen 2003 zeigt den Zusammenhang zwischen Radikalisierungen von Gruppen wie Hamas und der Gewalt von israelischer Seite sowie ihrer Isolierung. Nachdem sich sämtliche palästinensische Gruppen am 29. Juni 2003 in Kairo auf ein erneutes Waffenstillstandsangebot an Israel geeinigt hatten, übte die israelische Armee zwar deutlich weniger Gewalt gegen palästinensische Zivilisten aus, inhaftierte aber fast viermal mehr Palästinenser als zuvor und setzte außergerichtliche Tötungen fort.[49] Gebrochen wurde der Waffenstillstand schließlich durch das Selbstmordattentat eines Hamas-Aktivisten im August 2003, das 23 Menschen tötete. Israel reagierte darauf mit der gezielten Tötung des gemäßigten Hamas-Führers aus Gaza, Ismail Abu Shanab, obwohl der israelische Geheimdienst laut Helga Baumgarten wusste, dass die Hamas-Führung nicht hinter dem Attentat gestanden hatte.[50] Baumgarten hält es für eine verspielte Chance auf einen längeren Waffenstillstand und vielleicht sogar neuen Friedensprozess, dass die israelische Regierung nicht versuchte, einen neuen Gewaltzyklus zu verhindern, sondern die EU dazu aufforderte, Hamas in ihrer Gesamtheit auf die Liste der Terrororganisationen zu setzen, was auch geschah. Dadurch habe Israel freiere Hand für weitere außergerichtliche Tötungen von Hamas-Führern gehabt (Ahmad Yasin im März 2004, sein Nach-

---

[46] Sharon 2002.
[47] PCPSR (2003): Poll Nr. 9, 3.
[48] C.S.S. 2006, 5.
[49] Baumgarten 2006, 158.
[50] Baumgarten 2006, 159.

folger Rantisi im April 2004). Hamas wurde vom Verhandlungs-
tisch ausgeschlossen, d. h. Legitimität und Einbindung beider Kon-
fliktpartner als unerlässliche Aspekte jeder Konfliktlösung waren
nicht mehr gegeben.[51] Dies hielt auch an, nachdem sich die ge-
schwächte Hamas entschloss, sich durch Wahlbeteilungen als politischer Akteur zu betätigen. Entsprechend der Stimmung in der
Bevölkerung, die einen zunehmenden Zusammenbruch der öffentlichen Sicherheit und Ordnung durch neue bewaffnete Splittergruppen erlebte, propagierte Hamas im Wahlkampf weniger die
Fortsetzung des bewaffneten Kampfs als eine gute Regierungsfüh-
rung mit umfassenden Reformen, zeigte auch nach ihren Erfolgen
eine recht pragmatische Haltung und deutete (allerdings öffentlich
dementierte) Zugeständnisse in Richtung der Anerkennung einer
Zweistaatenlösung an.[52] Isolierungen bilden hier den Nährboden
für weitere Radikalisierungen und terroristisches Gewaltpotenzial.

Selbstmordattentate als eine Form der (transitorischen) Gewalt sowohl islamistischer als auch säkularer nationalistischer palästinensischer Gruppen lassen sich also nicht durch von religiösen Quellen ausgehenden Radikalisierungen erklären. Sie sind vielmehr
auch ein taktisches Mittel, geleitet von Kosten-Nutzen-Kalkulationen in einem asymmetrischen Kampf. Dabei spielt auch die mediale Inszenierbarkeit der AttentäterInnen eine bedeutende Rolle:
sowohl für die Vermittlung einer ›Botschaft‹ für den Gegner und
ein internationales Publikum als auch für das Prestige der Attentäter und das ihrer Gruppen in der palästinensischen Gesellschaft.
Dass sich diese Form des Terrors im Laufe der Aqsa-Intifada vor
allem bei den militanten islamistischen Bewegungen als eine Art
neue Waffe im Kampf gegen die Israelis etablierte und sich damit
einhergehend ein regelrechter Märtyrerkult entwickelte, steht im
Zusammenhang mit der durch die gesamte politische Situation be-
einflussten zunehmend religiösen Kodierung des israelisch-palästi-
nensischen Konflikts. Islamische Konzeptionen des Martyriums
erfuhren dabei gravierende Transformationen. In den Rhetoriken
der religiös-politischen Bewegungen, die die Selbstmordattentate
als besonders ehrenvolle Form des Dschihad propagieren, verschmelzen nationalistische und religiöse Argumente und Legitimationen. Sie knüpfen aber auch an Helden- Erlöser- und Opfertopoi
sowie Kategorien von Scham und Ehre an, die säkulare linke Grup-

---

[51] Baumgarten 2006, 159ff.
[52] Gunning 2006, 251f.; Asseburg 2005, 15f.

pen in den 1960er und 1970er Jahren verwandten, als sie den
bewaffneten Kampf als Wende in der (Opfer-)geschichte der Palästinenser propagierten. Dadurch werden die Attentate in den medialen Inszenierungen der religiös-politischen sowie der säkularen
nationalistischen Gruppen als Mittel individueller sowie kollektiver
Selbstermächtigung inszeniert. Welche Gruppen welche Mittel in
diesem Konflikt anwenden, wie sie sie legitimieren und welche (er-
forderlichen) Sympathien sie dabei in der Bevölkerung erzielen
können, ist jedoch vor allem abhängig von durch politische Lagen
geformte Plausibilitätsstrukturen.

Literatur

Ad-Durr 1963 = Niqula ad-Durr, Hakadha da'at wa hakadha ta'ud, Beirut
    1963.
AI 2003 = Amnesty International, Jahresbericht 2003, 1.1. bis 31.12.2002,
    http://www2.amnesty.de/internet/deall.nsf/51a43250d61caccfc1256a
    a1003d7d38/65350ccec31c5a2cc1256d32004394b2?OpenDocument.
    Letzter Zugriff: 09.06.2007.
Al-Dschihad 2005 = Al-Dschihad, Saraya al-quds tarudd ala Dschara'im
    as-suhyuniya wa-tantaqim ightiyal as-Sa'di wash-Shaikh Khalil, in:
    al-Dschihad 18 (2005), 15.
As-Sulta 2004 = As-Sulta al-wataniya al-filastiniya: ar-Ra'is fi dh-dhikra al-
    56 lin-nakba, http://www.pna.gov.ps/Arabic/Government/President_
    speech/nakba56.asp. Letzter Zugriff: 16.05.2004.
Asseburg 2005 = Muriel Asseburg, Nach dem israelischen Teilabzug. Pers-
    pektiven und Herausforderungen, SWP-Studie/S 19, Berlin 2005.
Assmann 2004 = Aleida Assmann, Four Formats of Memory: From Indivi-
    dual to Collective Constructions of the Past, in: Christian Emden/
    David Midgley (Hg.), Cultural Memory and Historical Consciousness
    in the German-Speaking World Since 1500, Oxford u. a. 2004, 19-37.
Baumgarten 2006 = Helga Baumgarten, Hamas. Der politische Islam in
    Palästina, München 2006.
Berding/Heller/Speitkamp 2000 = Helmut Berding/Klaus Heller/Win-
    fried Speitkamp (Hg.), Krieg und Erinnerung. Fallstudien zum 19. und
    20. Jahrhundert, Göttingen 2000.
Bakonyi 2001 = Jutta Bakonyi, Krieg und andere Gewaltphänomene der
    Moderne, in: Dies. (Hg.), Terrorismus und Krieg. Bedeutung und
    Konsequenzen des 11. September 2001 (IPW, Arbeitspapier Nr. 4),
    Hamburg 2001, 5-21.
Brunner 2005 = Claudia Brunner, Männerwaffe Frauenkörper? Zum Ge-
    schlecht der Selbstmordattentate im israelisch-palästinensischen Kon-
    flikt, Wien 2005.
Cragin 2006 = R. Kim Cragin, Learning to Survive: The Case of the Isla-
    mic Resistance Movement (Hamas), in: James J. F. Forest (Hg.), Tea-
    ching Terror. Strategic and Tactical Learning in the Terrorist World,
    Lanham-Boulder-New York-Toronto-Oxford 2006,189-204.

Croitoru 2003 = Joseph Croitoru, Der Märtyrer als Waffe. Die historischen Wurzeln des Selbstmordattentat, München 2003.

C.S.S. 2006 = Intelligence and Terrorism Information Center at the Center for Special Studies (C.S.S.), Suicide bombing terrorism during the current Israeli-Palestinian confrontation (September 2000-December 2005), o.O. 2006.

Damir-Geilsdorf 2006 = Sabine Damir-Geilsdorf, Suizid als Waffe. Selbstmordattentäter und Märtyrerprestige, in: Religionsunterricht an höheren Schulen (rhs) 3 (2006), 157-163.

Damir-Geilsdorf 2007 = Sabine Damir-Geilsdorf, Palästinensische Selbstmordattentäterinnen: von Opfern zu Heldinnen? Konstruktionen von Geschlecht in medialen (Selbst-)Inszenierungen, in: Elisabeth Rohr/Ulrike Wagner-Rau/Mechthild M. Jansen (Hg.), Die halbierte Emanzipation? Fundamentalismus und Geschlecht, Königstein 2007 (im Druck).

Devji 2005 = Faisal Devji, Landscapes of the Jihad. Militancy. Morality. Modernity, Ithaca/New York 2005.

El-Maneie 1998 = Juliane El-Maneie, Exodus, Flucht, Vertreibung, Katastrophe. Die Entstehung des palästinensischen Flüchtlingsproblems in der palästinensischen und israelischen Historiographie der Ereignisse von 1948, in: Henner Fürtig/Gerhard Höpp (Hg.), Wessen Geschichte? Muslimische Erfahrungen historischer Zäsuren im 20. Jahrhundert, Berlin 1998, 45-72.

FAO 2006 = Food and Agriculture Organization of the United Nations (FAO), Humanitarian Appeal 2006: West Bank and Gaza Strip, http://www.fao.org/reliefoperations/westbank_en.asp. Letzter Zugriff 10.03.2006.

Fishman 2003 = Joel S. Fishman, Ten years since Oslo. The PLO People's War Strategy and Israel's Inadequate Response, in: Jerusalem Viewpoints 503 (2003), http://www.jcpa.org/jl/vp503.htm. Letzter Zugriff: 02.07.2007.

Frangi 1982 = Abdallah Frangi, PLO und Palästina: Vergangenheit und Gegenwart, Frankfurt am Main 1982.

Gerwehr/Hubbard 2006 = Scott Gerwehr/Kirk Hubbard, What is Terrorism? Key Elments and History, in: Bruce Michael Bongar (Hg.), Psychology of Terrorism, Oxford 2006, 87-100.

Gunning 2004 = Jeroen Gunning, Peace with Hamas? The transforming potential of political participation, in: International Affairs 80/2 (2004), 233-255.

Heinz/Schlitt/Würth [2]2004 = Wolfgang S. Heinz/Stephanie Schlitt/Anna Würth, Internationale Terrorismusbekämpfung und Menschenrechte, Berlin [2]2004.

Hoffman 2001 = Bruce Hoffman, Terrorismus – der unerklärte Krieg. Neue Gefahren politischer Gewalt, Frankfurt am Main 2001.

IICC 2007 = Intelligence and Terrorism Information Center at Israel Intelligence‹ Heritage & Commemoration Center (IICC), Anti-Israeli Terrorism 2006, o.O. 2007.

Israel Ministry of Foreign Affairs 2004 = Israel Ministry of Foreign Affairs, Four Years of Conflict: Israel's war against terrorism, o.O. 2004.

Jarausch/Sabrow 2002 = Konrad H. Jarausch/Martin Sabrow, »Meistererzählung«. Zur Karriere eines Begriffs, in: Konrad Jarausch/Martin Sabrow (Hg.), Die historische Meistererzählung, Göttingen 2002, 9-32.

JMCC 2002 = Jerusalem Media & Communication Centre(JMCC), Public Opinion Polls, 11/2002, http://www.jmcc.org/publicpoll/pop/02/dec/pop11.htm. Letzter Zugriff: 01.07.2007.

JPS 2002 = Journal of Palestine Studies (JPS), Suicide Bombers: Dignity, Despair, and the Need for Hope. An Interview with Eyad El Sarraj, in: JPS 31/4 (2002), 71-76.

Kata'ib al-Aqsa 2006 = Kata'ib al-Aqsa, Al-Istishhadiya Wafa Idris, http://kataebaqsa.org/arabic/modules.php?name=News&file=article& sid=72. Letzter Zugriff: 02.07.2007.

Kata'ib al-Qassam 2006 = Kata'ib al Qassam, Al-istishhadiyat, http://www.palestine-info.info/ar/default.aspx?xyz=U6Qq7k%2bcOd 87MDI46m9rUxJEpMO%2bi1s7EhCjXpHYJiFFrhwww9NTl%2b0 fpGfSBKx9DvcQxPhhJNpc2UgfpIjbeUX2pQ47I2Tk9WWgYBkBx Eq5WJ7lGpvxrp6u%2fczN2CT79rpsiC%2bSbQs%3d. Letzter Zugriff 30.06.2007.

Koselleck/Jeismann 1994 = Reinhart Koselleck/Michael Jeismann (Hg), Der politische Totenkult. Kriegerdenkmäler in der Moderne, München 1994.

Lindholm Schulz 2006 = Helena Lindholm Schulz, Between Revolution and Statehood: Reconstruction of Palestinian Nationalisms, Göteborg 1996.

Merari 2006 = Merari, Ariel (2006), Psychological Aspects of Suicide Terrorism, in: Bruce Michael Bongar (Hg.), Psychology of Terrorism, Oxford 2006, 101-115.

Munazzamat at-tahrir al-filastiniya 1968 = Munazzamat at-tahrir al-filastiniya, Al-Mithaq al-watani al-filastini 1968, http://www.pnic.gov.ps/arabic/gover/plo_4.html. Letzter Zugriff: 02.07.2007.

Nacos 2000 = Brigitte L. Nacos, Accomplice or witness? The media's role in terrorism, in: Current History 99 (2000), 174-178.

Neuwirth 2004 = Angelika Neuwirt, From Sacrilege to Sacrifice. Observations on Violent Death in Classical and Modern Arabic Poetry, in: Friederike Panewick (Hg.), Martyrdom in Literature. Visions of Death and Meaningful Suffering in Europe and the Middle East from Antiquity to Modernity, Wiesbaden 2004, 259-282.

Palestine-Israel Journal 2003 = Palestine-Israel Journal of Politics, Economics and Culture, Two Traumatatized Societies. Interview with Eyad Sarraj, 10 (2003) 4, http://www.pij.org/details.php?id=62. Letzter Zugriff: 01.07.2007.

Pannewick 2004 = Friederike Pannewick, Tödliche Selbstopferung in der palästinensischen Belletristik – eine Frage von Macht und Ehre?, in: Ines Kappert/Benigna Gerisch/Georg Fiedler (Hg.), Ein Denken, das zum Sterben führt. Selbsttötung – das Tabu und seine Brüche, Göttingen 2004, 158-184.

PCPSR 2003 = Palestine Center for Policy and Survey Research (PCPSR), Poll 9, 7-14 October 2003.

PRSC 2007 = Palestine Red Crescent Society (P.R.C.S), Total daily numbers of deaths & injuries – West Bank & Gaza, http://www.palestinercs.org/crisistables/table_of_figures.htm. Letzter Zugriff: 10.03.2006.

PSR 2003 = Palestinian Center for Policy and Survey Research (PSR), Poll 9 – Press Release, http://www.pcpsr.org/survey/polls/2003/p9epress release.html. Letzter Zugriff: 29.06.2007.

Saʿdi 2002 = Ahmad H. Saʿdi, Catastrophe, Memory and Identity: Al-Nakbah as a Component of Palestinian Identity, in: Israel Studies 7/2 (2002), 175-198.

Salih 2003 = Muhsin Muhamad Salih, Dirasat manhagiya fi l-qadiya al-filastiniya, Amman 2003.

Sayigh 2007 = Yezid Sayigh, Armed sruggle and the search for sate: the Palestinian national movement 1949-1993, Oxford 1997.

Seidensticker 2005 = Tilman Seidensticker, Religiöse Begründungen des Terrors durch radikale Islamisten, in: Gerhard Besier/Hermann Lübbe (Hg.), Politische Religion und Religionspolitik. Zwischen Totalitarismus und Bürgerfreiheit, Göttingen 2005, 261-271.

Sharon 2002 = Ariel Sharon, Statement by PM Sharon, 23 July 2002, http://www.mfa.gov.il/MFA/Government/Communiques/2002/State ment%20by%20PM%20Sharon%20-%20July%2023-%202002. Letzter Zugriff: 14.06.2007.

Shemesh 2004 = Moshe Shemesh,: The Palestinian Society in the Wake of the 1948 War: From Social Fragmentation to Consolidation, in: Israel Studies 9/1 (2004), 86-100.

At-Takruri o.J. = Nawaf Hayil at-Takruri, al-'Amaliyat al-istishhadiya fi l-mizan al-fiqhi, o.O. o.J.

Waldmann 2003 = Peter Waldmann, Das terroristische Kalkül und seine Erfolgsaussicht, in: Wolfgang Schluchter (Hg.), Fundamentalismus – Terrorismus – Krieg, Weilerswist 2003, 87-110.

Südasien zwischen *punyabhoomi* und *dar al-islam*

Religiös legitimierte Gewalt und Terrorismus in Indien, Pakistan und Bangladesch

CLEMENS SIX

Einleitung: Terrorismus im modernen Südasien

Im modernen Südasien reicht die Erfahrungsgeschichte mit Terrorismus bis ins 19. Jahrhundert zurück. Indien, Pakistan und Bangladesch, auf die sich die folgenden Betrachtungen konzentrieren werden, teilen nicht nur eine gemeinsame Vergangenheit der sehr konfliktiven Beziehungen untereinander, in denen Terrorismus immer wieder eine wichtige Rolle gespielt hat, sondern vor allem die koloniale Erfahrung als ein singuläres Staatsgebiet unter britischer Hegemonie bis zur Erlangung der Unabhängigkeit 1947. In diesem Britisch-Indien liegen auch die Anfänge des Terrorismus als politische Strategie in Südasien. Die Geschichtsschreibung der indischen Unabhängigkeitsbewegung wird aus historisch durchaus verständlichen Gründen von der Dominanz zunächst des liberalen Lagers innerhalb des 1885 gegründeten Indian National Congress (INC) und später der Person Mohandas Karamchand Gandhis bestimmt. Diese Geschichtsschreibung betont die konstitutionell orientierte, konsequent gewaltlose Tradition des politischen Kampfes gegen die Vorherrschaft der Briten, die jedoch keinesfalls die einzige Methode des Widerstandes war. Von Anfang an existierte in Südasien auch gewaltsame Opposition, die zwar nur selten öffentlichkeitswirksam wurde, den Verlauf der Geschichte aber alleine durch ihre Existenz sehr wohl beeinflusste. Das Kalkül radikalerer Vertreter des INC war es, die Existenz dieser Gruppen in ihre politische Strategie einzubeziehen und die Möglichkeit einer gewaltsamen, terroristischen Alternative zu den Direktverhandlungen mit den Gemäßigteren der Unabhängigkeitsbewegung als Druckmittel gegen die Briten zu verwenden.[1] Tatsächlich spielte Terrorismus als anti-koloniale

---

[1] Heehs 1998, 6.

Methode direkt, aber vor allem indirekt eine wichtige Rolle in der Bereitschaft der Briten, über strukturelle Reformen und graduelle Mitbestimmung bereits vor dem Ersten Weltkrieg zu verhandeln. Terrorismus im kolonialen Südasien war daher in erster Linie ein indirektes Zwangsmittel, das die strikt gewaltlose Spitze der Unabhängigkeitsbewegung taktisch ergänzte.

Nach der Unabhängigkeit 1947 sahen sich die junge indische Republik und Pakistan, das bis 1971 aus West- und Ostpakistan, dem heutigen Bangladesch bestand, mit zahlreichen, auch religiös motivierten Formen des Terrorismus konfrontiert, die nicht nur die politischen Systeme als solche, sondern vor allem die nationale Integrität in Frage stellten. Der Konflikt um die Provinz Kaschmir war zunächst ein zwischenstaatlicher, der sich in den 1980er und 90er Jahren zu einer Front religiös-fundamentalistischer Terrorgruppen entwickelte. Im Punjab, einem weiter südlich gelegenen Grenzgebiet zwischen Indien und Pakistan, entstand noch in den 1940er Jahren eine starke Unabhängigkeitsbewegung, die einen eigenen Staat für die Religionsgemeinschaft der Sikhs zum Ziel hatte. Ende der 1970er Jahre entwickelten sich in dieser Region gewaltbereite Netzwerke, die ab 1982 selektiv Anschläge zunächst gegen Verwaltungseinrichtungen des Staates, später auch gegen zivile Ziele wie öffentliche Verkehrsmittel verübten.[2] Der Konflikt gipfelte 1984 in der Erstürmung des Goldenen Tempels, des zentralen Heiligtums der Sikhs, in dem sich damals Vertreter dieser Unabhängigkeitsbewegung verschanzt hatten, durch indische Regierungstruppen. Ein ebenso traditionell unruhiges Gebiet ist der Nordosten Indiens. In diesem weitgehend christianisierten Gebiet entstand bereits in den 1950er Jahren eine starke Autonomiebewegung, die sich mit der logistischen und militärischen Hilfe Chinas sowie Pakistans gegen die Regierung in Delhi erhob.[3] Heute operieren in diesem Gebiet über 30 Organisationen gegen den indischen Staat, die länderübergreifend auch in Bhutan und Bangladesch tätig sind.[4] Im Landesinneren Indiens reagieren seit den 1960er Jahren maoistische Gruppen auf die katastrophalen ökonomischen und sozialen Verhältnisse, vor allem in ländlichen Gebieten, und nutzen diese Umstände als Rechtfertigung gewaltsamer Angriffe insbesondere gegen staatliche Einrichtungen. In Pakistan hat sich vor dem Hintergrund einer seit den 1930er Jahren beste-

---

[2] Vgl. dazu Mehra/Sharma 2006, 45f.
[3] Hazarika 2006; vgl. auch Mehra/Sharma 2006, 50.
[4] Hussain 2004.

henden Tradition des politischen Islam in den letzten zwei bis drei
Jahrzehnten eine Ausbreitung religiös-fundamentalistischer Netzwerke vollzogen,[5] die die Innenpolitik Pakistans und mittlerweile
den politischen Werdegang der gesamten Region entscheidend
beeinflusst. Und in Bangladesch konnte aus den demokratischen
Defiziten seiner Geschichte der Eigenstaatlichkeit seit 1971 eine
autoritäre Grundstruktur entstehen, die seit einigen Jahren auch die
Verbreitung islamisch-fundamentalistischer Organisationen mit
Verbindungen zu Pakistan fördert.[6]

Südasien ist also eine Region, in der Terrorismus keineswegs ein
neues Phänomen ist. Sie war und ist Ursprungsregion zahlreicher,
sehr unterschiedlich motivierter Formen von Terrorismus, die durch
die zunehmenden globalen Verflechtungen noch an Bedeutung
gewinnt. In Bezug auf religiös motivierten Terrorismus, um den es
hier gehen soll, ist Südasien historisch und erst recht gegenwärtig
eine Schlüsselregion, in der Organisations- und Ideologieformen
entwickelt wurden und werden, die international von entscheiden-
der Bedeutung sind. Ein Blick auf die regionsspezifischen Vorgänge
gibt daher auch Aufschluss über die Entwicklungen des »transnationalen Terrorismus«.[7]

Terrorismus und religiöse Gewalt als Transformation sozialer Wirklichkeit

Zunächst ist ein Blick auf den Begriff Terrorismus notwendig, da
hier mit Südasien ein nicht-europäischer Kontext diskutiert werden
soll, für den sich die Anwendung in Europa entstandener Begriffe,
wie dies auch beim Terrorismus der Fall ist, keinesfalls von selbst
versteht. Insbesondere im Kontext der Globalisierungsprozesse, die
als zunehmende Internationalisierung von Produktion, Handel
und anderen Formen gesellschaftlicher Interaktion wirksam sind,
werden Kategorien benutzt, die weltweit scheinbar analoge Entwicklungen zu verstehen helfen sollen. Terrorismus ist eine solche,
selbst globalisierte Kategorie, die insbesondere in der politischen
Diskussion verschleiert, wo ihre historischen Ursprünge liegen und
wie selektiv sie daher ist.[8] Ich gehe davon aus, dass es auch in Bezug

---

[5] Vgl. dazu Schied 2004, 235f.
[6] International Crisis Group 2006.
[7] Zum Begriff des »transnationalen Terrorismus« vgl. Schneckener 2006, 49.
[8] Vgl. Wickramsinghe 2006, v.a. 382.

auf Südasien tatsächlich einen Erkenntnisgewinn bedeuten kann, von Terrorismus zu sprechen. Die Schwierigkeit liegt aber darin, die damit bezeichneten Formen bewaffneter Gewalt von anderen Formen religiöser Gewalt klar zu unterscheiden. Dies betrifft nicht nur die Phänomenologie der Gewalt, also ihre Form und Struktur, sondern auch die dahinter vermuteten Ursachen. Vorweg also sollte betont werden, dass in Südasien religiöser Terrorismus und andere Formen religiös motivierter und gerechtfertigter Gewalt in einem untrennbaren Wechselverhältnis stehen und religiöser Terrorismus daher ohne diese Wechselwirkung nicht adäquat verstanden werden kann. Das bedeutet einerseits, die Definition von Terrorismus in Bezug auf Südasien so konkret zu wählen, dass sie aussagekräftig bleibt, das heißt, von anderen Formen religiöser Gewalt unterscheidbar ist, und sie andererseits so offen zu formulieren, damit der regionale Kontextbezug thematisiert werden kann.

Unter Terrorismus soll hier zunächst sehr allgemein eine Strategie der Gewalt verstanden werden, die ausschließlich von nichtstaatlichen Akteuren angewandt wird, um entweder eine Gesellschaft insgesamt oder einzelne Teilgruppen derselben in Angst und Schrecken zu versetzen, also Terror zu verbreiten. Damit werden politische Ziele entsprechend einer selbst gewählten Weltanschauung verfolgt. Die Methode dieser Strategie besteht darin, aus dem Untergrund und ohne Vorzeichen zu handeln und damit die Vorhersehbarkeit der Aktionen so weit wie möglich zu reduzieren. Notwendige Voraussetzung für den Terrorismus ist damit die Existenz einer solchen Weltanschauung, die den eigentlichen Legitimationsrahmen des Terrorismus als Strategie bildet. Im Falle des religiösen Terrorismus ist das der religiöse Fundamentalismus, der nicht nur die Rechtfertigung der Gewalt selbst liefert, sondern auch den übergeordneten Zusammenhang, in dem die terroristischen Gewaltakte überhaupt erst Bedeutung bekommen. Umgekehrt kann jedoch die Wechselwirkung zwischen Fundamentalismus und Gewalt nicht auf Terrorismus reduziert werden, da etwa in Bezug auf Indien hindu-fundamentalistische Exzesse auch in andere Formen von Gewalt münden. Beispiele dafür sind religiöse Pogrome gegen Minderheiten, genozidartige Gewaltmaßnahmen, die zu Massenmord und Massenvertreibung führen, oder punktuelle Kampagnen, die quasi-spontane Ausschreitungen gegen Andersgläubige provozieren.[9] Terrorismus und andere Formen religiöser Gewalt treten in Südasien im Verhältnis der Religionsgemeinschaften zueinander in eine

---

[9] Zum Unterschied von Genozid und Terrorismus etwa vgl. Ali 2004.

folgenschwere Wechselbeziehung, die zum besseren Verständnis des
Terrorismus berücksichtigt werden muss. In den unten angeführten
Beispielen aus der Zeitgeschichte Indiens wird entsprechend deutlich, dass religiöser Terrorismus und andere Formen religiöser Gewalt nicht nur nebeneinander existieren, sondern zudem interagieren und daher in manchen Fällen in direktem Zusammenhang
interpretiert werden müssen.

Auch die Festlegung auf nicht-staatliche Akteure in der oben angeführten Definition von Terrorismus schließt den Staat als direkten Bezugspunkt bzw. Akteur in Bezug auf Terrorismus nicht aus.
Der Staat tritt in Südasien einerseits als Adressat von religiösem Terrorismus auf, da er selbst das Feindbild religiös-fundamentalistischer Gruppen vor allem aus dem Islam ist. Andererseits ist der
Staat, wie noch zu zeigen sein wird, selbst direkter Verursacher anderer, nicht-terroristischer Formen religiöser Gewalt wie Pogrome
gegen religiöse Minderheiten, die nicht als Terroristen bezeichnet
werden können, zweifelsohne aber Terror verbreiten. Beide Akteurs-
gruppen, staatliche wie nicht-staatliche, sind damit Verursacher
von religiösem Terror, der nicht notwendigerweise von Terrorismus
herrühren muss.

Als Strategie wirkt religiöser Terrorismus auch in Südasien vor allem
auf zweierlei Arten. Entsprechend dem Zusammenhang zwischen
Weltanschauung der ausübenden Individuen bzw. Organisationen
einerseits und Terrorismus als Methode andererseits wird dieser als
spezifische Kommunikationsstrategie verstanden, die die direkten
Adressaten und die darüber hinausgehende Öffentlichkeit zwingt,
eine Botschaft zur Kenntnis zu nehmen.[10] Insbesondere gegenwärtige Formen des regionalen und transnationalen Terrorismus agieren im Rahmen und nach den strukturellen Voraussetzungen einer
»Ökonomie der Aufmerksamkeit«, die ähnlich dem finanziellen
Kapital der klassischen Ökonomie – meist ebenso ein wesentlicher
Aspekt terroristischen Kalküls – um das Kapital der Aufmerksamkeit kreist.[11] Diese Kapitalform existiert und wirkt jedoch nicht nur
für sich, sondern steht in einem engen Wechselverhältnis etwa zur
politischen Macht, die sich immer stärker selbst über Aufmerksamkeit definiert. Terrorismus ist eine äußerst wirksame Strategie der
Kapitalakkumulation in dieser Ökonomie der Aufmerksamkeit, die
den Zugriff auf politische Macht reguliert. Terrorismus, dem es

---

[10] Andersen/Sloan 1995, 348; Waldmann 2003, 88; Waldmann 2005.
[11] Franck 2007.

gelingt, ein Höchstmaß an Aufmerksamkeit über möglichst lange Zeit zu erlangen, bekommt automatisch politische Relevanz, egal wie die Reaktion des Staates darauf ausfällt, von der normalerweise das Gelingen der Provokation abhängt. Davon jedoch abzuleiten, die Gewalttat habe »primär einen symbolischen Stellenwert«, da sie »Träger einer Botschaft« ist, »die in etwa lautet, ein ähnliches Schicksal kann jeden treffen«,[12] ist eine funktionale Verkürzung des Terroraktes und wird seiner Wirkweise nicht gerecht, die wesentlich darüber hinaus geht.

Terrorismus ist keinesfalls nur die bloße Mitteilung einer Botschaft, sondern inkludiert wesenhaft auch den Effekt der Mitteilung, und dieser vermag die Wirklichkeit selbst bzw. ihre Wahrnehmung zu verändern. Entscheidend ist daher, wie der Anschlag von der Öffentlichkeit aufgenommen wird, und dieses Erleben wird in das Kalkül der Tat selbst miteinbezogen. In Ergänzung zur Kommunikation durch einen solchen radikalen Akt der Gewalt beeinflusst Terrorismus die Paradigmen der Selbstwahrnehmung einer Gesellschaft oder bestimmter Teilgruppen.[13] Verlässlich geglaubte Grundannahmen über die Konstitution des Gemeinwesens wie etwa die Schutzfunktion des Staates, öffentliche Sicherheit, die dieser garantiert, oder auch das Selbstverständnis etwa der indischen Gesellschaft als Koexistenz unterschiedlicher Religionsgruppen werden durch den Terror unmittelbar in Frage gestellt, sodass Gesellschaftlichkeit in ihrer Struktur ins Wanken geraten kann.[14] Man kann Terrorismus in Anlehnung an J. L. Austin auch als »Sprechakt« interpretieren, der nicht nur mitteilt, sondern im Vollzug selber bereits Wirklichkeit verändert und als solcher radikal kontextgebunden ist, um verstanden zu werden und damit seine Wirkung zu entfalten.[15] Diese Veränderung betrifft einerseits Individuen, insbesondere jene, die als potenziell nächste Opfer durch den Terrorakt direkt angesprochen werden, als auch Kollektive, deren soziale Imagination sich verändert.

Terrorismus ist aber noch in anderer Hinsicht kontextgebunden. Er versucht, eine politische Zwangssituation zu erzeugen, die den Reaktionsspielraum des Staates oder anderer Gegner so weit wie möglich einengt. Natürlich kann der Terrorismus die Optionen

[12] Waldmann 2005, 15.

[13] Vgl. Derrida/Habermas 2003, 57.

[14] Thackrah 2004, 264.

[15] Zur Verwendung der Sprechakttheorie und Bourdieus Rezeption derselben vgl. Juergensmeyer 2004, 175 und Six 2006, 193f.

zur Reaktion auf seine Provokation niemals zur Gänze einengen,
durch den Kontextbezug und die Art des Anschlages bzw. die Wahl
seines Ziel ist es aber unter Umständen möglich, dem Gegner so gut
wie keine politische Alternative als die vehemente Gegenreaktion
zu lassen und damit den Terroristen selbst Aufmerksamkeit und politische Bedeutung zu liefern. Terrorismus in Indien, Pakistan und
Bangladesch findet als politische Strategie in einem bereits existierenden, hoch sensiblen Spannungsfeld zwischen diesen Staaten
einerseits und unterschiedlichen nicht-staatlichen Akteuren andererseits statt, in dem er seine Wirkung entfaltet.

Der direkte Bezug zur Region mit ihren gesellschaftlichen und politischen Eigenheiten ist damit eine entscheidende Voraussetzung
für eine adäquate Diskussion dieses Themas. Vor allem zwei Fragen
sollen im Folgenden beantwortet werden, nämlich warum es in
Südasien gegenwärtig religiöse Gewalt bzw. religiösen Terrorismus
gibt und wie sich ihre Wirkungsweise im aktuellen Kontext verstehen lässt.

Staatlichkeit in Südasien: Historische Ursachen von Terrorismus und religiöser Gewalt

Terrorismus und religiöse Gewalt können in Südasien nicht auf
eine einzige Ursache bzw. Entwicklung zurückgeführt werden. Die
Region durchläuft seit den 1980er Jahren einen sich beschleuni-
genden Transformationsprozess, der Teile ihrer Gesellschaften zu
international partizipierenden Eliten macht, für einen Großteil der
Bevölkerung jedoch eine Fortsetzung prekärer Lebensverhältnisse
bedeutet. Südasien befindet sich damit in einer umfassenden und
sehr komplexen Umgestaltung, die in ihren sozialen und ökonomischen Konsequenzen auch die Koexistenz unterschiedlicher Religionsgruppen beeinflusst. Eine entscheidende Rahmenbedingung
und auch Ursache religiöser Gewalt in Südasien ist das historische
Erbe der Staatlichkeit, die unterschiedlichen Ausprägungen der post-
kolonialen Staaten Indien, Pakistan und Bangladesch, die nicht nur
die Beziehungen untereinander beeinflussen, sondern auch das Verhältnis der religiösen Mehrheiten und Minderheiten zueinander,
also im Wesentlichen die Beziehung zwischen Hindus und Muslimen. Dieses Wesen der Staatlichkeit wird damit zum Ausgangspunkt terroristischer, anti-staatlicher Gewalt, auch wenn sie religiösen Terrorismus ursächlich nicht zur Gänze erklären kann.

Nach den Wirren der Teilung des Subkontinents 1947 war die politische Elite Indiens rund um den ersten Premierminister Jawaharlal Nehru bemüht, ein politisches System entstehen zu lassen, das die Tendenzen zunehmender demokratischer Partizipation fortsetzte und im Rahmen eines nationalen Modernisierungsprojektes eine friedliche und vor allem prosperierende Koexistenz aller Bevölkerungsgruppen ermöglichen sollte. Den Staat charakterisierte von Anfang an ein ambivalentes Verhältnis zur Religion. Einerseits verschrieb sich die junge Republik einem konsequenten Säkularismus und vor allem gesellschaftlicher Modernisierung, die die staatliche Autorität als Instrument interpretierte, gegen religiös-partikulare Identitäten und Mobilisierungen vorzugehen, um die staatliche Integrität durchzusetzen und zu erhalten.[16] Die politische Institution dafür war eine Partei der Mitte, des Konsenses (Kongresspartei), die höchst unterschiedliche ideologische Lager in sich integrierte und auf diese Weise einen politischen Hegemonieblock herstellte, der im Rahmen der Demokratie für staatliche Kontinuität sorgte und den jungen Staat konsolidierte.[17]

Andererseits versuchte man die ersten Jahrzehnte, durch den Staat aktiv auf die Organisation von Religion Einfluss zu nehmen. Der Staat übernahm eine aktive Rolle in der Sicherung religiöser Pluralität durch die Finanzierung religiöser Infrastruktur oder übertrug zivilrechtliche Kompetenzen an Religionsgemeinschaften, insbesondere die christlichen und muslimischen Minderheiten.[18] Die Konsequenz dieser Ambivalenz gegenüber Religion war aber, dass kein adäquates politisches Instrumentarium entstand, den gesellschaftlich äußerst relevanten Faktor Religion in die politischen Regelmechanismen mit einzubeziehen.[19] Die Institutionen der indischen Demokratie hatten damit keine Mittel zur Verfügung, Religion in die Prozesse der Konsensfindung zu integrieren und die Belange etwa des Verhältnisses zwischen Hindus und Muslimen politisch entsprechend wirksam und lösungsorientiert zu handhaben. Die Modernisierungs- und Säkularisierungslogik des post-kolonialen Staates sorgte in Indien dafür, dass Religion als gesellschaftliche Kraft stets aus der Distanz, von einem übergeordneten Standpunkt aus interpretiert und sanktioniert wurde und damit den Nimbus des Pejorativen und Polemischen erhielt. Deutlich wurde diese am-

---

[16] Mitra 1991, 764.
[17] Kothari 1964.
[18] Chatterjee 1998, 353f.
[19] Mitra 1991, 760.

bivalente Beziehung des Staates zur Religion durch die Krise des
»Kongress-Systems« in den 1970er Jahren, als die einstige, alles be-
herrschende Kongress-Partei in eine Legitimationskrise geriet. In-
dira Gandhi und die Kongress-Spitze kompensierten diese Legimi-
tationskrise mit einer Hinduisierung der Politik, die die demokratische Mehrheit unter Mobilisierung der Hindu-Mehrheit herstellen
sollte, ein Modell, das in den 1980er und 1990er Jahren Schule machen sollte und den Hindu-Nationalismus als eigenständige politische Kraft hervorbrachte.[20] Damit verschob sich der Charakter der
politischen Kultur in Indien, die religiöse Minderheiten nun unter
erheblichen Druck setzte und sogar staatlich gewährter, interreligi-
öser Gewalt aussetzte. Diese Politisierung der Hindu-Mehrheit war
ein paradigmatischer Bruch mit der Tradition und dem politischen
Selbstverständnis der Republik, die dieser Entwicklung aber aus
Gründen ihres eigenen, weitgehend ungeklärten Verhältnisses zur
Religion nichts entgegenzusetzen hatte. Das Ergebnis ist eine
innenpolitische Atmosphäre der interreligiösen Anfeindung vor allem gegenüber Muslimen und Christen bis hin zu genozidartiger
Verfolgung wie im Bundesstaat Gujarat 2002, die von hindu-fun-
damentalistischen Kräften gezielt gefördert wird. Islamischer religi-
öser Terrorismus reagiert auf diesen veränderten Kontext durch
›Gegenmaßnahmen‹, die zivile und religiöse Einrichtungen der
Hindu-Mehrheit ins Visier nehmen. Der Staat wird damit von zwei
Seiten bedroht, vom politisierten Hinduismus einerseits, der den
säkularen Charakter der Republik bekämpft, und vom Terrorismus
andererseits, der seine Funktion als solche zu unterhöhlen versucht.

Gänzlich anders stellt sich der Aspekt der Staatlichkeit in Bezug auf
religiöse Gewalt und Terrorismus in Pakistan dar. Die Mission und
auch der Gründungsmythos dieses Staates war es, den Muslimen
Britisch-Indiens eine eigene politische Heimat zu geben, die damit
gerechtfertigt wurde, dass im indischen Nationalkongress keine entsprechende Rücksicht auf muslimische Interessen genommen wurde.
Das politische Organ, das nach der Unabhängigkeit zur staatstragenden Einrichtung in Pakistan wurde, war die Muslim League, die
aber im Gegensatz zum Kongress keine innerparteilichen, demokratischen Mechanismen mit entsprechender Massenbasis entwickelte, sondern eine elitäre Bewegung blieb, die sich des Islam als

---

[20] Zum Verfall der Legitimität der staatlichen Institutionen vgl. Kaviraj
1984. Zum Aufstieg des Hindu-Nationalismus in diesem Kontext Mitra
1990, 86f.

Mobilisierungsinstrument bediente.[21] Dieser Charakter der Muslim League übertrug sich auch auf den Staat Pakistan, der unmittelbar nach 1947 von einer Art immigrierter Elite regiert wurde, die selbst nicht aus den muslimischen Mehrheitsprovinzen Britisch-Indiens stammte, und nur schwache Institutionen ausbilden konnte. Obwohl Mohammed Ali Jinnah, der erste Generalgouverneur Pakistans, zur Staatsgründung vor der konstituierenden Versammlung noch davon gesprochen hatte, dass Religion oder Glaube mit dem Staat nichts zu tun hätte, fungierte der Islam schon in den 50er Jahren zunehmend als zentrale Markierung kollektiver nationaler Identität.[22] Eine breite Islamisierung ab 1979, die vor allem den Bildungsbereich und den politischen Grundkonsens Pakistans betraf, begünstigte nicht nur den Aufstieg islamistischer Gruppen in Pakistan, sondern verschärfte zudem den interreligiösen Konflikt zwischen der sunnitischen Mehrheit und der schiitischen Minderheit des Landes, da die Inhalte der Islamisierung an einer fundamentalistischen Theologie des sunnitischen Islam orientiert waren.[23] Andere religiöse Minderheiten wie Christen oder Sikhs haben traditionell eine marginalisierte gesellschaftliche Position inne, die sie vor allem bei Krisen des Staates der Anfeindung durch die religiöse Mehrheit aussetzt. Pakistan als Staat hatte damit von Beginn an mit dem Problem seiner gesellschaftlichen Legitimation zu kämpfen, die sich durch die mangelnde Repräsentativität seiner politischen Institutionen noch verschärfte und durch die zentrale Position des Militärs und der Verwaltung kompensiert wurde. In Bezug auf religiösen, d. h. islamistischen Terrorismus ist dieses historische Erbe einerseits begünstigende Rahmenbedingung und andererseits auch eine strukturelle Voraussetzung der politischen Beziehungen und Vernetzungen in der Region, insbesondere zu Indien. Der Charakter des Staates ist auf jeden Fall aber ein entscheidendes Kriterium für eine Erklärung der aktuellen Verhältnisse.

Bangladesch als Staat ist das Resultat der vergeblichen Versuche Pakistans, eine effektive nationale Integration umzusetzen. Ein überbordender Zentralismus Islamabads und die politisch drückende Hegemonie Westpakistans unter Missachtung der demographischen Verhältnisse zwischen den beiden Staatsteilen führten 1971

---

[21] Ganguly 2007, 76.
[22] Vgl. Jinnah in seiner Rede vor der »Constituent Assembly« am 11.8.1947, original wiedergegeben in Hay 1991, 385-387, hier 387.
[23] Nasr 2002, 88.

zur Gründung eines Staates, der zunächst mit einem demokratisch-säkularen Grundverständnis begann. Die Rolle Indiens bei der Erlangung der Unabhängigkeit führte dazu, dass sich Bangladesch auch politisch an Indien orientierte und ein ähnliches politisches System anstrebte. Die Realpolitik der Regierung Sheikh Mujibur Rahmans versäumte es jedoch, entsprechende staatliche und demokratische Institutionen aufzubauen, die diesem Selbstverständnis eine entsprechende Struktur zur Verfügung gestellt hätten.[24] Dieses defizitäre Gerüst des Staates führte zu zunehmender Desintegration und 1975 in den Ausnahmezustand, mit dessen Hilfe die Regierung durch Sondervollmachten autoritär regierte. Nach dem Ausnahmezustand 1977 ließ General Zia ur-Rahman das Prinzip Säkularismus aus der Verfassung entfernen und das Verbot religiöser Parteien aufheben, um seine eigene Machtbasis zu erweitern.[25] In den 1980er Jahren setzte sich dieser Trend der Islamisierung der Politik fort und wurde auch im Anstieg der Koranschulen sichtbar, der sich parallel zu Pakistan auch in Bangladesch vollzog.[26] Die gesellschaftliche Position der Minderheiten verschlechterte sich graduell und insbesondere die Hindus, die ungefähr 10 Prozent der Bevölkerung ausmachen, sahen sich mit steigenden Anfeindungen konfrontiert, die durch die Radikalisierung der Verhältnisse in Indien gegenüber der muslimischen Minderheit dort zusätzlich angeheizt wurden. Heute ist Bangladesch ein Staat, der in die Einflusssphären zweier dominierender Parteien aufgeteilt ist, die versuchen, ihre politische Vorherrschaft im Rahmen der seit 1991 bestehenden Demokratie auch unter Einbeziehung radikal-islamischer Kräfte zu sichern. Obwohl die Einschätzungen über den Fortschritt der Islamisierung sehr unterschiedlich ausfallen, so kann doch festgestellt werden, dass der Prozess auch durch arabische und pakistanische Unterstützung grundsätzlich fortgesetzt wird und den Charakter des Staates schrittweise verändert.[27]

Diese aktuellen Veränderungen der südasiatischen Staaten bauen auf historischen Entwicklungen und post-kolonialen Voraussetzungen auf, die in Bezug auf Pakistan und Bangladesch nahezu analog sind. Beiden Staaten ist es nach der Erlangung ihrer Gründung nicht gelungen, funktionierende Institutionen und demokratische

---

[24] Ganguly 2007, 80.
[25] Rao 2004, 194f.
[26] Khan 2006, 181f.
[27] International Crisis Group 2006, 5.

Systeme aufzubauen. Beide Staaten haben versucht, diese Defizite durch autoritäre Regierungssysteme und Allianzen mit religiös-extremistischen Organisationen und Parteien zu kompensieren. In Indien ist der Staat nach wie vor effizienter und daher auch präsent, aber auch in diesem Fall verändert sich sein Charakter durch die Krise des post-kolonialen Modernisierungsprojektes. Die aktuelle Entwicklung in Bezug auf religiösen Fundamentalismus und Terrorismus besteht darin, dass sich diese nationalen religiösen Oppositionsbewegungen zum Staat in Südasien im Rahmen einer »subalternen Globalisierung«[28] vernetzen und damit zu regionalen oder sogar transnationalen Akteuren werden, die durch den Einzelstaat in der Region immer schwieriger handzuhaben sind. Die Krise bzw. im Falle Indiens die Transformation des Staates ist damit jene entscheidende historische Voraussetzung, die die gegenwärtige Konjunktur terroristischer und anderer gewaltsamer Bewegungen möglich gemacht hat.

Die gewaltsamen Sprechakte: Südasiatischer Terror und Gegenterror

Terrorismus wird hier in Bezug auf Südasien wie bereits ausgeführt nicht als reine Kommunikation im Sinne einer Mitteilung, also als bloßes Sprechen interpretiert, sondern als Sprechakt. Der Unterschied besteht darin, dass der Sprechakt unmittelbar und auch ohne eine aktive Reaktion des Empfängers wie etwa eine Verschärfung der staatlichen Sicherheitspolitik Wirklichkeit verändert. Die als Sprechakt interpretierte Gewalt eines Terroranschlages kommuniziert demnach nicht nur etwas, verweist nicht nur auf eine Botschaft, ein Weltbild oder eine Ideologie, sondern versucht, die Wirklichkeit und ihre Wahrnehmung entsprechend dieser Ideologie und ihrem Weltbild zu verändern, zu »setzen«.[29] Sprechakte sind Setzungsakte, die sich nicht in der handlungsneutralen Form reiner Kommunikation erschöpfen, sondern bereits durch ihre Durchführung einen direkten Einfluss auf die Wirklichkeit und die Art und Weise, wie diese wahrgenommen wird, haben. Darin besteht auch der Zwangscharakter von Terrorismus. Für seine Analyse als politische Strategie, wie ich sie in meiner Definition umrissen habe, ist es demzufolge nicht nur entscheidend, die mögliche

---

[28] Ahmed 2003, 360f.
[29] Zum Begriff der »Setzung« von Wirklichkeit vgl. Bourdieu 1998, 130.

Botschaft eines Terroraktes zu diskutieren, sondern auch die Handlung selbst, ihren zeitlichen und räumlichen Kontext und direkten Bezug zum politischen Status quo. Konkret heißt dies im Falle Südasiens, einerseits Staatlichkeit und zwischenstaatliche Beziehungen einzubeziehen. Andererseits muss der Terror – der Zustand von Angst und Schrecken – selbst als Kontext von Terrorismus interpretiert werden, also eine Wechselbeziehung zwischen Terror und Gegenterror angenommen werden, die die Vorgangsweise terroristischer Bewegungen entscheidend beeinflusst.

Die indische Republik zwischen *punyabhoomi* und *dar al-islam*

Interessanterweise ist die Anzahl der durch Terrorakte getöteten Menschen in Indien in den letzten Jahren stark zurückgegangen. Die für Indien qualitativ relativ guten Statistiken dazu trennen normalerweise zwischen unterschiedlichen Opferkategorien. Bezieht man aber zivile Opfer, Sicherheitskräfte und die Terroristen selbst mit ein, zeigt sich, dass die landesweiten Opferzahlen 2001 mit fast 5 840 einen Höhepunkt erreichten. Seither nahm diese Zahl kontinuierlich ab und betrug 2004 noch 2 642 bzw. ein Jahr später 2 519. Aus diesen Gesamtzahlen lassen sich zudem noch Rückschlüsse auf den Kontext der Gewalttaten und mögliche ideologische Motivationen ziehen. Zwischen 1994 und 2005 wurden in Indien insgesamt 18 151 Zivilisten durch Terroranschläge getötet. Davon entfielen allein 10 483 auf die Region Jammu und Kaschmir, rund 7 000 Opfer waren im Nordosten des Landes zu verzeichnen und der Rest entfiel auf den Punjab und andere Gebiete.[30] Keine Details lassen sich aber über die ausübenden Organisationen und den entsprechenden ideologischen Hintergrund ableiten. Der hohe Anteil des Kaschmirkonfliktes verweist auf einen starken Anteil religiösfundamentalistischer Gewalt, die insbesondere die Zivilbevölkerung, aber auch die Sicherheitskräfte betrifft, vor allem als 1999 ein Krieg zwischen Indien und Pakistan unter Einbeziehung islamistisch-terroristischer Gruppen geführt wurde. Der Terror im Nordosten des Landes ist unter anderem auch den Sezessionsbewegun-

---

[30] Die Daten sind dem South Asia Terrorism Portal entnommen, nachzulesen unter http://www.satp.org/satporgtp/countries/india/database/fatalities.htm. Letzter Zugriff: 3.6.2007. Die Daten nehmen linksextremistischen Terror explizit aus.

gen zuzuordnen, die keinesfalls alle religiös motiviert sind. Im Punjab spielt religiös motivierter Terrorismus aber eine dominierende Rolle.

Vor dem Hintergrund dieser statistischen Trends geht die politische und gesellschaftliche Wahrnehmung von einem Anstieg des religiösen Terrorismus aus, dem es in seinen unterschiedlichen Formen in den letzten Jahren wiederholt gelungen ist, ins Zentrum der nationalen Aufmerksamkeit vorzudringen und damit auch die Tagespolitik zu bestimmen.[31] Diese Akkumulation von Aufmerksamkeit hatte wiederum erheblichen Einfluss auf die zwischenstaatlichen Beziehungen insbesondere zu Pakistan, aber auch zu Bangladesch, da die regionale Vernetzung der terroristischen Organisationen signifikant zugenommen hat.

Terror und Terrorismus in Indien setzen sich gegenwärtig aus zwei unterschiedlichen Trends bzw. langfristigen Entwicklungen zusammen, die grundsätzlich unabgängig voneinander entstanden sind, mittlerweile aber in einem spezifischen Wechselverhältnis zueinander stehen. Der erste Trend ist die zunehmende gesellschaftliche Verankerung eines extremistischen Hindu-Fundamentalismus, der seine ideologische Schlagkraft in erster Linie gegen die religiösen Minderheiten des Landes, also Christen und vor allem Muslime richtet. Im Zentrum seines Weltbildes steht Indien als »heiliges Land« der Hindus (*punyabhoomi*), das entgegen der säkularen, sozialistischen Republik – beide Prädikate sind in der Verfassung festgeschrieben – zum Grundverständnis auch des politischen Systems Indiens mit einer entsprechenden gesellschaftlichen und rechtlichen Unterordnung der religiösen Minderheiten werden soll. Der Hindu-Fundamentalismus war in seiner ersten Expansionsphase ab Mitte der 1980er Jahre zunächst eine Bewegung, die von nicht explizit politischen ›Kulturorganisationen‹ wie dem RSS (Rashtriya Swayamsevak Sangh, Nationaler Freiwilligenbund) oder dem VHP (Vishva Hindu Parishad, Welthindurat) forciert wurde. Das zunehmend vehementere Auftreten dieser Organisationen konzentrierte sich um den sagenumwobenen Geburtsort der Gottheit Ram, Ayodhya in Nordindien, der vom »Joch der muslimischen Herrschaft« in Form einer Moschee an der Stelle des vermeintlichen Geburtsortes befreit werden sollte.[32] Die Moschee wurde am 6. Dezember 1992 tatsächlich zerstört, es folgten unzählige gewaltsame

---

[31] Vgl dazu etwa Witschel 2003, 21.
[32] Vgl. zur ideologischen Bedeutung des Ayodhya-Konfliktes Shri Ram Janamabhoomi Nyasa 2001.

Ausschreitungen gegen Muslime in ganz Indien. Damit geschah eine zunehmende Politisierung dieses Konfliktes, den insbesondere die BJP (Bharatiya Janata Party, Indische Volkspartei) zu ihrem Aufstieg nutzte. Die unmittelbare Folge des Konfliktes war eine deutliche Verschärfung des innenpolitischen Klimas gegenüber der muslimischen Minderheit, die in Indien ihrerseits sehr heterogen und geographisch verstreut ist und dadurch bis heute keine geschlossene politische Vertretung besitzt.

Zum Terror gegenüber den Muslimen wurde der Hindu-Fundamentalismus aber vor allem im Laufe der 1990er Jahre und insbesondere nach der Jahrtausendwende, als die BJP auf nationaler Ebene und in zahlreichen Unionsstaaten die Regierung übernahm. Unter der Duldung der politischen Instanzen nahmen die gewaltsamen Schikanen von Muslimen lokal deutlich zu, und 2002 kam es im Bundesstaat Gujarat in Westindien zu einer vorsätzlichen Pogrompolitik gegenüber der muslimischen Minderheit vor allem in den Städten, die 150 000 Menschen dauerhaft aus ihren Häusern und Arbeitsstätten vertrieb und mehr als 1 000 Todesopfer forderte.[33] Der Auslöser war damals ein Terroranschlag auf einen Zug voller Pilger, der aus Ayodhya kam und Anhänger der Kampagne um die Errichtung eines Ram-Tempels anstele der Moschee transportierte. Die Hintergründe des Anschlages sind bis heute nicht geklärt, eine Verschwörung muslimischer Täter, wie sie die BJP lange Zeit vertreten hat, wird aber mittlerweile als unrealistisch angenommen.[34] Die spontanen Unruhen und die systematische Gewalt gegen Muslime und muslimische Einrichtungen, die folgten, zogen sich unter aktiver Unterstützung der Lokalregierung über Monate hin und verschärften dauerhaft die interreligiösen Spannungen.

Der zweite Trend in Indien ist die Zunahme der politischen Signifikanz islamistischen Terrors mit engen organisatorischen Verbindungen zu Pakistan. Ziel dieser islamisch-fundamentalistischen Gruppen ist die Wiederherstellung der islamischen Herrschaft in Südasien und damit die Verwandlung Indiens in eine Einflusssphäre des Islam (*dar al-islam*). Die auf militärische Eskalation in Südasien ausgerichtete Provokation durch Terroranschläge ist ein langfristiger Prozess, der sich auf indischem Gebiet zunächst vor allem in der zwischen Indien und Pakistan umkämpften Region Kaschmir gezeigt hat. Der bereits seit der Unabhängigkeit existierende Konflikt hat sich seit dem Ende der 1980er Jahre qualitativ

---

[33] International Initiative for Justice 2003.
[34] Bunsha 2005.

entscheidend verändert. Zwischen 1988 und 1990 griffen zum ersten Mal neu gegründete dschihadistische Gruppen auf indischer Seite in den Konflikt ein und kämpften für die Unabhängigkeit dieser Region im Himalaya. Nach exzessivem Wahlbetrug durch die indische Regierung bei den Lokalwahlen 1987 wurde die Jammu and Kashmir Liberation Front gegründet, 1989 folgte die Hizbul Mujaheddin, die über stärkere organisatorische Kapazitäten verfügt. Zwischen 1991 und 1995 gewannen die pro-pakistanischen Gruppen im indischen Teil Kaschmirs deutlich an Boden und marginalisierten zusehends die gemäßigten Kräfte im Tal. Ab 1996 bzw. 1997 nahmen die ausländischen, islamisch-fundamentalistisch gesinnten Söldner im Tal enorm zu,[35] ein Prozess, der bis heute anhält und sich gleichzeitig mit dem politischen Aufstieg der Taliban in Afghanistan vollzog, weshalb in der Literatur immer wieder von einer »Talibanisierung« des Kaschmir-Konfliktes gesprochen wurde.[36] Nach vorsichtigen Schätzungen hat der Anteil der ausländischen Söldner von 15 Prozent (1990) auf 60 bis 70 Prozent zugenommen.[37] In diese Phase fällt auch die wachsende Bedeutung des pakistanischen Geheimdienstes (Inter-Service-Intelligence, ISI) im Regionalkonflikt.[38]

Den Sprung auf die nationale Ebene in Indien vollzog der regionale Terror in Kaschmir zum ersten Mal im Oktober 2001, als vier Selbstmordattentäter der Jaish-e-Mohammed, einer 1999 gegründeten radikal-islamischen Gruppierung, eine Autobombe vor dem Lokalparlament in Srinagar, der Hauptstadt des von Indien kontrollierten Teils des Tales, zündeten, 32 Menschen töteten und verheerenden Schaden anrichteten. Damit war zum ersten Mal eine Einrichtung des indischen Staates direktes Ziel eines Terroranschlages. Dem islamistischen Terror gelang es damit, auf indischer Seite zu einer nationalen Angelegenheit zu avancieren. Noch einen Schritt weiter im Angriff auf den Staat ging Jaish-e-Mohammed am 13. Dezember desselben Jahres, als fünf Anhänger der Organisation das indische Parlament in Neu Delhi während einer Sitzung des Unterhauses mit Granaten, Maschinenpistolen und Sprengstoff angriffen. Die Opferzahl war mit elf relativ niedrig, aber die politische Resonanz enorm. Als sich die Täterschaft herauskristallisierte, befahl die indische Regierung – damals unter der Leitung der

---

[35] Khan 2006, 168.
[36] Vgl. zum Beispiel Rashid 1999 und Evans 2001.
[37] Khan 2006, 169.
[38] Knudsen 2002, 39.

hindu-nationalistischen BJP, die traditionell ein sehr gespanntes
Verhältnis zum pakistanischen Staat hat – die Mobilmachung der
indischen Truppen an der pakistanischen Grenze. Der damalige
Innenminister L.K. Advani beschuldigte die pakistanische Regierung der Untätigkeit und indirekten Mittäterschaft durch Verwick-
lungen des pakistanischen Geheimdienstes.[39] Es blieb bei diesen
Drohgebärden, die Kriegsgefahr war aber über Monate hinweg eine
durchaus reale. Die jüngsten Terroranschläge auf die Stadtzüge in
Mumbai am 11. Juli 2006 sind der Ausdruck mittlerweile verbes-
serter organisatorischer Kapazitäten islamistischer Gruppen in Indien, in diesem Fall von Lashkar-e-Toiba, einer ebenfalls von Pakistan aus operierenden Organisation.[40] Vor allem die organisatorisch
und logistisch sehr aufwendige Gleichzeitigkeit mehrerer Anschläge
löst lokal noch größeres Chaos aus als Einzelanschläge und zeugt
von den rasant gestiegenen Fähigkeiten der Täter.

Die beiden Trends – der Aufstieg des Hindu-Fundamentalismus in
Indien einerseits und die Zunahme der politischen Signifikanz islamistischen Terrors andererseits – existieren aber nicht nur nebeneinander, sondern interagieren. Erste Tendenzen dieser Logik von
Terror und Gegenterror wurden bereits 1993 sichtbar, als in Folge
der Gewalt gegen Muslime in Mumbai, die auf die Zerstörung
der Moschee in Ayodhya folgte, eine Serie von 13 Bombenan-
schlägen in der Stadt verübt und die Täter im Milieu islamistischer
Mafia gefunden wurden. Damals kamen bei den Racheanschlägen
mehr als 250 Menschen ums Leben, mehr als 700 wurden verletzt.
Als unmittelbare Reaktion auf die pogromartigen Gewaltexzesse
gegen Muslime in Gujarat 2002 verübten zwei Anhänger der Lashkar-e-Toiba einen Anschlag auf den Akshardham-Tempel in Gand-
hinagar, der Hauptstadt Gujarats. Am 5. Juli 2005 versuchten fünf
Männer, das abgesperrte Gelände der ehemaligen Moschee in
Ayodhya zu stürmen. Sie bewarfen den Platz mit Handgranaten
und lieferten den Sicherheitskräften einen längeren Schusswech-
sel, in dem alle fünf Attentäter ums Leben kamen. Die Täterschaft
wird auch in diesem Fall der Lashkar-e-Toiba zugeschrieben, die die
fünf Personen trainiert und über Nepal nach Indien eingeschleust
haben soll. Im Gegenzug gelang es den hindu-fundamentalis-
tischen Gruppen in Indien, den Druck auf ihre Regierung zu erhöhen und eine Verschärfung der Gangart gegenüber Pakistan einzu-

---

[39] Advani 2001.
[40] Swami 2006.

fordern.[41] Der Terroranschlag selbst zeigt sehr deutlich die politische Logik hinter dem Terror bzw. Gegenterror. Ayodhya ist ein innenpolitisch hoch sensibler, weil symbolisch stark aufgeladener Ort, der in Indien mittlerweile für das Erstarken des radikalen Hinduismus und die Anfeindung der Muslime steht. Der Anschlag selber hatte kein anderes Ziel als die Forcierung der gewaltsamen Konfrontation zwischen Hindu-Fundamentalisten und islamistischen Extremisten, die die Eskalation zwischen Indien und Pakistan anstreben, um aus den Trümmern des möglicherweise auch atomaren Konfliktes eine neue Herrschaft des Islam in ganz Südasien erstehen zu lassen.[42] Die indische Innenpolitik ist damit gegenwärtig von dieser fatalen Logik des Terrors und Gegenterrors bestimmt, die den Handlungsspielraum stark einschränkt. Der Regierungswechsel 2004, der eine Abwahl der hindu-nationalistischen BJP brachte, hatte kurzfristig entspannende Konsequenzen, da sich unmittelbar innenpolitisch der Druck auf die religiösen Minderheiten reduzierte, eine erste Voraussetzung, um aus diesem Teufelskreis von Terror und Gegenterror auszubrechen. Die Konfrontation des indischen Staates mit islamistischem Terror bleibt aber ebenso bestehen wie der weiterhin ungelöste Konflikt in Kaschmir.

Pakistan im Gewaltoligopol

Pakistan unterscheidet sich von Indien nicht nur im Wesen seiner Staatlichkeit, die traditionell eng mit der islamischen Religion und seit der Diktatur Zia-ul Haqs auch mit islamischem Fundamentalismus verknüpft ist. Die Katastrophe vom 11. September 2001 katapultierte das Land aus der abnehmenden strategischen Attraktivität für die USA, die vor allem durch den ökonomischen und militärischen Aufstieg Indiens verursacht wurde, ins Zentrum der außenpolitischen Aufmerksamkeit Washingtons. Pakistan avancierte zum entscheidenden Frontstaat im Kampf gegen den Terrorismus, wie ihn die USA definierten. Dies hatte zur Folge, dass die seit der Zündung der Atombomben 1998 geltenden Sanktionen aufgehoben wurden und Pakistan sich ganz oben auf der Liste der

---

[41] Vgl. dazu Ramakrishnan 2005.

[42] Vgl. dazu etwa das Pamphlet »Why Are We Waging Jihad?« von Lashkar-e-Toiba, inhaltlich nachzulesen unter http://www.satp.org/satporg tp/countries/india/states/jandk/terrorist_outfits/lashkar_e_toiba.htm. Letzter Zugriff: 3.6.2007.

Empfängerstaaten amerikanischer Finanzzuwendungen wieder-
fand.[43] Der traditionelle Alliierte der USA aus dem Kalten Krieg
erhielt damit erneut einen privilegierten Status in der Politik Washingtons, was aber lediglich dazu beitrug, die innerpakistanischen
Veränderungen zu überdecken bzw. eher noch zu verschärfen, nicht
aber zu lösen.

Nach den bereits angesprochenen Veränderungen des pakistanischen Staates in den 1980er-Jahren, die eine verstärkte Einbindung
radikal-islamischer Organisationen insbesondere in den Bildungssektor, aber auch in die nationale und lokale Politik mit sich brachten, waren die 1990er Jahre vor allem ein Jahrzehnt der zunehmenden Armut und der Verschlechterung der inneren Sicherheitslage.
Der deutliche Rückgang des wirtschaftlichen Wachstums, eine weitere Verschlechterung der Infrastruktursituation im Land und die
missliche Finanzlage des Staates insgesamt schlugen sich in einem
Anstieg der Armut nieder. Der Anteil der Gesamtbevölkerung, der
unter der Armutsgrenze lebt, wuchs im Zeitraum von 1987/88 bis
1999/2000 von 17 auf 32 Prozent.[44] Dazu kam eine stetige Verschlechterung der Sicherheitslage im Land, die das Gewaltmonopol
des Staates immer weiter unterminierte.

Praktisch gleichzeitig erhöhte sich die gesellschaftliche Relevanz
radikal-islamischer Kräfte insbesondere durch ihr Engagement im
Bildungssektor. Die Bildungsarbeit ist in vielen religiös-extremistischen Milieus eine Priorität des eigenen Handelns, da damit der
Fortbestand bzw. die Ausbreitung der eigenen Weltanschauung
gesichert und zudem verlässlicher Nachwuchs aufgebaut werden
kann. Durch das Versäumnis der Regierung, die religiösen Schulen
(*madrasas*) landesweit zu registrieren und in weiterer Folge unter
staatliche Kontrolle zu stellen, existieren keine exakten Angaben
über die Anzahl. Laut Innenministerium in Islamabad gibt es in
Pakistan rund 13500 religiöse Schulen. Andere Einschätzungen
gehen von mindestens 20000 aus.[45] Die nicht registrierten dieser
rund 20000 Schulen unterrichten rund 1,5 Millionen Schüler,
deren Lerninhalte keinerlei Kontrolle unterliegen.[46] Das größte
Netzwerk dieser Schulen betreibt die radikal-islamische Partei
Jamiat Ulema-e-Islami, die auf lokaler Ebene in Baluchistan ein
Koalitionspartner der Partei des Diktators Pervez Musharraf ist. Die

---

[43] Vgl. dazu Cheema 2003, 48f.
[44] Hussain 2003, 132.
[45] International Crisis Group 2007, 5.
[46] International Crisis Group 2004.

Regierung tut sich daher aus politisch-strategischen Gründen schwer, in diesem Bereich mehr Initiative zu zeigen. Damit ist Pakistan aber einer der wichtigsten Ausbilder radikal-islamischer Anhänger, die ihre Tätigkeiten keinesfalls auf das pakistanische Staatsgebiet beschränken. In Pakistan selbst verüben islamistische Gruppen wie Jaish-e-Mohammed, Lashkar-e-Toiba oder Harkat-ul-Mujahedin, allesamt Gründungen der letzten zweieinhalb Jahrzehnte, Terroranschläge vor allem gegen die schiitische Minderheit des Landes und tragen damit entscheidend zu einer weiteren Verschlechterung der Sicherheitslage bei.[47]

Neben der bereits erwähnten Zunahme dschihadistischer Aktivitäten in Kaschmir auch auf pakistanischer Seite sind die neuen Dimensionen des Terrorismus in Pakistan vor allem die regionalen und transnationalen Vernetzungen, die sich in den letzten Jahren intensiviert haben. Die Vorgänge in Afghanistan, die die Taliban an die Macht brachten und damit auch die Präsenz der al-Qaida verstärkten, stehen in einem direkten Zusammenhang mit den innerpakistanischen Veränderungen. Die schwierige innenpolitische Lage in Pakistan ermöglichte intensive Kooperationen zwischen radikal-islamischen Organisationen im Land und den neuen politischen Kräften in Afghanistan. Auch das pakistanische Militär war involviert. Pakistanisches Militärpersonal unterstützte die Ausbildung islamistischer Kader, deckte Finanztransaktionen der betreffenden Organisationen und gab logistische Unterstützung. Die Motive dieser Kooperation sind nicht eindeutig geklärt, es dürfte aber eine Kombination aus strategischem Interesse an der Festigung der Macht der Taliban und ideologischer Gefolgschaft gewesen sein.[48] Einige der pakistanischen Islamistengruppen besitzen darüber hinaus transnationale Verbindungen. Insbesondere die pakistanische bzw. kaschmirische Diaspora in Nordamerika, Westeuropa oder in der Golfregion wird dazu genutzt, Trainingscamps außerhalb der Region zu unterhalten und Nachwuchs anzuwerben.[49]

Ein weiterer politischer Faktor im Zusammenhang mit Terrorismus ist der pakistanische Geheimdienst ISI. Die indische Regierung beschuldigte den Geheimdienst wiederholt der Mittäterschaft und direkten Unterstützung terroristischer Netzwerke, insbesondere zur innenpolitischen Schwächung Indiens. Die Vermutungen reichen von finanzieller Unterstützung über Propaganda bis zur

---

[47] Schneckener 2006, 92f.
[48] Sreedhar 2004, 64f; vgl. auch Schneckener 2006, 83f.
[49] Schneckener 2006, 94.

Ausbildung der Akteure.[50] In jedem Fall existiert in Pakistan eine enge Verflechtung aus staatlichen Strukturen, insbesondere Militär und Geheimdienst, und radikal-islamischen Organisationen, die ihre gesellschaftliche Relevanz auch durch eine wachsende Präsenz im Bildungssektor erhöhen. Das Staatsversagen, das sich in den letzten Jahren auf immer mehr Bereiche des gesellschaftlichen Lebens ausgebreitet hat, ist zur entscheidenden Rahmenbedingung für die Ausbildung eines Gewaltoligopols in Pakistan geworden, in dem der Staat selbst nur mehr ein Spieler von mehreren ist.

Terrorismus in und aus Bangladesch

Ähnlich wie Pakistan hat auch Bangladesch erhebliche wirtschaftliche Schwierigkeiten in Kombination mit einem nur eingeschränkt funktionierenden politischen System. Seit der Unabhängigkeit 1971 hat Bangladesch in zahlreichen Bereichen gesellschaftlicher Entwicklung Fortschritte erzielt, etwa in der Lebenserwartung oder der Schulbildung. Trotzdem sind die Ausgaben des Staates etwa für Gesundheit oder Bildung sehr niedrig und die Bevölkerung greift in diesen Bereichen auf alternative Anbieter auch aus dem radikal-islamischen Milieu zurück. Die nicht gesicherte Zahl von 64 000 religiösen Schulen, eine Anzahl, die in den letzten Jahren in jedem Fall stark angestiegen ist, zeugt von diesen Defiziten.[51] Dazu kommt ein extrem ineffizientes politisches System. Transparency International hat Bangladesch in zwei aufeinander folgenden Jahren (2000 und 2001) zum korruptesten Land weltweit erklärt.[52] Die Vetternwirtschaft des Zweiparteiensystems, die sich seit der Wiedereinführung der Demokratie im Jahre 1991 herausgebildet hat, stößt bei der Bevölkerung auf große Ablehnung. Im Gegensatz dazu präsentiert sich die Jamaat-e-Islami, eine islamisch-fundamentalistische Partei als korruptionsfrei, funktioniert intern wesentlich effizienter als die beiden staatstragenden Parteien und verzeichnet aus diesen Gründen einen langsamen, aber stetigen politischen Aufstieg.[53]

---

[50] Rao 2004, 186 und 194.
[51] Lintner 2002.
[52] Rahman 2003, 169.
[53] Rahman 2003, 172; Bangladesh Assessment 2006, nachzulesen unter http://www.satp.org/satporgtp/countries/bangladesh/index.htm. Letzter Zugriff: 3.6.2007.

Bangladesch war seit seiner Unabhängigkeit ebenso wie Indien mit unterschiedlichen Formen des Terrorismus konfrontiert, von denen der islamistisch motivierte nur einer war und ist. Neben der bereits erwähnten politischen Partei Jamaat-e-Islami sind vor allem zwei fundamentalistische Organisationen wesentlich, um die sich die kritischen Einschätzungen des Islamismus in Bangladesch drehen: die Jagrata Muslim Janata Bangladesh (»Erwachte Muslimmassen Bangladeschs«), die 2003 gegründet wurde und seither die islamische Revolution anstrebt, und die Jamaat-al-Mujahedin Bangladesh (»Partei der Gotteskrieger Bangladeschs«) aus dem Jahr 1998, die ebenfalls mit Gewalt die Demokratie bekämpft und die Einführung des islamischen Rechtes zum Ziel hat.[54] Bombenanschläge dieser beiden Gruppen haben sich in den vergangenen Jahren vor allem gegen die staatstragenden Parteien gerichtet, denen im Januar 2005 ein ehemaliger Finanzminister zum Opfer fiel.[55] Im August desselben Jahres explodierten in ganz Bangladesch mehr als 500 Bomben, die vor allem gegen staatliche Einrichtungen, Journalisten und Rechtsanwälte gerichtet waren. Die Urheberschaft wird dem islamistischen Milieu, insbesondere der Jamaat-al-Mujahedin zugesprochen.[56] Insgesamt besteht in Bezug auf den Islamismus in Bangladesch jedoch ein großes Forschungsdefizit, das es schwer macht, die wahren innenpolitischen Ausmaße genau zu bestimmen. Indien hat Bangladesch wiederholt beschuldigt, die Sezessionsbewegungen im indischen Nordosten zu unterstützen bzw. die von seinem Staatsgebiet aus operierenden Gruppen nicht entschieden genug zu bekämpfen. Nach indischen Angaben unterstützt auch der pakistanische Geheimdienst ISI diese Aktivitäten.[57] Der ISI wird laut Polizeiberichten auch mit pakistanischen und internationalen islamistischen Netzwerken in Zusammenhang gebracht, die von Bangladesch aus etwa die Anschläge in Marokko 2004 geplant haben sollen.[58] Auch der Anschlag auf das US-amerikanische Informations- und Kulturzentrum in Kolkata im Januar 2002 soll von Bangladesch aus initiiert worden sein.[59] Eindeutige Beweise dafür existieren aber nicht.

Die Einschätzungen darüber, wie weit die Durchdringung Bangladeschs von radikal-islamischen Organisationen fortgeschrit-

---

[54] International Crisis Group 2006, 16.
[55] Khan 2006, 180.
[56] Chattopadhyay/Habib 2006.
[57] Rahman 2003, 176.
[58] Chattopadhyay/Habib 2006.
[59] International Crisis Group 2006, 17.

ten ist, fallen unterschiedlich aus. Es scheinen sich aber Entwicklungen eingestellt zu haben, die darauf hindeuten, dass sich die Radikalisierung durch religiös-fundamentalistische Gruppen in den kommenden Jahren eher verschärfen wird. In Kombination mit einem politisch bedeutungslosen Parlament und korrupter Staatsverwaltung verfügt Bangladesch aber nicht über die notwendigen demokratischen und rechtstaatlichen Mittel, um sich gegen diesen inneren Zerfall des Staates zu wehren.

Zusammenfassung

Vor dem Hintergrund der langen Geschichte des Terrorismus als politischer Strategie in Südasien nimmt die Region in der Gegenwart wiederum eine zentrale Stellung im mittlerweile transnationalisierten Terrorismus ein. Vor allem die Stellung Pakistans und die auf seinem Territorium stattfindenden Entwicklungen haben eine Bedeutung, die über den Subkontinent weit hinausgeht. In Südasien selbst steht religiös motivierter Terrorismus in einem direkten Wechselverhältnis mit den zwischenstaatlichen Beziehungen der beteiligten Länder Indien, Pakistan und Bangladesch einerseits und mit den innenpolitischen Vorgängen in diesen Ländern andererseits. Als Sprechakte gelingt es terroristischen Aktionen in diesem staatlichen und gesellschaftlichen Spannungsfeld wiederholt, nicht nur Botschaften mitzuteilen, sondern die Wirklichkeit selbst und damit auch die politischen Verhältnisse zu verändern. Südasien befindet sich damit in einer Zwangslage, die diese Staaten zu einem gewichtigen Teil selbst zugelassen oder sogar aktiv hergestellt haben.

Die Relevanz des Phänomens Terrorismus wird sich bei ausbleibendem staatlichem Gegenlenken, das in erster Linie in der wirksamen Wahrnehmung der ureigensten, staatlichen Aufgaben besteht, eher noch vergrößern. Angesichts der ethnischen und religiösen Zusammensetzung Südasiens wäre eine solche Entwicklung auch international betrachtet verheerend, da sich in der Region zwei Atommächte in einem dauerhaften Kalten Krieg befinden, der auch von terroristischen Anschlägen bereits beeinflusst wurde und auch in Zukunft davon beeinflusst werden könnte.

Literatur

Advani 2001 = Lal Krishna Advani, Statement in Parliament by Home Minister L.K. Advani on Terrorist Attack on Parliament House on 13-12-2001 (BJP Publication No. E/18/2001), Neu Delhi 2001.

Ahmed 2003 = Imtiaz Ahmed, Contemporary Terrorism and the State, Non-State, and the Interstate: Newer Drinks, Newer Bottles, in: Sridhar K. Khatri/Gert W. Kueck (Hg.), Terrorism in South Asia. Impact on Development and Democratic Process, Neu Delhi 2003, 353-387.

Ali 2004 = Amir Ali, Terrorism and Genocide. Making Sense of Senselessness, in: Economic and Political Weekly, 7.2.2004.

Anderson/Sloan 1995 = Sean Anderson/Stephen Sloan, Historical Dictionary of Terrorism (Historical Dictionaries of Religions, Philosophies and Movements, Nr. 4), Metuchen, N.J., London 1995.

Bourdieu 1998 = Pierre Bourdieu, Praktische Vernunft. Zur Theorie des Handelns, Frankfurt am Main 1998.

Bunsha 2005 = Dionne Bunsha, Still a burning question, in: Frontline 3 (2005).

Chatterjee 1998 = Partha Chatterjee, Secularism and Tolerance, in: Rajeev Bhargava (Hg.), Secularism and its Critics, Delhi 1998, 345-379.

Chattopadhyay/Habib 2006 = Suhrid Sankar Chattopadhyay/Haroon Habib, Challenges in the East, in: Frontline 1 (2006), 11-13.

Cheema 2003 = Pervaiz Iqbal Cheema, Post-11 September Developments: A Pakistani Perspective, in: Dipankar Banerjee/Gert W. Kueck (Hg.), South Asia and the War on Terrorism. Analysing the Implications of 11 September, Neu Delhi 2003, 39-50.

Derrida/Habermas 2003 = Jacques Derrida/Jürgen Habermas, Le »concept« du 11 septembre. Dialogue à New York (octobre-décembre 2001) avec Giovanna Borradori, Paris 2004.

Evans 2001 = Alexander Evans, Talibanising Kashmir?, in: The World Today, December, 14-16.

Franck 2007 = Georg Franck, Ökonomie der Aufmerksamkeit. Ein Entwurf, München 2007.

Ganguly 2007 = Sumit Ganguly, The Roots of Religious Violence in India, Pakistan and Bangladesh, in: Linell E. Cady/Sheldon W. Simon (Hg.), Religion and Conflict in South and Southeast Asia. Disrupting violence, London-New York 2007, 70-84.

Hay 1992 = Stephen Hay, Sources of Indian Tradition. Volume Two: Modern India and Pakistan. Edited and revised by Stephen Hay, Neu Delhi u. a. 1992 (1. Aufl. 1958).

Hazarika 2006 = Sanjoy Hazarika, Terrorism and Subalternity – III: India and the Sub-nationalist Movements in Mizoram and Nagaland, in: Imtiaz Ahmed (Hg.), Understanding Terrorism in South Asia. Beyond Statistic Discourses, Neu Delhi 2006, 345-370.

Heehs 1998 = Peter Heehs, Nationalism, Terrorism, Communalism. Essays in Modern Indian History, Delhi 1998.

Hussain 2003 = Akmal Hussain, Terrorism, Development and Democracy: The Case of Pakistan, in: Sridhar K. Khatri/Gert W. Kueck (Hg.), Terrorism in South Asia. Impact on Development and Democratic Process, Neu Delhi 2003, 123-134.

Hussain 2004 = Wasbir Hussain, Insurgency in India's Cross-border Links and Strategic Alliances, http://www.satp.org/satporgtp/publication/faultlines/volume17/Wasbir.pdf. Letzter Zugriff: 28.5.2007.

International Crisis Group 2004 = International Crisis Group, Unfulfilled Promises: Pakistan's Failure to Tackle Extremism (Asia Report No. 73), http://www.crisisgroup.org/library/documents/asia/south_asia/073_unfulfil_promises_pakistan_extr.pdf. Letzter Zugriff: 7.6.2007.

International Crisis Group 2006 = International Crisis Group, Bangladesh Today (Asia Report No. 121), http://www.crisisgroup.org/library/documents/asia/south_asia/121_bangladesh_today.pdf. Letzter Zugriff: 28.5.2007.

International Crisis Group 2007 = International Crisis Group, Pakistan: Karachi's Madrasas and Violent Extremism (Asia Report No. 130 – 29 March 2007), http://www.crisisgroup.org/library/documents/asia/south_asia/130_pakistan_karachi_s_madrasas_and_violent_extremism.pdf. Letzter Zugriff: 7.6.2007.

International Initiative for Justice 2003 = International Initiative for Justice, Threatened Existence: A Feminist Analysis of the Genocide in Gujarat, http://www.onlinevolunteers.org/gujarat/reports/iijg/2003/. Letzter Zugriff: 4.6.2007.

Juergensmeyer 2004 = Mark Juergensmeyer, Terror im Namen Gottes. Ein Blick hinter die Kulissen des gewalttätigen Fundamentalismus, Freiburg-Basel-Wien 2004.

Kaviraj 1984 = Sudipta Kaviraj, On the crisis of political institutions in India, in: Contributions to Indian Sociology (new series) 18/2 (1984), 223-243.

Khan 2006 = Shahedul Anam Khan, The State and the Limits of Counter-Terrorism – II: The Experience of India and Bangladesh, in: Imtiaz Ahmed (Hg.), Understanding Terrorism in South Asia. Beyond Statistic Discourses, Neu Delhi 2006, 153-201.

Kothari 1964 = Rajni Kothari, The Congress »System« in India, in: Asian Survey 4 (12), 1161-1173.

Knudsen 2002 = Are Knudsen, Political Islam in South Asia, Bergen 2002.

Lintner 2002 = Bertil Lintner, A Cocoon of Terror, in: Far Eastern Economic Review, 4.4.2002.

Mehra/Sharma 2006 = Ajay K. Mehra/O.P. Sharma, Terrorism and the Rule of Law. An Indian Perspective (KAF Publication Series No.6), Neu Delhi 2006.

Mitra 2000 = Subrata Kumar Mitra, Between transaction and transcendece: The state and the institutionalisation of power in India, in: Subrata Kumar Mitra (Hg.), The Post-Colonial State in Asia. Dialectics of Politics and Culture, New York u. a. 1990, 73-99.

Mitra 2001 = Subrata K. Mitra, Desecularising the State: Religion and Politics in India after Independence, in: Comparative Studies in Society and History, 33 (1991), 755-777.

Nasr 2002 = S.V.R. Nasr, Islam, the State and the Rise of Sectarian Militancy in Pakistan, in: Christophe Jaffrelot (Hg.), Pakistan. Nationalism without a Nation?, Neu Delhi 2002, 85-114.

Rahman 2003 = A.K.M. Atiqar Rahman, Economic Costs of Terrorism in South Asia: The Case of Bangladesh, in: Sridhar K. Khatri/Gert W.

Kueck (Hg.), Terrorism in South Asia. Impact on Development and Democratic Process, Neu Delhi 2003, 69-80.

Ramakrishnan 2005 = Venkitesh Ramakrishnan, Back to Ayodhya, in: Frontline 15 (2005), 4-9.

Rao 2004 = J. Laxmi Marasimha Rao, Jihad and Cross-Border Terrorism in South Asia, in: A. Subramanyam Raju (Hg.), Terrorism in South Asia: Views from India, Neu Delhi 2004, 173-204.

Rashid 1999 = Ahmed Rashid, Talibanisation, in: The Nation, 18.11.1999.

Schied 2004 = Michael Schied, Der religiöse Fundamentalismus in politischen Systemen. Pakistan im politischen Spannungsfeld von Religion, Ethnie und Ideologie, in: Clemens Six/Martin Riesebrodt/Siegfried Haas (Hg.), Religiöser Fundamentalismus. Vom Kolonialismus zur Globalisierung (Querschnitte 16), Innsbruck-Wien-München-Bozen 2004, 227-245.

Schneckener 2006 = Ulrich Schneckener, Transnationaler Terrorismus. Charakter und Hintergründe des »neuen« Terrorismus, Frankfurt am Main 2006.

Shri Ram Janamabhoomi Nyasa 2001 = Shri Ram Janamabhoomi Nyasa, Some Frequently Asked Questions on Shri Rama Janmabhoomi of Ayodhya, Uttar Pradesh, India, Neu Delhi 2001.

Six 2006 = Clemens Six, Hindi-Hindu-Hindustan. Politik und Religion im modernen Indien, Wien 2006.

Sreedhar 2004 = T. Sreedhar, New Trends in Terrorism and Violence: Pakistan-Taliban-Al Qaeda, in: A. Subramanyam Raju (Hg.), Terrorism in South Asia: Views from India, Neu Delhi 2004, 57-73.

Swami 2006 = Praveen Swami, Maximum Terror and its mechanisms, in: Frontline 14 (2006), 4-9.

Thackrah [2]2004 = John Richard Thackrah, Dictionary of Terrorism, London-New York [2]2004.

Waldmann 2003 = Peter Waldmann, Das terroristische Kalkül und seine Erfolgsaussichten, in: Wolfgang Schluchter, Hg, Fundamentalismus Terrorismus Krieg, Weilerswist 2003, 87-109.

Waldmann 2005 = Peter Waldmann, Terrorismus. Provokation der Macht, Hamburg 2005 (1. Aufl. 1998).

Wickramsinghe 2006 = Nira Wickramsinghe, Unthinking the Terrorism-Globalization Nexus, in: Imtiaz Ahmed (Hg.), Understanding Terrorism in South Asia. Beyond Statistic Discourses, Neu Delhi 2006, 371-410.

Witschel 2003 = Georg Witschel, Global Terrorism: Trends and Response, in: Sridhar K. Khatri/Gert W. Kueck (Hg.), Terrorism in South Asia. Impact on Development and Democratic Process, Neu Delhi 2003, 21-31.

Wer und Was ist die LTTE?

DAGMAR HELLMANN-RAJANAYAGAM

Einführung

Am 25. März 2007 geriet Colombo, die Hauptstadt Sri Lankas in Panik: Die Liberation Tigers of Tamil Eelam (LTTE) flogen mit tschechischen Kleinflugzeugen[1] mehrtägige Luftangriffe gegen den Flughafen Katunayake. Die Fotos des Angriffs auf Katunayake räumten alle Zweifel über die seit Jahren vermutete embryonale Luftwaffe der LTTE aus. In den Medien entspann sich eine Kontroverse, ob diese Angriffe Terrorangriffe seien, wie die Regierung meinte, oder ob es sich, wie die South Asia Analysis Group darlegte, um legitime militärische Aktionen handle.[2] Damit ist das Problem der LTTE schon umgrenzt: Was für eine Organisation ist sie eigentlich? Eine Guerillaorganisation, eine Terrororganisation, eine konventionelle Armee mit 5000 bis 10000 Mann, die über eine eigene Luftwaffe mit, wenn auch winzigen, Flugzeugen und eine schlagkräftige Seeflotte verfügt? Eine Truppe, die in einem Bürgerkrieg um ihren eigenen Staat kämpft, aber gleichzeitig Bombenanschläge und Selbstmordattentate durchführt, Politiker ermordet und Kindersoldaten anwirbt, unter einem, je nach Sichtweise, charismatischen oder diabolischen Führer, V. Prabhakaran; die aber gleichzeitig gleichberechtigter Gesprächspartner in Waffenstillstands- und Friedensverhandlungen war?

1992 verbot Indien die Gruppe,[3] 1997 die USA, Großbritannien im Jahr 2001. Im September 2005 untersagte die EU LTTE-Mitgliedern die Einreise in EU-Länder, und Anfang 2006 erklärte sie sie erwartungsgemäß zur Terrororganisation, weil sie nicht auf Gewalt verzichte. Die Gewalt der srilankischen Regierung dagegen verteidigte der Erzbischof von Canterbury öffentlich als ›chirurgi-

---

[1] Economist 2007, 10.
[2] Ubayasiri 2007; Raman 2007b; Raman 2007a.
[3] Sri Lanka Monitor, May 1992.

sche Militärschläge‹ gegen eine illegitime Gruppe (um sich nachher
als falsch zitiert darzustellen).[4]

Von der Studentenorganisation zur Quasi-Regierung

Die Geschichte der LTTE habe ich an anderer Stelle ausführlich be-
handelt[5] und umreiße sie hier nur kurz: Ursprünglich entstanden
alle Guerillagruppen in Sri Lanka aus Studentenorganisation der
Federal Party (FP) bzw. der TULF (Tamil United Liberation Front),
eines Zusammenschlusses aller Tamilparteien. 1977 fanden Wahlen
statt, in denen die TULF mit der Forderung nach einem unabhängigen Tamilenstaat antrat, da die Regierung die verlangte Autonomie verweigerte. Unzufrieden mit der vorsichtigen Haltung der
›Väter‹, die auf parlamentarischem Wege um ihre Rechte kämpften,
dabei aber nur mäßige Erfolge zu verzeichnen hatten, formierten
sich in den frühen 70er Jahren militante Gruppen unterschiedlicher
politischer Anbindung. Die LTTE nannte sich ursprünglich TNT
(Tamil New Tigers), ab 1976 LTTE und verfolgte ein gemäßigt
sozialistisches Programm. Viele Gruppen, vor allem die Marxisten/
Leninisten (EPRLF = Eelam People's Revolutionary Liberation
Front) orientierten sich an den Zielen der radikalen Studentenorganisation JVP (Janatha Vimukti Peramuna) auf singhalesischer Seite,
die 1971 mit einem gewaltsamen Aufstand alte Machtstrukturen
hinwegzufegen versucht hatte.

Im Gegensatz zu den meisten anderen Gruppen stammten die
LTTE-Mitglieder aus allen sozialen Schichten und Kasten; Prabhakaran gehörte nicht der höchsten Kaste der Vellalar, sondern den
Karaiyar, einer Fischer- und Soldatenkaste an. Im Lauf der Zeit
konnte die LTTE alle anderen militanten Gruppen ausschalten und
sich als einzige Vertreterin der Tamilen in Sri Lanka darstellen. Sie
präsentierte sich als Wächter und Hüter tamilischer Kultur. In ihrer
Propaganda griff sie auf die antike tamilische heroische Literatur
zurück wie auch auf Ideen des indischen Freiheitskampfes.

Im Großen und Ganzen blieben alle Gruppen klein und un-
bedeutend, bis die Regierung Jayawardene 1979 ein Anti-Terrorge-
setz verabschiedete, das Armee und Polizei in Jaffna weitreichende
Befugnisse gab und damit die Gewalt, die man verhindern wollte,
erst hervorbrachte. Versuche zur politischen Beilegung des Konflik-

---

[4] Tamilnet 2007a.
[5] Hellmann 2007; Hellmann 1998a.

tes waren halbherzig und erfolglos. Mit voller Härte brach der
Bürgerkrieg 1983 nach den regierungsgesteuerten Massakern an
den Tamilen in Colombo aus. Diese Angriffe waren angeblich die
Vergeltung für die Ermordung von 13 Soldaten durch die LTTE.
Bis 1987 entwickelte sich die LTTE von einer Gruppe militanter
Jugendlicher zu einer schlagkräftigen Guerilla, die die Armee in
schwere Bedrängnis brachte. Nach 1987 wandelte sie sich in eine
konventionelle oder nahezu konventionelle Truppe.

Vom Indo-Lanka Accord zum Sieg der PA 1995

Am 29. Juli 1987 wurde das anfangs als Lösung des Problems ge-
feierte Indo-Lanka-Abkommen geschlossen. Seine Regelungen
erfüllten die wichtigsten Forderungen der Tamilen: weitgehende
Autonomie in ihren Wohngebieten und gleicher Status für die
Tamil- und Sinhalasprache. Vorausgegangen war dem Abkommen
eine wegen der zivilen Verluste von Indien scharf kritisierte Offensive der Armee gegen die tamilischen Stellungen im Norden.[6]
    Das Abkommen hatte zwei Schönheitsfehler: Die Militanten
waren daran nicht aktiv beteiligt, und in einem geheimen Zusatz-
protokoll wurde Indien weitgehender Einfluss auf die Formulie-
rung srilankischer Außenpolitik eingeräumt. Es führte daher zu
heftigen Protesten der JVP und des buddhistischen Klerus und zu
einem gewaltsamen Aufstand. Zur Entwaffnung der Militanten
wurde die IPKF (Indian Peacekeeping Force) nach Jaffna entsandt.
Querelen über die Zusammensetzung einer Interimsverwaltung
und ein Massenselbstmord von zwölf verhafteten Mitgliedern der
LTTE führten zu Kämpfen mit der IPKF,[7] die bis zu deren Abzug
im März 1990 andauerten und den guten Willen, der den Indern
anfangs entgegengebracht worden war, zerstörten.[8] Der neue Präsident von der United National Party (UNP), Premadasa, nahm tak-
tische Verhandlungen mit der LTTE auf, um die ungeliebte IPKF
aus dem Land zu bekommen[9] und um im Süden für die Nieder-
schlagung des JVP-Aufstandes freie Hand zu haben. Sobald das be-
werkstelligt und die IPKF abgezogen war,[10] begann im Juni 1990

---

[6] Guardian 1987a.
[7] Guardian 1987c, 8.
[8] Tamil Times *1989a*, 4; Hellmann-Rajanayagam 88/89.
[9] Tamil Times1989b, 40.
[10] Frontline 1989 SS. 102/03.

Eelam Krieg II. Trotz einiger Anfangserfolge der Armee dehnte die LTTE das Gebiet unter ihrer Kontrolle aus. Bemühungen um Friedensgespräche blieben erfolglos, da die LTTE die Vorbedingungen der Regierung ablehnte.[11] Die Hoffnungen auf erneute indische Vermittlung zerschlugen sich mit der Ermordung Rajiv Gandhis am 21. Mai 1991 endgültig. Obwohl die alleinige Verantwortlichkeit der LTTE bis heute nicht zweifelsfrei nachgewiesen werden konnte, war ihre Reputation in Indien auf Jahre hinaus zerstört.[12]

Im Januar 1993 verübte der internationale Sprecher der LTTE, Sathasivam Krishnakumar (Kittu), vor der Küste Indiens Selbstmord, nachdem sein Schiff von der Marine aufgebracht worden war.[13] Im Mai wurden innerhalb weniger Tage Sicherheitsminister Lalith Athulathmudali und Präsident Premadasa ermordet. Entgegen ursprünglichen Annahmen war die LTTE wohl in keinem der beiden Fälle verantwortlich.[14] 1994 gewann Chandrika Kumaratungas PA (People's Alliance) die Parlaments- und Präsidentschaftswahlen mit dem Versprechen, den Bürgerkrieg zu beenden. Im April 1995 brach die LTTE die Gespräche mit Chandrika unter internationaler Missbilligung ab, obwohl sie ihre Gründe für den Schritt ausführlich darlegte.[15] Ende 1995 eroberte die Armee im Eelam Krieg III Jaffna zurück, allerdings als Geisterstadt: Die LTTE hatte, um Zivilverluste zu vermeiden, die gesamte Bevölkerung ins Vanni evakuiert und sich in befestigte Bunker zurückgezogen.

Entwicklungen bis 2001

Die LTTE-Verbote behinderten den Geld- und Waffennachschub aus der Diaspora nur unwesentlich. Es kam zu weiteren Anschlägen. Aus dem Vanni startete sie ihre Gegenoffensive, im Verlauf derer sie bis 2000 alle verlorenen Orte, einschließlich des als uneinnehmbar geltenden Basislagers Elephant Paß, den Zugang zur Halbinsel Jaffna, zurückeroberte und die Armee bis Vavuniya zurücktrieb.[16] Die Armee konnte wichtige Orte an der A9, der einzigen direkten Verbindung von Colombo nach Jaffna, nicht gewinnen,[17] obwohl

---

[11] Ulakat Tamilar? (Tamilen der Welt) 1991, 1.
[12] India Today 1991, SS. 22-29.
[13] Sri Lanka Monitor 1993; Hindu 1993.
[14] Tamilnet 1997.
[15] Balasingham, Anton 2000; Balasingham, Adele 2001.
[16] Hellmann-Rajanayagam 1998b, 5-10.
[17] Hindustan Times 1997.

sie über zwei Jahre hinweg behauptete, die letzten zwei Prozent der
A9 werde man ›demnächst‹ in ›mopping-up operations‹ einnehmen.[18] Ausländische Hilfe hielt den LTTE-Vormarsch bei Chavakaccheri auf. Seit Heiligabend 2000 hatte die LTTE eine einseitige,
jeweils monatlich verlängerte Waffenruhe ausgerufen, die bis April
2001 inoffiziell beide Seiten einhielten. Im August 2001 unternahm die LTTE einen Selbstmordangriff auf den Militärflughafen
Katunayake, bei dem fast die ganze Luftflotte vernichtet wurde.
Der Angriff schockierte das Land wie selten etwas zuvor: Er zeigte
die Schwäche und Korruption der Armee und schürte Ängste über
die wirtschaftlichen Folgen des Bürgerkrieges. Die Panik bei den
Luftangriffen von 2007 erstaunt also nicht.

Die Meinungen darüber, inwieweit die Ereignisse vom 11. September 2001 die Entwicklungen in Sri Lanka beeinflusst haben,
gehen auseinander. Die singhalesische Seite behauptet, der Anschlag
und die darauf folgenden Anti-Terrormaßnahmen hätten die LTTE
zu Verhandlungen bewogen; die LTTE leugnet dies entschieden.
Verhandlungen hatten tatsächlich schon vor dem 11. September
begonnen. Auf Druck des Auslandes berief die Regierung 1999 den
norwegischen Vermittler Erik Solheim und erfüllte damit eine
lange bestehende Forderung der LTTE. 2001 wurde er vom norwegischen Botschafter abgelöst. Aber dass die Katastrophe von New
York die Entwicklung beschleunigt hat, ist sehr wahrscheinlich.

Die Parlamentswahlen nach einem knapp gewonnenen Miss-
trauensvotum im Juni 2001 gewann die Opposition. Der Koalition
UNF (United National Front) gehörte auch die der LTTE nahestehende TNA (Tamil National Alliance) an, die acht Prozent der
Stimmen und 22 Sitze errang. Das Wahlergebnis führte zu einer
unbehaglichen ›Kohabitation‹ der Präsidentin mit der Regierung
von Premierminister Ranil Wickremasinghe.

Das Ceasefire Agreement (CFA) 2002

Das am 22. Februar 2002 unterzeichnete Waffenstillstandsabkom-
men[19] enthielt Bestimmungen über die Kontrolle der von den verfeindeten Parteien kontrollierten Gebiete, (Art. 1.4), für den zeit-
lich gestaffelten Rückzug der Armee aus öffentlichen und privaten
Gebäuden (Art. 2.3-5) und über den freien, unbewaffneten Zugang

---

[18] Hellmann-Rajanayagam 1998b.
[19] CFA 2002.

durch die jeweils vom Gegner besetzten Gebiete für alle (Art. 1.9-1.12). Damit war zum ersten Mal seit vielen Jahren die fast ungehinderte Reise von Colombo nach Jaffna wieder möglich. Die SLMM (Sri Lanka Monitoring Mission) unter norwegischer Leitung sollte den Waffenstillstand überwachen und Verstöße dokumentieren und monieren (Art. 4). Eine Kündigung des Abkommens ist nur möglich gegenüber der norwegischen Regierung mit einer Vorlaufzeit von 14 Tagen (Art. 4.4). Dies ist bisher nicht geschehen. Sechs Verhandlungsrunden über das weitere Vorgehen wurden durchgeführt.

Am 21. April 2003 kündigte die LTTE die Suspendierung der Verhandlungen an und weigerte sich, an der Geberländerkonferenz in Tokio im Juni desselben Jahres teilzunehmen, da sie zu den Vorgesprächen in Washington nicht eingeladen worden war. Sie gab an, dass die sechs Verhandlungsrunden kein Ergebnis gebracht hätten und wichtige Punkte des CFA nicht eingehalten würden. Es gebe auch keine sichtbare ›Friedensdividende‹; die versprochene wirtschaftliche Entwicklung sei ausgeblieben.[20] Beide Seiten beschuldigten einander gegenseitig der Verletzung des Waffenstillstands.[21]

Die LTTE verstand die Aussetzung der Gespräche aber nicht als Kündigung des CFA. Der Leiter der SLMM stimmte dieser Einschätzung zu.

ISGA und die Folgen

Am 31.Oktober/1. November 2003 legte die LTTE ihre Vorstellungen über eine Interimslösung für die Tamilengebiete, ISGA (Interim Self-Governing Authority) vor.[22] Neben normativen Aussagen über ihre Kontrolle des Vanni und die ungenügenden Verfassungen von 1972 und 1978 enthielt das Dokument Regelungen über die Zusammensetzung der ISGA mit absoluter Mehrheit für die LTTE, die Bestellung eines Verwalters für die Nord- und Nordostprovinz, die Laufzeit (Art. 2.1-2.4, Art. 3) sowie über die politischen und finanziellen Vollmachten für die ISGA (Art. 9-11) und die säkulare Ausrichtung der Institution (Art. 5). Es wiederholte im Wesentlichen Forderungen nach weitgehender Autonomie, wie sie schon seit den 50er Jahren im Banda-Chelva-Pakt von 1958 nieder-

---

[20] Utayan? 2003, 10.
[21] Pers. Information SLMM Jaffna, 7.9.2005.
[22] Peace Secretariat 2003.

gelegt und im Indo-Lanka-Accord bekräftigt worden waren. Trotzdem wurde die ISGA als Quasi-Unabhängigkeitserklärung angeprangert.

2005 war wieder ein Jahr politischer Morde: Im Februar wurde
der politische Beauftragte der LTTE für die Ostprovinz, Kausalyan,
von unbekannten Tätern getötet.[23] Vermutlich als Vergeltung dafür
wurde im August Außenminister Lakshman Kadirgamar ermordet,[24] obwohl die LTTE ihre Verantwortung leugnete. Der Anschlag war der Grund für das Einreiseverbot in die EU.

Der traurige Höhepunkt des seit 2004 tobenden ›Schattenkrie-
ges‹ war der ›Mord im Dom‹ am Weihnachtstag 2005 in Batticaloa: Der der LTTE nahestehende TNA-Abgeordnete für Batticaloa, Joseph Pararajasingham, wurde während der Christmesse in der
Kathedrale erschossen.[25]

Die Präsidentschaftswahlen vom November 2005 gewann der
als Hardliner geltende SLFP-Premierminister, Mahinda Rajapakse.
Im April 2004 hatte in vorgezogenen Wahlen bereits die UPFA
(United People's Freedom Alliance), eine Koalition von SLFP (Sri
Lanka Freedom Party), JVP und einigen muslimischen Parteien,
die Wahlen gewonnen. Von außen unterstützte eine Partei radikaler
Mönche, die den Waffenstillstand ablehnten, JHU (Jathika Helu
Urumaya) die Regierung.

Eskalation der Gewalt seit 2006

Seit 2006 hat die Gewalt zugenommen. Gefechte in den Kriegs-
gebieten und Bombenanschläge auf Busse und staatliche Einrichtungen im ganzen Land forderten militärische und zivile Opfer.
Große Aufmerksamkeit fand ein Bombenanschlag auf den Konvoi
des pakistanischen Hochkommissars in Colombo im August, der
zeitgleich mit einem Armee-Luftangriff auf ein tamilisches Kin-
derheim in Sencholai geschah. Die LTTE warf der Armee vor, tamilische Zivilisten als menschliche Schutzschilde zu benutzen. Am
22. Februar 2007 berichtete die SLMM, dass in den vergangenen 15
Monaten 4000 Menschen, meist Zivilisten, bei Gewaltakten ge-
storben seien. Demgegenüber standen 130 Todesopfer in den ersten drei Jahren des Waffenstillstandsabkommens. Einen Tag später

---

[23] Daily Mirror 2005, 1.
[24] Tamilnet 2005b.
[25] Tamilnet 2005c.

schloß die SLMM wegen der zunehmenden Gefahr ihr Büro in Vavuniya.

Angeblich aus Sicherheitsgründen wurde der Übergang ins Vanni bei Omanthai im August 2006 von der Armee geschlossen. Nur noch sporadisch und nach Absprache mit dem IKRK können Zivilisten passieren.

Wie so oft begann die Krise im Osten: Mitte 2004 hatte sich der LTTE-Kommandeur für Batticaloa im Osten, Karuna (Muralitharan), von Prabhakaran losgesagt und die Tamil National Force (TNF) aufgebaut. Die Kontrolle der LTTE über diese Kader war wegen der Entfernungen und des Mangels an einem direkten Zugang immer ungenügend, so dass Karuna nach eigenen Gesetzen und Regeln agierte. Nach heftigen Kämpfen floh Karuna angeblich nach Singapur, meldete sich jedoch bald lautstark und gewalttätig zurück und kooperiert seitdem mit der Armee.[26] Die Armee hat damit, wie in den 90er Jahren mit den home guards, ein williges Instrument für militärische Aktionen an der Hand, in die sie nicht selbst verwickelt werden oder als verwickelt gesehen werden will.[27]

Bei der von der SLMM überwachten Öffnung einer tagelang blockierten Bewässerungsschleuse in Mavil Aru griffen Regierungstruppen mit Kampfhubschraubern an und gefährdeten den SLMM-Vertreter akut. Bis Anfang 2007 entriss die Armee der LTTE die Kontrolle über fast alle ihre Stützpunkte im Osten. Im Augenblick wird das angeblich letzte LTTE-Lager in Thoppigala heftig umkämpft, und es heißt seit Wochen, es werde ›in wenigen Tagen‹ überrannt.[28] Der Verdacht besteht, dass es sich hier um etwas Ähnliches handelt wie um die berühmten zwei Prozent der A9, die die Armee seit 1995 nur noch einnehmen müsse.[29]

Am 27. Februar 2007 musste die Regierung eine schwere PR-Niederlage hinnehmen: Botschafter mehrerer Länder, darunter der deutsche, wurden bei der Landung ihres Hubschraubers in Batticaloa von der LTTE beschossen, obwohl die Regierung versichert hatte, es bestehe keine Gefahr, sie habe den Osten unter Kontrolle. Die LTTE erklärte, sie sei über die Anreise von Diplomaten nicht informiert gewesen.

Nach den Luftangriffen der LTTE hat die Regierung von einer geplanten Offensive im Norden Abstand genommen und vermehrt

---

[26] Tamilnet 2004c; Tamilnet 2004b; Tamilnet 2004a.
[27] Gnanadass 2006; Athas 2005.
[28] Athas 2007.
[29] Balachandran 2007.

Sicherheitskräfte in und um Colombo zusammengezogen.[30] Das ermöglichte der LTTE einen erfolgreichen Angriff auf eine Marinebasis in Delft (Neduntivu) am 24. Mai

Politische Entwicklungen

Gespräche zwischen der Regierung und der LTTE am 27. und 28. Oktober 2006 in Genf über die Einhaltung des Waffenstillstandsabkommens blieben ergebnislos, weil die LTTE-Forderung nach Öffnung des Übergangs zwischen Omantai und Puliyankulam nicht erfüllt wurde.

Am 1.April 2007 trat ein neuer Sicherheitsplan in Kraft, der der Armee weitreichende Vollmachten zur Abriegelung und Durchsuchung von Häusern und Ortschaften gibt.

Kritische Anmerkungen zum Vorgehen der Regierung häuften sich. Am 20.April 2007 berichtete der Daily Mirror, die Regierung denke daran, den deutschen Botschafter zur persona non grata zu erklären, da er sich zur Lage und zur Menschenrechtssituation kritisch geäußert hatte.

Nach jedem Anschlag, der der LTTE zugeschrieben wird, werden willkürlich Tamilen im ganzen Land verhaftet. Tamile wird mit ›Terrorist‹ gleichgesetzt. Eine Verzweiflungstat der Regierung scheint die ›ethnische Säuberung‹ in Colombo vom Juni 2007 gewesen zu sein: Tamilen wurden aus Hotels, Gästehäusern und Pensionen getrieben, mit vorgehaltener Waffe in Busse verfrachtet und nach Norden gekarrt. Der internationale Aufschrei ließ die Regierung von dieser Maßnahme Abstand nehmen.[31]

Regierung und Verwaltung in Kilinocchi

Inzwischen kontrolliert die LTTE 70 Prozent des Nordostens und hat die Verwaltung de facto und praktisch de jure übernommen. Zunächst einmal wird kurz die Verwaltungsstruktur im Vanni dargestellt (das Diagramm ist nicht vollständig):

---

[30] Hariharan 2007.
[31] Tamilnet 2007b; Tamilnet 2007c.

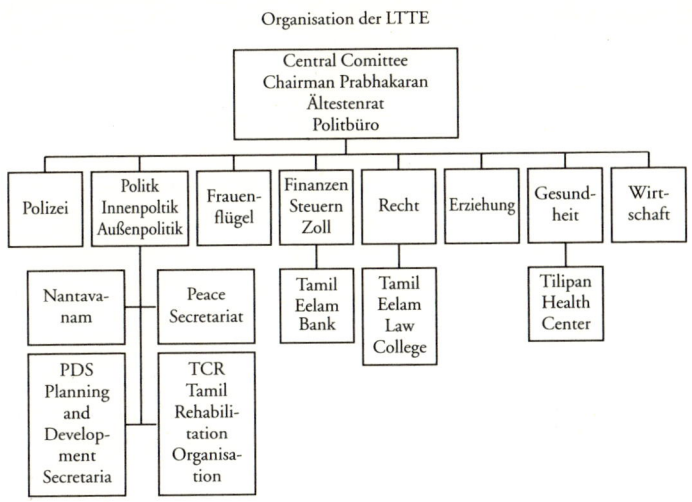

Diagramm 1:
Verwaltungsstruktur der LTTE

An der Spitze steht das Zentralkomitee der LTTE, die sich ausdrücklich als ›nationale Bewegung‹ versteht. Der Vorsitzende ist Prabhakaran; dem Zentralkomitee gehören zudem mehrere Senior-Mitglieder, eine Art Ältestenrat, an. Dieser bildet das Politbüro. Ihm unterstehen die Abteilungen für Finanzen, Rechtsprechung, Polizei, Militär, Erziehung sowie der politische Flügel und der Frauenflügel. Zur Finanzabteilung gehören die Tamil Eelam Bank und die verschiedenen Zoll- und Steuerbehörden. Dem politischen Flügel unterstehen sowohl das Friedenssekretariat als auch das PDS (Planning and Development Secretariat). Während die Polizei autonom ist, arbeitet das PDS mit der Regierung in Colombo zusammen, und das Friedenssekretariat befasst sich mit Konfliktlösungen und hält den Kontakt zur SLMM, ausländischen Vertretungen und zu Colombo.

Ein Aspekt der Selbstverwaltung im Vanni, der viele Beobachter verwirrt und Aktive oft irritiert, ist die Entwicklung einer parallelen Verwaltungsstruktur: Außer Polizei und Gerichtsbarkeit gibt es alle Behörden doppelt, die der LTTE und spiegelbildlich die der Regierung.

Es gibt unterschiedliche Auffassungen, weshalb die LTTE das zulässt: LTTE-Sprecher sagen, man dupliziere keine Strukturen, sondern ergänze einander, z. B. bei der Erziehung und im Gesundheitswesen.[32] Man wolle diese Behörden nicht auflösen, da in ihnen Tamilen beschäftigt seien, die für das Wohl der Tamilen arbeiten.[33]

Laut eigenen Aussagen ist die LTTE noch keine richtige, auf jeden Fall eine sehr arme Regierung.[34] Sie finanziert sich aus Steuern, vor allem kommerziellen Steuern für private Unternehmen, Zöllen, Visagebühren, aus den Unternehmen, die das Finanzsekretariat unterhält, Restaurants, Landwirtschaft, Salzgewinnung. Angeblich besitzt die LTTE keine Unternehmen im Ausland, erhält aber Spenden aus der Bevölkerung und aus der Diaspora.[35]

Anspruch und Wirklichkeit

Dieser Wirklichkeit stehen Ansprüche gegenüber, die keine Seite einlösen kann.

Die Regierung erhält die Fiktion aufrecht, sie habe immer noch die Kontrolle über das ganze Land, die LTTE versteht sich als Staat im Werden. Die Uneinlösbarkeit der Fiktion wurde besonders nach dem Tsunami deutlich. Die pragmatische Zusammenarbeit zwischen den verfeindeten Brüdern war nicht von Dauer.[36] Im März 2005 unterschrieb eine LTTE-Delegation in Oslo einen Entwurf über die Koordination der Tsunamihilfe. Die Regierung unterzeichnete das P-TOMS (Post-Tsunami Organisational Management Structure) genannte Dokument erst im Juni 2005. Dies waren lediglich Durchführungsanordnungen und Verwaltungsbestimmungen, gegen die die JVP trotzdem einen Sturm des Protestes erhob. Sie verließ die Koalition und focht das Abkommen vor dem Obersten Gerichtshof an. Organisation und Verteilung der Hilfe stünden auch in den Gebieten unter LTTE-Kontrolle allein der Regierung zu.[37] Nur wenn die LTTE dies akzeptiere, könne sie Hilfe erwarten.[38] Der oberste Gerichtshof erklärte P-TOMS für ungültig.

P-TOMS regelte vor allem die Zusammensetzung und Befugnisse von Ausschüssen zur Koordinierung der Hilfe auf Regierungs-, Provinz- und Bezirksebene, deren Finanzierung durch inter-

---

[32] Puleedevan 2005.
[33] Puleedevan 2005.
[34] Thilakar 2005a.
[35] Nadesan 2005.
[36] Hellmann-Rajanayagam/Welkmann 2005.
[37] Tinakkural 2005, 6.
[38] Reuters 2005.

nationale Geberorganisationen gesichert und überwacht werden sollten. Die Ausschüsse sollten proportional besetzt sein mit Sperr-minoritäten für die Minderheiten auf der Regionalebene.[39]

Gesellschaftliche und politische Veränderungen unter der LTTE

Welche Veränderungen hat die LTTE in der tamilischen Gesell-schaft bewirkt?

Bemerkenswert ist, dass aufgrund der Umstände weder Jaffna noch Trincomalee Hauptstadt des Ministaates (statelet) geworden sind, sondern das Provinznest Kilinocchi. Trincomalee konnte als traditionelle politische Hauptstadt gelten, Jaffna als kulturelle, für Kilinocchi spricht nichts, außer dass es im traditionell schwer zu-gänglichen und härtegeprüften Rückzugsgebiet für Rebellen liegt. Zudem hatte es während des Krieges die zweifelhafte Ehre, einer der am heftigsten umkämpften und mehrfach zerstörten Orte zu sein.

Darin jedoch hat die LTTE sehr schnell ihren Vorteil erkannt und aus der Widerstandsfähigkeit und Zähigkeit der Bevölkerung eine neue Tugend gemacht. So schnell sie Kilinocchi eroberte und das Vanni zum Hauptquartier machte, so schnell wurden auch die Nachteile dieser Gegend: arm, dünn besiedelt, rückständig, arbeits-intensiv, zu Vorteilen und Tugenden uminterpretiert und das Vanni zum Kernland der tamilischen Nation erklärt.

Überall begegnen dem Besucher Denkmäler und Mahnmale des Unabhängigkeitskampfes. Sie sollen die Erinnerung an die gefalle-nen Kämpfer wachhalten und das Nationalgefühl stärken. Die Be-völkerung scheint die Opfer der Kämpfer zu respektieren. Dies wird deutlich bei den alljährlichen öffentlichen Feierlichkeiten im September zum Gedenken an Tilipan. Warum gerade er so sehr ver-ehrt wird, während andere ›Helden‹ nur in der Summe bedacht werden, wird klar, wenn man weiß, dass er durch Hungerstreik starb: gewaltlos und im Sinne Gandhis beim Protest gegen die IPKF. In seinem Geburtsort Urelu gilt er bis heute als Lokalheld, der von der ansonsten sehr konservativen Bevölkerung bewundert wird (›ich habe ihn doch schon auf meinen Knien gewiegt‹).

Nach dem Muster der Ukraine und Georgiens organisierte die LTTE im Herbst 2005 im Vanni sowie in Jaffna und im Osten Volksversammlungen: Tamiḷ Eḷucci Pirakañaōam. In Kilinocchi

---

[39] Peace in Sri Lanka 2005.

nahmen daran 100 000 Menschen teil, in Jaffna über 250 000 (die
Bevölkerung im Vanni beträgt etwa 400 000). Die Teilnahme galt
als eine Art freiwillige Pflicht. Ähnliche Ereignisse in den Ländern
der GUS galten den Medien als vom Volk ausgehende Rufe nach
Freiheit und Demokratie; im Vanni wurden sie als von der LTTE
organisierte Zwangsveranstaltungen bezeichnet. Als den Teilneh-
mern allerdings die endlosen Reden zuviel wurden, stimmten sie
mit den Füßen ab: sie verließen die Veranstaltung und machten sich
in der ›großen‹ Stadt einen schönen, abenteuerlichen freien Tag.

For allem im Falle Jaffnas ist es schwierig zu sehen, wie die LTTE
eine solche Menge Menschen zwangsweise aus einem Gebiet, das
immerhin von der Armee kontrolliert wird, zusammenbringen
könnte. Entweder kamen sie freiwillig und ließen sich von der Armee nicht einschüchtern, oder auch diese Gebiete stehen stärker
unter LTTE-Kontrolle als die Regierung zugeben mag.

Subtilere soziale Veränderungen bemerkt man hinsichtlich
Kaste und dem Geschlechterverhältnis (s.u.) Kaste ist heute in den
Tamilgebieten an Kleidung und Verhalten nicht mehr ohne weite-
res abzulesen. Aber in Jaffna weiß jeder um des anderen Kaste und
verhält sich entsprechend. In Kilinocchi runzelt man über solches
Verhalten die Stirn. Tamilchelvam, der Leiter des politischen Flü-
gels und ein enger Vertrauter Prabhakarans, stammt aus der Bar-
bierkaste. Er spricht kein Englisch und hat auch sonst wenig for-
male Bildung. Gemäß ihren Vorgaben macht die LTTE mit der
Kastenabschaffung ernst und findet dadurch Unterstützung bei vielen Diaspora-Tamilen. Die Ablehnung der LTTE in Indien und im
indischen Bundesstaat Tamil Nadu ist nicht nur dem Attentat auf
Rajiv Gandhi geschuldet, sondern zeigt auch die Angst der hohen
Kasten, vor allem der Brahmanen, vor dem Einfluss niedrigkastiger
Aktivisten mit eigenen sozialen Vorstellungen.

Ähnlich scheint es mit der Religion zu sein. Die Bevölkerung
ist fromm, Tempel und Kirchen sind gut gefüllt. Die LTTE hat
Mitglieder aus fast allen Religionen und hindert niemanden an der
Ausübung seiner religiösen Praktiken, ist aber bewusst und offen-
siv säkular. Religion wird als private, nicht öffentliche Angelegenheit bezeichnet. Die Mehrheit dürfe sich nicht anmaßen, dass
ihr Religionsverständnis Vorrang gegenüber den Minderheiten
habe. Sonst handle man genauso wie die Singhalesen, die Vorrechte
beanspruchen, weil sie die religiöse Mehrheit stellen.[40] Trotzdem
halten sich Behauptungen in Indien und Sri Lanka, die LTTE wolle

---

[40] Thilakar 2005b.

den Hinduismus abschaffen und eine katholische Diktatur errichten.[41]

Die Einstellung der LTTE gegenüber religiösen Belangen ähnelt der, die seit Anfang des letzten Jahrhunderts die tamilische Gesellschaft prägte. In einem Artikel zum 27. Todestag von S.J.V. Chelvanayagam, dem Gründer der FP und ›Vater der tamilischen Nation‹ weist der Autor darauf hin, dass Chelvanayagam sich immer weigerte, zu Wahlzwecken zu verleugnen, dass er Christ war:

»Chelvanayakam änderte niemals seinen religiösen Glauben für die Macht eines Parlamentssitzes oder um ein Führer der Tamilen zu sein, einer Gemeinschaft, in der über 85 Prozent Hindus waren. … Seine Gegner wiesen die Wählerschaft boshaft darauf hin, dass ein Christ nicht die Hinduwählerschaft vertreten solle. V. Navaratnam, der von Chelvanayakam als die ›Gehirnschachtel‹ der FP beschrieben wurde, wollte Chelvanayakam bei der Annahme von ›kalanchi‹ im Nallur Kanthasamy Tempel fotografieren lassen, um an die Hinduwähler die Botschaft zu senden, dass Chelvanayakam Hindubräuche akzeptiere, obwohl er Christ war. Chelvanayakam weigerte sich, gezwungen zu werden, zur Vorspiegelung von Gebeten herabzusinken. Er zog es vor, lieber die Wahlen zu verlieren statt einen Betrug an den Hinduwählern zu vollziehen und akzeptierte die Niederlage durch den UNP-Kandidaten, S. Nadesan.«[42]

Spezifische Probleme

Frauen

Seit den 1980er Jahren warb die LTTE verstärkt Frauen für den bewaffneten Kampf an. Tilipan war einer der bekanntesten Aktivisten. Frauen standen auch angeblich in vorderster Linie bei Selbstmordattentaten. Dhanu, die LTTE-Angehörige, die Rajiv Gandhi ermordete, hat traurige Berühmtheit erlangt.

Hierzu die Beschreibung eines Frauenlagers im Vanni. Kommandantin war Oberstleutnant Bhavaniti aus Chavakaccheri, 28 Jahre alt, Angehörige des Kutti Sri Regiments, Mitglied seit 1993. Ihr Bataillon von 500 Leuten hatte in Elephant Pass und Pallai ge-

---

41 Tamilnet 2005b; Tamilnet 2003; Boteju 2003.
42 Vivekananthan 2004 (Übersetzung D.H.-R.).

kämpft. Dabei hatte sie 100 Verluste an Toten und Verletzten hinnehmen müssen. Alle Frauen trugen die typische Uniform der Tigerinnen: dunkle Hose, Hemd in gedeckten Farben und Mustern, enge Gürtel, hochgesteckte Zöpfe. Bhavaniti bewohnte einen kleinen Bungalow, dessen Boden und Geländer aus Munitionskisten gefertigt waren, auf denen noch der Schriftzug Sri Lanka Armed Forces zu erkennen war.

Der Zugang in das Lager war weniger aus Sicherheitsgründen als solchen der Wohlanständigkeit streng geregelt: In den Bungalow der Kommandantin, das Allerheiligste, durften nur Frauen; Männer mussten im Besucherraum, der gleichzeitig als Gedenkstätte für die Märtyrer der Bewegung fungierte, warten. Einer der SLMM-Mitarbeiter bezeichnete die Atmosphäre als klösterlich und die Kommandantin als Mutter Äbtissin. Der Vergleich war nicht schlecht gewählt, denn die Geschlechtertrennung erinnert tatsächlich an klösterliche Verhältnisse.

Hier stellt sich die Frage nach dem Status der Frau in der LTTE-Gesellschaft. Die segregierte Ausbildungs- und Kampfsituation sowie die Teilnahme von Frauen an Selbstmordattentaten trugen der LTTE scharfe Kritik dahingehend ein, dass ihre Sorge um Gleichberechtigung unehrlich und oberflächlich sei: Sie wolle nur Nachwuchs für den Kampf. Es besteht kein Zweifel, dass die tamilische Gesellschaft Sri Lankas äußerst patriarchalisch war und in Jaffna noch ist. Stimmen aber die Vorwürfe gegen die LTTE? Wie sieht es z. B. mit Frauen im öffentlichen Leben Kilinocchis aus?

Die weiblichen LTTE-Mitglieder sind im Stadtbild sehr präsent. Nicht nur das unterscheidet sie von der übrigen weiblichen Bevölkerung; sie sind auch wesentlich selbstbewusster und entschiedener als die Frauen und Mädchen im Allgemeinen. Wenn sie aus dem aktiven Dienst ausscheiden, werden sie oft führende Mitarbeiterinnen der TRO, von Verwaltungsorganen, Friedenssekretariat, PDS, Gesundheitseinrichtungen oder Lehrerinnen und Erzieherinnen. 40 Prozent der Polizeibeamten sind Frauen. Nach dem Tsunami behandelten vorwiegend LTTE-Ärztinnen die Opfer und versorgten sie medizinisch. LTTE-Kämpferinnen wählen sich meist ihre Ehepartner selbst.

Wie die Führerin des Frauenflügels der LTTE, Thamilini, erklärte, sollen in den Friedensgesprächen, wenn sie denn je wieder aufgenommen werden, auch die Rechte der Frau angesprochen werden. Sie habe zu diesem Behufe schon Kontakte mit entsprechenden Organisationen auf singhalesischer Seite aufgenommen.

Das Problem sei, so Thamilini, dass sie für viele Frauen in den

Tamilgebieten nicht wirklich Rollenvorbilder sind: sie werden bewundert, aber nicht nachgeahmt. Die meisten Frauen, so sagte sie wörtlich, hingen immer noch dem Kinder-Küche-Kirche-Ideal an. Die Tigerinnen agieren außerhalb der überkommenen Sozialstruktur, ähnlich wie die Göttin. Diese Haltung, so Thamilini, werde schwer zu überwinden sein. Mit anderen Worten: Die Tigerinnen sehen die Probleme beim Übergang von einer Kriegs- zu einer Friedenskultur sehr genau, müssen sich aber noch darüber klar werden, wie sie den Übergang in einer für Frauen befriedigenden Weise vollziehen.

Damit kommen wir zur Geschlechtertrennung und dem Machismo der LTTE. Beide Kritikpunkte haben ihre Berechtigung. Das Problem ist, dass man beides nur durch Erziehung und nicht durch Verwaltungsmaßnahmen überwinden kann. Die Geschlechtertrennung in der Kampfbewegung könnte ein erster Schritt sein, Frauen auf die gleiche Ebene zu holen; die gleichberechtigte Kommunikation wäre der nächste Schritt. Gegen den Vorwurf, dass die Rekrutierung in militante Organisationen und zur Gewaltausübung kein wirklicher Schritt zur Emanzipation sei, haben von unterschiedlichen Ausgangspunkten Darini Rajasingham-Senanayake und Adele Balasingham argumentiert: Viele der Frauen fühlen sich dadurch zum ersten Mal in ihrem Leben selbstbestimmt und nehmen diese Haltung ins zivile Leben mit.[43]

Der Machismo der LTTE wurde vor allem im Zusammenhang mit dem Problem der Vergewaltigungen durch singhalesische Soldaten kritisiert: In den 80er Jahren gab es Äußerungen dahingehend, Vergewaltigung sei so schlimm, weil dann die Frauen keine tamilischen Männer mehr heiraten könnten. Frauen traten häufig in die LTTE ein mit der Begründung, Vergewaltigungen verhindern oder rächen zu wollen. Hier zumindest hat ein Lernprozess stattgefunden: Die LTTE drängt ihre Veteranen, Frauen zu heiraten, die entweder im Krieg verwundet oder vergewaltigt wurden. Der Frauenflügel hat eine eigene Haltung, die seltsam erscheinen mag: Vergewaltigung sei eine Art Unfall, den man überwinden müsse, für den man sich aber nicht schämen oder schuldig fühlen müsse, sie sei kein wichtiges Thema. Das widerspricht eklatant der Strategie in anderen Krisengebieten, wo Vergewaltigung von muslimischen Frauen als das schlimmste Verbrechen (als sei sie für westliche Frauen mit deren lockerer Moral weniger gravierend) galt,

---

[43] Rajasingham-Senanayake 2001,117 und 121-124; Balasingham 2001, 279f.

öffentlich angeprangert wurde und evtl. dadurch sogar deren Vor-
kommen erhöht hat. Es scheint, als wolle man Vergewaltigung
nicht öffentlich thematisieren und politisch instrumentalisieren,
da das als kontraproduktiv angesehen wird. Die Frauen selbst wollen nicht darüber sprechen, um nicht ausgegrenzt zu werden. Für
Hilfe zur Bewältigung des persönlichen Traumas sind die Strukturen, wie auch für Traumata von Krieg, Folter und Tsunami noch
rudimentär.[44]

Kindersoldaten

Das Thema Kindersoldaten wird von der Regierung als Totschlag-
argument immer dann hervorgezogen, wenn sie sich wegen ihrer
politisch-militärischen Aktionen in der Kritik sieht. Es ist emotio-
nal besetzt, da jeder die schreckliche Situation der Kindersoldaten
in Afrika vor Augen hat, und kann daher von der Regierung entsprechend instrumentalisiert werden.

Der frühere Sprecher der LTTE in London, Kittu, bestätigte bereits in den 80er Jahren, dass oft Waisen oder von ihren Eltern ver-
lassene Kinder in die Militärlager kämen. Diese Kinder könne man
nicht sich selbst überlassen. Die LTTE nahm sie auf, sorgte für sie,
bildete sie aus und errichtete eigene Kinderheime für sie. Er leugnete jedoch, dass sie je für militärische Zwecke eingesetzt wurden.

1998 sagte die LTTE dem UN-Beauftragten Otunnu schriftlich
zu, keine Kinder unter 18 Jahren militärisch einzusetzen und keine
unter 17 Jahren zu rekrutieren, 2000 unterzeichnete sie das entsprechende UN-Zusatzprotokoll. Die Unterschrift war rein symbolisch: Da die LTTE keine anerkannte Regierung ist, ist die Unterzeichnung völkerrechtlich bedeutungs- und wirkungslos. Bis dahin
hielten sich Berichte, die LTTE setze 12- und 13-jährige Kinder als
menschliche Schutzschilde ein; die Beweise für diese Behauptungen
waren allerdings immer sehr dürftig. Z. B. wurden den Medien von
der Regierung angeblich ›geflohene Kindersoldaten‹ vorgeführt, die
allerdings über ihre Erlebnisse nur über singhalesische Dolmetscher
berichteten.[45]

Nach dem Tsunami behauptete u. a. die UNICEF, die LTTE rekrutiere Tsunami-Waisen.[46] Die LTTE erklärte, diese Waisen seien

---

[44] Vgl. Somasundaram 1998, 244/45.; Thamilini 2004.
[45] Suryanarayan 2003.
[46] Island 2005, S. 1.

in den Lagern zugelaufen, was schließlich auch UNICEF bestätigen musste: In den LTTE-Lagern anwesende Kinder würden nicht militärisch ausgebildet.

Eine nüchterne Überprüfung fördert erstaunliche Tatsachen über ›Zwangsrekrutierung‹ zutage: TRO-Mitarbeiter erklärten, die Kinder machten sich oft älter, um aufgenommen zu werden; im Gegenzug erklärten die Familien sie für jünger, um sie zurückzubekommen. Geburtsurkunden gibt es im Vanni oft nicht, also muss man sich auf mündliche Angaben verlassen. Eine Mitarbeiterin der SLMM berichtete, oft gäben minderjährige Mädchen bei der LTTE ihr Alter falsch an, um einer unerträglichen Familiensituation oder einer unerwünschten Zwangsehe zu entfliehen.[47] Zur LTTE zu gehen, sei für viele Kinder ›cool‹.

Die jetzt mit der Regierung verbündete Karuna-Fraktion rekrutierte allerdings schon lange Kinder.[48] Ein Pfarrer in Uranee (Batticaloa) berichtete im Jahr 2003 über eine im Golf beschäftigte Witwe, deren 15-jähriger Sohn von der LTTE zwangsrekrutiert worden war; als er entkam, entführten sie den 11-jährigen Bruder. Karuna rekrutiere Kinder, um Mitgliederzahlen zu erhöhen und sich dadurch eine Machtposition und ein Druckmittel gegenüber der Führung in Kilinocchi zu verschaffen.

Diese Praktiken haben sich seit August 2006 verschärft: Jeden Monat verschwinden laut IKRK 70 Minderjährige aus regierungskontrollierten Gebieten im Osten. Ein weißer Transporter ohne Nummernschild fährt vor und entführt die Kinder aus der Schule oder auf dem Heimweg. Angeblich kauft die Karuna-Fraktion bereits 11-Jährige ihren Eltern ab, ganz offen und unter den Augen der Armee. Die Regierung konnte die Vorwürfe im Bericht des UN-Beauftragten Rock, sie wisse von den Entführungen und lasse sie zu, trotz heftigen Widerspruchs nicht entkräften. Ganz offensichtlich hat die Karuna-Fraktion immer noch Rekrutierungsprobleme. Es scheint, dass sie je länger je mehr zu einer kriminellen Vereinigung wird, die Schutzgelder erpresst und an anderen kriminellen Machenschaften beteiligt ist. Vor einigen Wochen gab es unbestätigte Berichte über eine weitere Spaltung der Gruppe und dass einer ihrer Führer, Pillaiyan, sich wieder der LTTE anschließen wolle.[49]

---

[47] Pers. Information durch SLMM Mitarbeiter April 2004.
[48] Jeyanesan 2004. Sambandan 2005 erwähnt diese Tatsache, ohne allerdings die nötigen Schlussfolgerungen zu ziehen.
[49] Balachandran 2007.

Daneben scheinen sich jetzt der Regierung nahe stehende Gruppen auf Entführungen zu spezialisieren: In Colombo kommt es beispielsweise fast täglich zu Entführungen von tamilischen Geschäftsleuten.

Eine terroristische Organisation?

Um zu beurteilen, ob die LTTE eine Terrororganisation ist, muss man erst einmal klar definieren, was Terrorismus ist. Und da hapert es: Selbst in den USA, den selbsternannten Vorkämpfern gegen Terrorismus, widersprechen einander oft die Definitionen des einen und des anderen State Department. Im öffentlichen Bewusstsein wird Terrorismus oftmals auf ›Bomben, Selbstmordattentate und Entführungen‹ reduziert. Für eine juristisch relevante Definition reicht das nicht. Ich habe die folgende, vergleichsweise neutrale und zudem aus den USA stammende Definition übernommen:[50]

> »Terrorismus bedeutet heute die intentionale Verwendung von Gewalt gegen zivile und militärische Ziele im Allgemeinen außerhalb eines anerkannten Kriegsgebietes durch private Gruppen oder Gruppen, die privat erscheinen, aber verdeckte staatliche Untersützung erhalten (meine Hervorhebung) … [fehlende] Unterscheidung zwischen Kämpfern und Nicht-Kämpfern, hingegen das absichtliche Zielen auf Zivilisten«.[51]

Terrorismus schlägt demnach wahllos und ohne Ansehen des politischen und militärischen Status der Opfer zu, wobei es per definitionem fast immer Unbeteiligte (Non-Kombattanten, sogenannte ›Kollateralschäden‹) trifft. Hinzu kommt aber noch die Absicht: Man will wahllos zuschlagen, um Angst zu schüren, damit sich niemand mehr sicher fühlt, ganz im Sinne des terreur der französischen Revolution von 1789, der die eigenen Bürger traf. Noch die bengalischen Widerstandskämpfer gegen die Briten in den 20er Jahren nannten sich stolz ›Bengal Terrorists‹. Der Begriff hat demnach eine erhebliche Bedeutungserweiterung und -änderung erfahren, mit einem nochmaligen deutlichen Schub nach dem 11. September 2001.

Fällt die LTTE unter diese Definition? Das dürfte schwierig sein, denn sie hat zwar manchmal terroristische Aktionen durchge-

---

[50] Hellmann-Rajanayagam 1999, S. 9.
[51] Reisman/Antoniou 1994, S. 293.

führt. Die Intention war allerdings nie so sehr Terrorisierung der Bevölkerung als Vergeltung für Aktionen der Armee und Angriffe auf ganz bestimmte, als militärisch definierte Ziele. Dazu können auch buddhistische Mönche und Klöster (wie beim Anschlag in Anuradhapura 1985) sowie Tempel gehören, denn es war und ist vor allem der hochrangige buddhistische Klerus, der die militaristische und gewaltsame Politik der Regierung gegen die Tiger stützt und sogar fordert. Entführungen waren nie Mittel der Politik für die LTTE. Die Selbstmordattentate sind stark zurückgegangen und wurden ohnehin immer als allerletztes Mittel, um ein militärisches Ziel zu erreichen, und nicht wie bei den Jihadis, als Mittel der Wahl benutzt. Die Begründung des EU-Beschlusses warf der LTTE die Ablehnung des Gewaltverzichts vor. Auf Gewalt zu verzichten, wenn man einen embryonalen Staat verwaltet[52] und die Gegenseite immer härtere Gewaltmittel auch und vor allem gegen die Zivilbevölkerung einsetzt, dürfte eine illusorische Forderung sein. Das Verbot erschwert oder verhindert die Vermittlungsbemühungen der Norweger: LTTE-Mitglieder können außer nach Norwegen und in die Schweiz nicht mehr zu Verhandlungen nach Europa einreisen. Das Verbot wurde von der singhalesischen Regierung als Erfolg und Bestätigung ihrer militaristischen Politik gefeiert.

Zusammenfassung

›Des einen Terrorist ist des anderen Freiheitskämpfer‹: Der Spruch zeigt, wie sehr der Terrorismusbegriff ideologiebehaftet ist. Nach dem Waffenstillstand gelang es der LTTE, sich als verantwortungsbewusste, effiziente Verwaltung darzustellen. Das scheint aber Einstellungen und Verhaltensweisen auf singhalesischer Seite oft verhärtet zu haben. Der kürzlich von Rajapakse vorgelegte neue Friedensplan geht über das Angebot einer Devolutionslösung, bei der die einzelnen Distrikte etwas mehr Autonomie ohne finanzielle Befugnisse erhalten, nicht hinaus. Für die Regierung bleibt die LTTE eine Terrororganisation, ungeachtet ihrer eigenen Angriffe auf die Zivilbevölkerung.

Für die Bevölkerung unter der Kontrolle der LTTE sieht das anders aus: Für sie ist die LTTE wieder einmal der schmale Grat zwischen Überleben und Vernichtung. Zustimmung oder Ablehnung haben damit wenig zu tun. Der Krieg hat die Menschen zu-

---

[52] Stokke 2006(?).

sammengeschweißt und Unterschiede verwischt, und der wieder
aufgeflammte Krieg tut ein Übriges. Sie wird ihr Leben mit oder
ohne Hilfe korrupter Regierungen und Institutionen in die Hand
nehmen. Vielleicht entsteht unter diesen Bedingungen tatsächlich
eine neue Gesellschaft.

Die LTTE hat aber offensichtlich jedes Vertrauen in die Unterstützung der tamilischen Forderungen durch die internationale Gemeinschaft verloren. Was sie plant, ist ungewiss. Sie hat sich seit
dem Waffenstillstand mehr oder weniger zurückgehalten; sollte
Prabhakaran allerdings das Gefühl haben, von allen im Stich gelas-
sen zu sein, ist der Ausgang nicht vorhersehbar.

Quellen

CFA 2002 = Agreement on a Ceasefire between the Government of the
    Democratic Socialist Republic of Sri Lanka and the Liberation Tigers of
    Tamil Eelam, 22nd February 2002.

Literatur

Athas 2005 = Iqbal Athas, Karuna Camp: The secret probe, The Sunday
    Times – December 25, 2005.
Athas 2007 = Iqbal Athas, Heavy casualties as war intensifies. The Sunday
    Times 24.6.07 http://sundaytimes.lk/070624/Columns/sitreport.html;
    Letzter Zugriff 6.7.07.
Balachandran 2007 = PK Balachandran, Indian army didn't want to take
    Toppigala: Gen Mehta, Hindustan Times, Colombo, July 05, 2007,
    http://www.hindustantimes.com/StoryPage/StoryPage.aspx?id=0ada5
    972-6a7c-4ec5-98d0-508f411e7f66&&Headline='Indian+army+didn't
    +want+to+take+Toppigala'; Letzter Zugriff 6.7.07.
Balachandran 2007 = PK Balachandran, Split in Karuna group reported,
    Hindustan Times May 06, 2007, http://www.hindustantimes.com/
    StoryPage/StoryPage.aspx?id=28a57907-17be-425e-90fd-fd4f2313e
    325&&Headline=Split+in+Karuna+group+reported; Letzter Zugriff
    7.7.07.
Balasingham, Adele 2001 = Adele Balasingham, The Will to Freedom,
    London 2001.
Balasingham, Anton 2000 = Anton Balasingham, The Politics of Duplicity.
    Re-Visiting the Jaffna Talks, London 2000.
Boteju, Ruwan, A Sinhala land without Sinhalayas? – in: The Island-
    December 13, 2003.
Daily Mirror 2005 = Daily Mirror, 10.2.2005.
Economist 2007 =A War Strange as Fiction, The Economist 7.6.2007.
Eelam Nation 2005 = Jeyam Thamotheram – Doyen of Thamil Diaspora –
    Editorial, Eelam Nation, 4 November 2005; www.tamilnation.org.

Frontline 1989 = Frontline, 25.11.-8.12.1989.

Gnanadass 2006 = Wilson Gnanadass, Interview mit Helen Olafsdottir: ›LTTE, Army both violating CFA‹; The Sunday Leader – January 14, 2006, http://www.tamilcanadian.com/pageview.php.

Guardian 1987a = The Guardian, 28.5.1987.

Guardian 1987b = The Guardian, 4.6.1987.

Guardian 1987c = The Guardian, 28.10.1987 (Interview mit LTTE-Stellvertreter Mahathaiya).

Hariharan 2007 = Col R Hariharan (Retd.) Sri Lanka: Implications of LTTE's Delft Attack – Note 386, Update No 121 27.05.2007, http://www.saag.org/notes4/note386.html; Letzter Zugriff: 7.7.07.

Hellmann-Rajanayagam 1988/89 = Dagmar Hellmann-Rajanayagam, The Tamil Militants – Before the Accord and After, in: Pacific Affairs, 61 (Winter 88/89), 603-619.

Hellmann-Rajanayagam 1998a = Dagmar Hellmann-Rajanayagam, The Tigers -Armed Struggle for Identity, Beiträge zur Südasienforschung 157, Stuttgart 1994 (Nachdruck 1998).

Hellmann-Rajanayagam 1998b = Dagmar Hellmann-Rajanayagam, After Six Months of Jayasikurui (Certain Victory): A Not So Certain Victory in Sri Lanka, in: Asian Defence Journal 1/98, 5-10.

Hellmann-Rajanayagam 1999 = Dagmar Hellmann-Rajanayagam, Security Aspects of the Conflict in Sri Lanka, Occasional Paper 4/99, Bangi 1999.

Hellmann-Rajanayagam 2007 = Dagmar Hellmann-Rajanayagam, Von Jaffna nach Kilinocchi. Wandel des politischen Bewusstseins der Tamilen in Sri Lanka, Beiträge zur Südasienforschung 199, Würzburg 2007.

Hellmann-Rajanayagam/Welkmann 2005 = Dagmar Hellmann-Rajanayagam/Judith Welkmann (Hg.), Friede, Flut und Ferienziel, Focus Asien, Schriftenreihe des Asienhauses Essen, Nr. 20, Essen 2005.

Hindu 1993 = The Hindu, 18.1. 1993.

Hindustan Times 1997 = Hindustan Times, 15. und 17. Mai 1997.

India Today 1991 = India Today, 15.7.1991.

Island 2005 = The Island, 10.2.2005.

Island 2005 = The Island, 10.2.2005.

Jeyanesan 2004 = Pers. Information Father Jeyanesan, Leiter des Kinderheims und der Ceylon American Mission, Uranee, April 2004.

Nadesan 2005 = Interview S. Nadesan, Polizeichef LTTE, 3.10.2005.

Peace in Sri Lanka 2005 = Peace in Sri Lanka The Official Website of the Sri Lankan Government's Secretariat for Coordinating the Peace Process (SCOPP), http://www.peaceinsrilanka.org/; Letzter Zugriff: 3.7.2005.

Peace Secretariat 2003 = Peace Secretariat of the Liberation Tigers of Tamil Eelam, The Proposal By The Liberation Tigers Of Tamil Eelam On Behalf Of The Tamil People For An Agreement 1.11.2003. www.ltteps.org; Letzter Zugriff: 1.11.2003.

Puleedevan 2005 = Interview mit Puleedevan Direktor Friedenssekretariat LTTE, 7.9.2005.

Rajasingham-Senanayake 2001 = Darini Rajasingham-Senanayake, Ambivalent Empowerment Midst Tragedy of Tamil Women in Conflict, in: Rita Manchanda (Hg.), Women in Conflict, New Delhi 2001, 104-130.

Raman 2007a = B. Raman, LTTE's Air Strike – An Assessment – International Terrorism Monitor – 27.03.2007. http://www.saag.org/papers 22/paper 2185.html; Letzer Zugriff 6.7.07.

Raman 2007b = B. Raman, Countering LTTE's Air Capability – International Terrorism Monitor – Paper no. 2217, 26.4.2007 http://www.saag. org/papers23/paper2217.html; Letzter Zugriff 6.7.07.

Reisman/Antoniou 1994 = W. Michael Reisman/Chris T. Antoniou, The Laws of war. A Comprehensive Collection of Primary Documents on International Laws Governing Armed Conflict, with an introduction and commentary, New York 1994.

Reuters 2005 = Interview – No self-rule for Tigers, Sri Lanka Marxists vow, March 2, 200; www.reuters.com.

Sambandan 2005 = V.S. Sambandan, Setback for Tigers; Frontline 22.2.-5.3.2005.

Somasundaram 1998 = Daya Somasundaram, Scarred Minds. The Psychological Impact of War on Sri Lankan Tamils, New Delhi 1998.

Sri Lanka Monitor 1992 = Sri Lanka Monitor Mai 1992.

Sri Lanka Monitor 1993 = Sri Lanka Monitor Januar 1993.

Stokke 2006(?) = Kristian Stokke, Building the Tamil Eelam State: Emerging State Institutions and Forms of Governance in LTTE-controlled Areas in Sri Lanka. http://folk.uio.no/stokke/Publications/SriLanka. html; Letzter Zugriff 6.7.07.

Sunday Times 1987 = The Sunday Times, 31.5.1987.

Suryanarayan 2003 = V. Suryanarayan, Crisis deepens; Frontline, June 07 – 20, 2003: www.flonnet.com.

Tamil Times 1989a = Tamil Times, 15.1.1989.

Tamil Times1989b = Tamil Times 4.-17.3.1989.

Tamilnet 1997 = Former President ordered assassination, October 08, 1997; http://www.tamilnet.com/art.html?catid=13&artid=89; Letzer Zugriff: 7.7.07.

Tamilnet 2003 = Postmortem of xenophobia, December 29, 2003, www.tamilnet.com.

Tamilnet 2004a = SLA is giving shelter to Karuna – Ramesh June 19, 2004, www.tamilnet.com.

Tamilnet 2004b = Colombo promoting Karuna to destroy LTTE – US think tank, July 14, 2004; www.tamilnet.com.

Tamilnet 2004c = Karuna meets with Sri Lankan ministers, US officials – paper, July 25, 2004 www.tamilnet.com.

Tamilnet 2005a = Sri Lanka blasts Annan's statement, February 18, 2005, www.tamilnet.com.

Tamilnet 2005b = Sinhala nationalists vow to oppose west, ›neo colonialism‹ March 02, 2005, www.tamilnet.com.

Tamilnet 2005c = Sri Lankan Foreign Minister Kadirgamar killed. August 12, 2005.www.tamilnet.com.

Tamilnet 2005d = www.tamilnet.com Joseph Pararajasingham MP shot dead in Batticaloa church, December 24, 2005.

Tamilnet 2007a = Archbishop of Canterbury accepts Colombo's military action, Friday, 11 May 2007, http://www.tamilnet.com/art.html?catid =13&artid=22135; Letzter Zugriff 6.7.07.

Tamilnet 2007b = Tamils ordered to vacate lodges in Pettah, Thursday, 31 May 2007, http://www.tamilnet.com/art.html?catid=13&artid=22324

Tamilnet 2007c = 500 Tamils expelled in 8 buses from Colombo, Thurs-
     day, 07 June 2007, http://www.tamilnet.com/art.html?catid=13&artid
     =22404; Letzter Zugriff 6.7.07.
Thamilini 2004 = Interview Thamilini, Leiterin des Frauenflügels LTTE,
     2.3.2004.
Thilakar 2005a = Interview mit Lawrence Thilakar, Project Manager TRO,
     4.9.05.
Thilakar 2005b = Interview Lawrence Thilakar, 26.9.2005.
Tinakkural 2005 = Tinakkural (Stimme des Tages), 10.2.2005.
Ubayasiri 2007 = Kasun Ubayasiri, Tamileelam Air Force: Its Military,
     Political and Psychological Realities in the South South Asia Analysis
     Group (SAAG), Paper no. 2230, 02.05. 2007 http://www.saag.org/
     papers23/paper2230.html; Letzter Zugriff 6.7.07.
Ulakat Tamilar (Tamilen der Welt) 1991 = Ulakat Tamilar (Tamilen der
     Welt) 15.3.1991.
Utayan 2003 = Utayan (Sonnenaufgang), 22.4.2003.
Utayan 2005 = Das Ende der Geduld. Utayan,8.2.05.
Vivekananthan 2004 = C. V. Vivekananthan, Attorney-at-law One Hund-
     red Tamils Of The 20th Century. On 27th death anniversary of S. J. V.
     Chelvanayakam., 27 April 2004, www.tamilnation.org.

Fundamentalismen und religiös motivierte Gewalt in Indonesien

SUSANNE SCHRÖTER

Einleitung

Seit im Oktober 2002 auf der Insel Bali 202 Menschen bei einem von Islamisten verübten Anschlag starben, wurde die Weltöffentlichkeit darauf aufmerksam, dass auch Indonesien, die größte muslimische Nation der Welt, nicht frei von Extremismus und religiös motivierter Gewalt ist. Bis dahin galt der Archipel als friedlich und die indonesischen Muslime als moderat und tolerant. Dieses wohl gepflegte Selbstbild war in der Vergangenheit von ausländischen Experten bestätigt worden,[1] und noch immer wird die kämpferische und fanatische Seite des indonesischen Islam als wenig bedeutsam heruntergespielt.[2] Indonesische Muslime selbst beziehen nicht immer eindeutig Stellung und vermeiden gern Aussagen, mit denen sie sich festlegen müssten.

Wie ambivalent das Verhältnis zu Gewalt ist, lässt sich an den Verlautbarungen islamischer Führungspersönlichkeiten fast täglich der Presse entnehmen. Din Syamsuddin ist einer dieser schwer einschätzbaren Vertreter des modernen indonesischen Islam. Er ist der Vorsitzende der zweitgrößten muslimischen Massenorganisation Indonesiens, der Muhammadiyah, die etwa 30 Millionen Anhänger besitzt und als demokratisch und moderat gilt. In seiner Eigenschaft als Repräsentant dieser Organisation ist Din Syamsuddin strikt gegen Gewalt. Der Islam toleriere keine Gewalt, betonte er nachdrücklich anlässlich einer Konferenz von Islamgelehrten im Juni 2006 in Jakarta.[3] Bis zu seiner Amtseinführung im Jahr 2005 war Din Symasuddin im Führungsstab einer anderen islamischen Organisation, des »Rates der Islamgelehrten Indonesiens« (Majelis Ulama Indonesia), der mit weniger gemäßigten Positionen in Er-

---

[1] Ramage 1995.
[2] Hefner 2000.
[3] Xinhua 2006.

scheinung tritt. 2005 hatten die dem Rat angehörenden Geistlichen auf einer Versammlung 11 umstrittene Rechtsgutachten (*fatwas*) erlassen, die sich dezidiert gegen Liberalismus und Toleranz richteten und sich einer Rhetorik bedienten, die Gewalt als Mittel zur Durchsetzung einer gottgefälligen Ordnung nicht ausschließt.[4] Eine der Fatwas legitimierte sogar recht explizit Gewalttätigkeiten, die kurz zuvor begangen worden waren. Sie richtete sich gegen die islamische Sekte der »Ahmadiyah« und denunzierte diese als häretisch. Häresie ist im Islam eine ernste Angelegenheit, die nicht geduldet und in vielen Ländern sogar mit dem Tode bestraft wird. In Indonesien reagiert der Staat bei solchen Vorwürfen mit Repression und islamistische Eiferer mit direkter Aktion. Auf der Insel Java war es kurz vor dem Zusammentreffen des MUI zu einer solchen Aktion gekommen. Islamistische Extremisten hatten ein Zentrum der »Ahmadiyah« belagert, überfallen und in Brand gesteckt. Die anwesende Polizei hatte zugeschaut, den Mob mehrere Tage lang gewähren lassen und, als Leib und Leben der letzten verbleibenden Mitglieder der Sekte nicht mehr sicher waren, diese schließlich evakuiert. Statt die Täter zu verfolgen, hatten die örtlichen Behörden das Zentrum offiziell mit der Begründung geschlossen, dass von ihm eine Gefahr für die öffentliche Ordnung ausgehe. Die liberale Presse des Landes reagierte mit Empörung. Wenige Tage nach dem brutalen Überfall und der skandalösen Reaktion der Obrigkeit gab der MUI, und mit ihm Din Syamsuddin, dem Vandalismus seinen Segen.

Das Beispiel steht stellvertretend für viele andere und zeigt ein besonderes Problem des indonesischen Islam: Seine Führer bemühen eine liberale und friedfertige Rhetorik, vornehmlich dann, wenn sie sich in staatstragenden Positionen befinden, distanzieren sich aber gleichzeitig nur selten von im Land praktizierter Gewalt oder leisten dieser mit fragwürdigen Bekundungen sogar Vorschub. Diese merkwürdige Ambivalenz, die von Journalisten als Wankelmütigkeit oder Doppelbödigkeit kritisiert wird, spiegelt das indonesische Dilemma wider, Multikulturalismus in einer Nation zu praktizieren, deren Bevölkerung sich mehrheitlich zum sunnitischen Islam bekennt und eine besondere Gewichtung ihrer Religion in der Gesellschaft reklamiert. Immer wieder steht die Frage zur Diskussion, ob Indonesien ein islamischer Staat auf Grundlage der Scharia werden soll, diskutiert man, ob das Leben des Propheten Mohammed

---

[4] Ali 2005.

und die frühislamische Gemeinschaft des 7. Jahrhunderts Vorbild für eine moderne Gesellschaft sein könne und wie weit die Toleranz mit vermeintlichen »Abweichlern« oder Andersgläubigen gehen solle. Radikalismen sind dabei unvermeidlich, auch deshalb, weil politische Ideen der globalen islamischen Revitalisierungsbewegung aufgegriffen werden und indonesische Muslime sich als Teil der globalen *umma* verstehen.

Ein Blick in die Vergangenheit zeigt, dass Extremismus und religiös motivierte Gewalt kein neues Phänomen darstellen, sondern einem Modernisierungsprozess inhärent sind, der sich sowohl gegen autochthone Traditionen als auch gegen einen als imperialistisch erlebten Westen richten.

Islamischer Modernismus und antikoloniale Rhetorik

Die modernistische Ideologie des Islam geht auf Denker aus dem Nahen und Mittleren Osten wie Mohammad ibn Abd al-Wahhab zurück, der um die Wende zum 19. Jahrhundert eine Bewegung auf der arabischen Halbinsel anführte, die eine Rückkehr zum Islam des 7. Jahrhunderts anstrebte.[5] Al-Wahhab wandte sich gegen alle Formen eines von ihm als heidnisch diskreditierten Volksislam und – pikanterweise – auch gegen den Sufismus, den er, zusammen mit neuplatonischer Philosophie in Persien studiert hatte. Das Echo auf seinen Puritanismus war zwiespältig, selbst in seiner eigenen Familie, und einmal wurde er sogar vertrieben. Erst als er eine Heiratsallianz mit Muhammad ibn Sa'ud einging, der an profanen Eroberungen und einer Ausdehnung seines Territoriums interessiert war, konnte er wirkliche Erfolge verzeichnen. 1802 nahmen die »Wahhabiten« Kerbela ein und im darauf folgenden Jahr Mekka. Als Zentrum der Hadsch, der islamischen Pilgerfahrt, war Mekka eine globale Stadt, in der Muslime aus aller Welt mit den neuen Ideen in Berührung kamen. So auch Pilger aus Sumatra, die nach ihrer Rückkehr eine islamische Modernisierungsbewegung inititierten.[6] Dem Vorbild der »Wahhabiten« folgend begannen sie einen agitatorischen und bald auch militärischen Heiligen Krieg (*jihad*) gegen die Traditionen ihrer Herkunftsgesellschaft, der Minangkabau. Nach der Hafenstadt Pedir im Norden Sumatras, von der aus die Fahrt nach Mekka begann, nannte man die Rebellion »Padri-Bewe-

---

[5] Rentz 2005.
[6] Dobbin 1983.

gung«. Sie war zunächst ungemein erfolgreich, konnte die Zahl ihrer Anhänger schnell vergrößern und bedrohte die einheimischen Eliten. Etliche Mitglieder des Minangkabau-Adels wurden getötet und es drohte der Sieg der Aufständischen, bis schließlich das niederländische Militär eingriff und die Bewegung im Jahr 1830 besiegt und vernichtet wurde. Die niederländische Intervention änderte den Charakter des Krieges von einem indigenen Bürgerkrieg zu einer protonationalistischen Erhebung und verschaffte dem Islam auf indonesischem Boden erstmals den Status einer antikolonialen Befreiungsideologie.[7]

Wichtiger als al-Wahhab waren zwei spätere Reformer, die in engem persönlichen Kontakt zueinander standen: Sayyid Jamal al-Din (1838-1897), der sich selbst al-Afghani nannte und Mohammed Abduh (1849-1905).[8] Beide begründeten den »Salafismus«, eine Ideologie, die sich von *salaf as alihin*, »die gläubigen Vorfahren«, ableitet. Abduh und al-Afghani suchten eine Antwort auf den Niedergang der islamischen Gemeinschaft (*umma*), die durch das unaufhaltsame Vordringen von Europäern in den arabischen Raum und den Zusammenbruch des osmanischen Reiches sichtbar wurde.[9] Ihrer These nach war die innere Dekadenz des Islam verantwortlich und die Lösung aus dem Dilemma konnte nur in einer Rückkehr zu den Wurzeln des Islam bestehen.

Die javanischen Anhänger von al-Afghani und Abduh schlossen sich 1912 in der bereits erwähnten Organisation Muhammadiyah, den »Anhängern Mohammeds«, zusammen.[10] Ihre Mitglieder wendeten sich strikt gegen einen synkretistischen Islam, der in Indonesien unter der Bezeichnung *abangan* bekannt ist.[11] Den *abangan* gegenüber stehen die schriftgetreuen *santri*,[12] zu denen neben den Modernisten auch ein Teil der Traditionalisten gehört. Die religiösen Praktiken der *abangan*: Heiligenverehrung, Integration lokaler Geister, Opferrituale und ähnliches, wurden von der Muhammadiyah ebenso als unislamisch abgelehnt wie die *slametan* genannten nachbarschaftlich oder verwandtschaftlich organisierten Rituale

---

[7] Laffan 2003: 31.

[8] Kedourie 1966.

[9] Zur Entwicklung von islamischem Antikolonialismus und Antiimperialismus vgl. Lewis 2003.

[10] Federspiel 1970.

[11] Vgl. Beattie 1996; Mulder 1978.

[12] Die Unterscheidung zwischen abangan und santri geht auf den amerikanischen Ethnologen Clifford Geertz zurück (vgl. Geertz 1976).

oder das der hinduistischen Tradition entstammende Schattenspiel-
theater (*wayang*). Doch die Muhammadiyah war nicht nur anti-tra-
ditionalistisch, sie war auch modern. Wie Muhammad Abduh, der
in seiner Heimat Ägypten explizit dafür votiert hatte, den Bildungs-
stand der Bevölkerung zu heben und sich für Mädchenschulen und
die Berufstätigkeit von Frauen einsetzte, engagierte sich auch die
Muhammadiyah im Bildungssektor und führte Alphabetisierungs-
kurse durch. Anders als die orthodoxen Muslime, die sich später in
der »Renaissance der Rechtsgelehrten« (Nahdlatul Ulama) zusam-
menschließen sollten,[13] sprachen sie sich für eine Übersetzung des
Korans in lokale Sprachen aus. Jeder Muslim und jede Muslima
sollte in der Lage sein, den Koran zu verstehen *abangan*. Statt eines
blinden Nacheiferns (*taqlid*) der Prediger (*kyai*) sollte jedes Individuum angehalten werden, die eigene Vernunft (*aql*) zu entwickeln
und durch eigenständiges Nachdenken (*ijtihad*) zu Schlussfolgerungen kommen. Die Mitglieder der Organisation trafen sich, um
zu Beten und Predigten zuzuhören, aber auch in Studiengruppen
(*halaqa*), in denen anhand des Vorbildes des Propheten Mohammed Lösungen für alltägliche Probleme erörtert wurden. Doch
nicht nur religiöses Wissen sollte erarbeitet und vermittelt werde.
Die Führer der Organisation entwickelten auch weltliche Curri-
cula und übernahmen, trotz dezidierter antiwestlicher Kritik, in
Europa entstandene Wissensbestände, vor allem aus den Natur-
und Technikwissenschaften. Der Einzelne konnte und sollte seine
intellektuellen Potenziale entwickeln, und das galt, mit gewissen
Einschränkungen, auch für Frauen. 1917 wurde die Frauenorgani-
sation Aisyiyah gegründet, zunächst als assoziierte Gruppe, ab 1924
dann als offizieller Frauenflügel. Anders als traditionelle Muslime,
die dorfzentriert lebten und deren geistliche Führer ihre Aktivitäten
nur innerhalb ihrer lokal begrenzten Gemeinschaft entfalteten, propagierten die Modernisten der Muhammadiyah einen Missions-
islam (*dakwah Islamiyah*). Ihr Engagement war nach außen gerichtet, sie setzten auf Überzeugung statt auf tradierte Autorität und sie
expandierten. Die Gleichheit vor Gott, die sie predigten, korres-
pondierte mit einer für indonesische Gesellschaften ungewöhn-
lichen Gleichheit der Mitglieder. Heute ist die Muhammadiyah,
nach der bereits erwähnten Nahdlatul Ulama, die zweitgrößte islamische Massenorganisation Indonesiens, der etwa 30 Millionen
Anhänger zugerechnet werden.

---

[13] Barton/Fealy 1996.

Neben der Muhammadiyah eignete sich eine zweite Gruppe den Reformislam der Salafisten an: die arabische Diasporagemeinschaft der nach ihrem jemenitischen Heimatort Hadaramaut genannten Hadrami.[14] Sie organisierten sich in der Arabischen Assoziation für Reform und Führung (Jam'iyyat a-Islah wal-Irshad al-Arabiyyah), die ihren Hauptsitz in Batavia, dem heutigen Jakarta hatte.[15] Wie die Mitglieder der Muhammadiyah nutzten sie die Lehren Mohammed Abduhs, um der etablierten hierarchischen Struktur ihrer Gemeinschaft ein egalitäres Modell entgegenzusetzen. Die javanischen Hadrami wurden von Führern (*sada*) geleitet, die ihren Ursprung auf den Propheten zurückführten und aufgrund dieses Umstandes besonderes Prestige und eine große Autorität besaßen. Die Modernisten hielten dieser Form des Erbprivilegs entgegen, dass alle Menschen vor Gott gleich seien und niemand sich über einen anderen erheben solle. Auch die Jam'iyyat a-Islah wal-Irshad al-Arabiyyah investierte in Bildung und suchte ihre Mitglieder dezidiert auf ein modernes Leben vorzubereiten.

Der islamische Modernismus wirkte in zweifacher Richtung. Zum einen war er unzweifelhaft eine Modernisierungsbewegung, richtete sich gegen überkommene soziale und politische Strukturen und insbesondere gegen traditionelle Hierarchien. Die Padri-Krieger in Sumatra versuchten die Herrschaft des Adels zu brechen, die Hadrami lehnten die Vorrechte der Abstammung ab und die Muhammadiyah argumentierte gegen die javanischen Prediger (*kyai*), die sich wie Heilige verehren ließen. Die Gleichheit aller Gläubigen wurde betont, Hierarchie nur im Verhältnis des Menschen zu Gott akzeptiert. Das Individuum sollte sich aus erstarrten Machtverhältnissen befreien, eine umfassende weltliche und religiöse Bildung erwerben, seine Fähigkeiten entwickeln und seinen Intellekt schulen. Gegen die Geheimniskrämerei lokaler religiöser Oberhäupter und unverständliche arabische Rezitationen setzten die Modernisierer einen in die Landessprache übersetzten Koran und das gemeinsame Erörtern der heiligen Quellen in einer Studiengruppe. Selektiv wurden europäische und islamische Wissenselemente miteinander kombiniert, so dass man von einer kulturellen Synthese sprechen könnte. Andererseits empfahl sich der islamische Modernismus explizit als antikoloniale Befreiungsideologie und bezog seine Motivation unmittelbar aus dem Anliegen, die Kolonialherrschaft zu über-

---

[14] Vgl. Kostiner 1984.
[15] Vgl. Eliraz 2004, 10.

winden, die Macht der Ungläubigen zu brechen und einen eigenen islamischen Staat zu errichten.

Die antikoloniale Rhetorik eignete sich hervorragend zur Mobilisierung jeder Art von Widerstand und auch zur Legitimierung von Gewalt. Hier wird das Konzept des Heiligen Krieges (*jihad*) virulent, der von Theologen in einen großen (*jihad al-akbar*) und einen kleinen (*jihad al-asghar*) Dschihad unterteilt wird. Der große Dschihad bezeichnet das Ringen des Individuums gegen die eigene Schwäche und die vielfältigen Versuchungen des Teufels. Das angestrebte Ziel ist die Entwicklung einer idealen islamischen Persönlichkeit und die Führung eines gottesfürchtigen Lebens. Der kleine Dschihad ist der Kampf gegen die Ungläubigen, der oft als Abwehrmaßnahme eines Angriffs auf den Islam gerechtfertigt, im Koran aber als Mittel zur Durchsetzung der weltweiten Herrschaft des Islam gefordert wird.[16] In der Geschichte des indonesischen Islam ist diese Form des Dschihad wiederholt als Expansionsideologie definiert worden, so z. B. in der heutigen Provinz Aceh, in der der Islam bereits zur Zeit Marco Polos verbürgt ist und die von Acehnesen noch heute die »Terrasse Mekkas« (*serambi Mekka*) genannt wird. Bereits im 15. Jahrhundert soll das Fürstentum Samudra Pasai gegen seine als ungläubig denunzierten Nachbarn ausgerückt sein und bis ins 17. Jahrhundert führten die Sultane Acehs heilige Kriege (*jihad fi sabilillah*) gegen die nicht-muslimischen Batak, die südlichen Nachbarn der Acehnesen, und die Portugiesen.[17] Im 19. und 20. Jahrhundert, als die niederländische Armee über 40 Jahre lang versuchte, die Region zu besetzen und unter ihre Kontrolle zu bringen, geriet der Heilige Krieg unversehens zu einer Nationalideologie. Jeder Mann, jede Frau und jedes Kind, die im Kampf gegen die Besatzer ihre Leben ließen, so die offizielle Propaganda, seien Märtyrer und hätten einen Platz im Paradies sicher. Auf Java, das sehr viel früher unter niederländische Herrschaft geriet, predigten sufistische Bruderschaften (*tarekat*) zur gleichen Zeit gegen die Ungläubigen und führten im Jahr 1888 einen Aufstand an. Auch nach dem Ende des Zweiten Weltkrieges, während des letzten siegreichen Unabhängigkeitskampfes gegen die Niederländer mobilisierten Muslime die Menschen mit der Rhetorik des Hei-

---

[16] In Sure 8, Vers 39 heißt es: »Und kämpft gegen sie (die Ungläubigen), bis es keine Verführung mehr gibt und bis die Religion gänzlich nur noch Gott gehört«. Vgl. auch Khoury 2001: 194.

[17] Vgl. Alfian 2006.

ligen Krieges. Zwei Mal erließ die Nahdlatul Ulama eine Fatwa, die die Muslime zum Dschihad gegen die Kolonialisten aufrief,[18] und auch der »Rat der indonesischen Muslime« (Majelis Syuro Muslimin Indonesia, Masyumi) verstand den bewaffneten Kampf als Gottesdienst. Zu den Kampftruppen, die die Speerspitze des Dschihad bildeten, gehörten eine unter japanischer Besatzungszeit gegründete »Armee Allahs« (Hizbullah) und die »Truppe für den Heiligen Krieg Allahs« (Sabilillah).[19]

1. Islam versus Multikulturalismus in der indonesischen Geschichte

Der besondere Beitrag der Muslime zur Unabhängigkeit des Landes, aber auch ihre numerische Überlegenheit hat islamische Führer immer wieder dazu veranlasst, eine besondere Rolle in Staat und Gesellschaft zu beanspruchen. 88 Prozent der Bevölkerung Indonesiens bekennen sich zum sunnitischen Islam, nur neun Prozent sind Christen und drei Prozent Hindus und Buddhisten. Schon vor der Unabhängigkeit wurden Ideen eines indonesischen Islamstaates diskutiert, in dem die Scharia Grundlage für das Rechtssystem sein sollte. Ein solches Konzept, fürchteten besonnene Muslime jedoch, würde einen Staat in den Grenzen des kolonialen Indonesien von vorne herein zum Scheitern verurteilen. Der riesige Archipel, der sich über eine Länge von 5 000 km und eine Breite von 1 800 km erstreckt, ist kulturell so divers, dass die Integration der unterschiedlichen Ethnien und Religionsgemeinschaften eine immense Herausforderung darstellte. Mehr als 300 verschiedene Sprachen werden auf etwa 7 000 bewohnten Inseln gesprochen[20] und vor allem die so genannten Außeninseln Timor, Flores, Sumba und das Alor-Archipel, die Molukken, Papua, Bali, das nördliche Sulawesi, das Innere Sumatras und Teile Kalimantans werden von Nicht-Muslimen bewohnt. Diese wären kaum bereit gewesen, sich in eine islamische Republik einzugliedern. Ohnehin waren nationalistische Gefühle dort weitaus weniger ausgeprägt als auf Java, Sumatra und Sulawesi, wo Intellektuelle ihre Ideen einer neuen Nation ersonnen und sich im antikolonialen Widerstand organisiert hatten. Auf anderen Inseln war man geneigt, auch den positiven Input der Nieder-

---

[18] Nadirsayah Hosen 2003: 171f.
[19] Vgl. Dengel 1986: 36ff.
[20] Insgesamt besteht Indonesien aus 13.700 Inseln.

länder zu honorieren, vor allem dort, wo christliche Missionsgesell-schaften Schulen gebaut, landwirtschaftliche Entwicklungsprojekte ins Leben gerufen oder eine medizinische Grundversorgung einge-richtet hatten. Auf den Molukken gab es sogar handfeste Gründe für eine gewisse Solidarität mit den Kolonialherren. Ganze Batail-lone der Königlich-Niederländisch-Indischen Armee waren aus Einheimischen zusammengestellt und gegen Aufständische auf an-deren Inseln eingesetzt worden. Zudem wurden einheimische Christen bevorzugt in Positionen der lokalen Verwaltung einge-stellt. Insgesamt profitierten Christen von guten Ausbildungsmög-lichkeiten und ihrem privilegierten Zugang zu den Zentren der Macht. All dies machte sie nicht gerade zu glühenden Befürwortern eines muslimisch geprägten unabhängigen Indonesien.

Vielen politischen Aktivisten war diese Problemlage bewusst. Sie setzten der islamischen Staatsphilosophie eine säkular-nationa-listische Ideologie entgegen. Die erste antikoloniale Organisation des Archipels, die Islamische Vereinigung (Sarekat Islam), in der bereits 1912 die zukünftige Staatsform erörtert wurde, spaltete sich bald in einen sozialrevolutionären und einen religiös orientierten Flügel. 1920 gründete ein Teil ihrer Mitglieder die Kommunis-tische Partei Indonesiens (Partai Komunis Indonesia, PKI) und der verbleibende andere Teil wurde 1923 in eine politische Partei mit dem Namen Partei der islamischen Vereinigung Indonesiens (Partai Sarekat Islam, PSI) überführt.[21] Obgleich der Kampf für die Unabhängigkeit sie einte, entfernten sich beide Lager zusehends voneinander.

Im März 1942 landeten japanische Truppen auf Java und ver-trieben die Königlich-Niederländisch-Indische Armee innerhalb ei-ner Woche. Japan versprach Indonesien die Unabhängigkeit, und zur Vorbereitung setzte sich 1945 ein Komitee zusammen, das das Konzept eines postkolonialen Staates erarbeiten sollte. Erwartungs-gemäß prallten die Gegensätze zwischen Nationalisten und Islamis-ten aufeinander. Einem der anwesenden Politiker, dem charismati-schen Ahmad Sukarno,[22] gelang es schließlich, einen Kompromiss herbeizuführen. In einer aufsehenerregenden Rede am 1. Juni 1945 entwickelte er eine auf fünf Prinzipien basierende Staatsphiloso-

---

[21] Aus der PSII entstand 1923 die »Partei der Vereinigung des Islam Ostin-diens« (Partai Sarekat Islam Hindia Timur, PSIHT) und 1930 die »Par-tai der Vereinigung des Islam Indonesiens« (Partai Sarekat Islam Indone-sia, PSII).
[22] Vgl. Dahm 1966.

phie, die Pancasila, die den Glauben an einen Gott, (Mono-
theismus), Menschlichkeit, nationale Einheit, Demokratie und Gerechtigkeit als Leitlinien des neuen Staates festlegte. Sukarno war
während der Kolonialzeit für einige Jahre auf die Insel Flores ver-
bannt worden, die vollständig unter dem Einfluss des katholischen
Ordens vom Göttlichen Wort (Societas Verbi Divini) stand und
hatte dort gute Beziehungen zu örtlichen Patres geknüpft. Seine
eigene Herkunft verband ihn überdies mit der hinduistischen Insel
Bali, von der seine Mutter stammte. Kurz: Er war prädestiniert, die
Einwände der Nicht-Muslime ernst zu nehmen und die Gefahr für
die junge Nation zu begreifen, sollten sich die Befürworter einer
islamischen Dominanz durchsetzen. Andererseits realisierte er, dass
strategische Zugeständnisse an die Befürworter eines islamischen
Staates unumgänglich waren. Das sehr weit gehende Bekenntnis zu
Multikulturalismus und Toleranz, das in der Pancasila zum Ausdruck kam, wurde von vielen Mitgliedern des Komitees nicht un-
eingeschränkt akzeptiert und man verabschiedete einen weiteren
Zusatz, die so genannte »Jakarta-Charta«, die als Präambel der Verfassung vorangestellt werden sollte. Sie legte die Scharia als Rechts-
grundlage der indonesischen Muslime fest und verfügte, dass der
Präsident der Republik ein Muslim sein müsse. Auf dieser Grundlage wurden Sukarno zum Präsidenten und der sumatranische Prag-
matiker Mohammed Hatta zum Vizepräsidenten gewählt. Einmal
im Amt und der Unterstützung durch moderate und säkulare
Kräfte sicher, änderte Sukarno den zuvor festgelegten Kompromiss
eigenhändig einen Tag nach Verkündigung der Unabhängigkeit.
Die Verpflichtung der Muslime auf die Scharia wurde ebenso aus
der Charta gestrichen wie das Vorrecht der Muslime, den Präsidenten zu stellen. Indonesien war jetzt als multikultureller Staat
konstituiert, der den anerkannten Religionsgemeinschaften, Pro-
testanten, Katholiken, Muslimen, Hindus und Buddhisten[23] gleiche Rechte garantierte.

Viele Muslime reagierten mit Empörung auf diese Wendung
und kündigten ihren Widerstand an. Ihnen kamen die unruhigen
Zeiten nach der Verkündigung der Unabhängigkeit zugute, in
denen staatliche Autorität kaum durchsetzbar war. Nach dem
Rückzug der Japaner versuchten die Niederländer, das Rad der Geschichte zurückzudrehen und die ehemalige Kolonie militärisch
wieder unter Kontrolle zu bekommen. Überall entbrannten Gefechte, mobilisierten indonesische Führer die Bevölkerung zum

---

[23] Das Judentum zählt nicht zu den anerkannten Religionen.

Kampf gegen die holländische Armee, gründeten Milizen und andere bewaffnete Einheiten. Islamische Verbände kämpften unter islamischen Kommandanten, während die Nationalarmee unter republikanischer Leitung stand. In Westjava hatte der Islamist Kartosuwirjo die Leitung des antikolonialen Kampfes übernommen, die Bevölkerung bewaffnet und auf einen blutigen Krieg gegen die Niederlande eingeschworen. Sein Ziel war jedoch nicht die unabhängige Republik, sondern ein islamischer Staat Indonesien (Negara Islam Indonesia), den er 1948 verkündete. Als Sukarno und Hatta im Dezember 1948 von niederländischen Truppen festgenommen wurden, rief Kartosuwirjo die Bevölkerung zu einem »heiligen und totalen Krieg« auf, der so lange geführt werden müsse, bis »alle Feinde des Islam, des Volkes und Allahs vertrieben und der Staat von Gottes Gnaden, der Negara Islam Indonesia errichtet sei.«[24] Schon bald waren die »Feinde Gottes« aber nicht nur die Holländer, sondern all diejenigen, die ein islamisches Indonesien ablehnten. Nach einem Zwischenfall zwischen der Nationalen Armee Indonesiens (Tentara Nasional Indonesia, TNI) und Kartosuwirjos Islamischer Armee Indonesien (Tentara Islam Indonesia, TII) denunzierte Kartosuwirjo alle republikanischen Truppen als »irreguläres Militär und verräterische Banden«[25] und erklärte ihnen den Krieg.

Auch in anderen Teilen der Republik regte sich entschiedener Widerstand gegen das multireligiöse Indonesien. In Südsulawesi führte Kahar Muzakkar eine Partisanengruppe gegen die Republik und trat dem Konstrukt »Indonesischer Islamstaat« im Jahre 1953 bei. Bereits 1952 war er von Kartosuwirjo zum Kommandanten der Islamischen Armee Indonesiens in Südsulawesi ernannt worden. 1957 schloss sich der acehnesische Rebellenführer Daud Beureueh an. Die politische Elite Acehs war nicht nur enttäuscht, dass Indonesien kein islamischer Staat, sondern eine multikulturelle Republik geworden war, sondern empörte sich auch darüber, dass Aceh zusammen mit der von christlichen Batak bewohnten südlich gelegenen Region zu einer gemeinsamen Provinz Nordsumatra zusammengefasst wurden.[26] Aceh und Südsulawesi galten Kartosuwirjo als Teilgebiete eines Staates, der sich in Zukunft, wenn es gelungen sein würde, die Regierung in Jakarta zu stürzen, über ganz Indonesien erstrecken sollte.

---

[24] Dengel 1986, 71.
[25] Dengel 1986, 74.
[26] Vgl. Ricklefs 2001, 300.

Der Islamstaat, angetreten als ehrenwerte Alternative zur Republik, verlor jedoch schon bald an Reputation, da die Bevölkerung zu hohen Abgaben gepresst und zunehmend Opfer von Ausplünderungen und Räubereien der islamischen Milizen wurde. Durch Überfälle auf die Zivilbevölkerung angrenzender Gebiete füllte die »Islamische Armee« ihre Kriegskasse zusätzlich auf und versuchte, ihr Einflussgebiet auszudehnen. Kritik an diesen Praktiken wurde wie Verrat geahndet und insgesamt ein System des Terrors etabliert.

Islamische Politiker der Republik standen dem Phänomen ambivalent gegenüber. Viele sympathisierten durchaus mit dem Grundgedanken des islamischen Staates oder strebten ihn selbst an, distanzierten sich aber von Kartosuwirjo oder versuchten die Bedeutung der Aufstände zu relativieren. Bei den ersten Parlamentswahlen der Republik im Jahr 1955 zeigte sich, dass die Idee eines Islamstaates in der Bevölkerung nicht den von Islamisten erwarteten Widerhall fand. Nationalisten und Kommunisten erhielten zusammen genauso viele Stimmen wie die Parteien mit islamischem Profil. An der Patt-Situation der Zeit vor der Unabhängigkeit hatte sich nichts geändert. Die islamischen Rebellionen sollten allerdings noch einige Jahre andauern. Erst 1962 gelang es, den geschwächten und gesundheitlich vollkommen ruinierten Kartosuwirjo festzunehmen. Ihm wurde der Prozess gemacht, ein Todesurteil gefällt und noch im gleichen Jahr vollstreckt.

In einigen kleineren Bezirken wurden zwar auch in späteren Jahren gelegentlich Versuche unternommen, die Idee Kartosuwirjos zu reaktivieren –im westjavanischen Tasikmalaya zum Beispiel gründete der örtliche Landrat (*bupati*) 1969 einen eigenen kleinen Islamstaat[27] – doch es kam nicht mehr zu Aktivitäten, die der Regierung gefährlich werden konnten. Die islamistischen Kämpfer, deren Zahl allein auf Java und Sulawesi fast 30 000 betragen haben soll,[28] gingen in den Untergrund. Als Illegale sollen sie teilweise von der indonesischen Armee für spezielle Aufgaben rekrutiert und mit Waffen ausgestattet worden sein. Vor allem dem mächtigen indonesischen Geheimdienstchef Ali Murtopo wird nachgesagt, islamistische Verbände als verdeckte Einsatzkräfte geduldet, ausgerüstet und für staatliche Zwecke eingesetzt zu haben. Solche Unternehmungen waren nicht ungefährlich, da die einmal Ausgerüsteten ihre Waffen nach den Operationen nicht wieder abgaben und sich die Ziele des Staates kaum mit denen der Freischärler deckten. Aus

---

[27] ICG 2005, 2.
[28] ICG 2005, 3.

diesem Grund unternahm der Geheimdienst immer wieder Aktivitäten, um die Macht der Untergrundorganisationen zu begren-
zen. So infiltrierte man die Gruppen und initiierte sogar Gründungen von Milizen, um sich einen Überblick über die extremistische
islamistische Szene zu verschaffen und diese anschließend zu elimi-
nieren. Auf Initiative Ali Murtopos wurde beispielsweise ein Kommando Heiliger Krieg (Komando Jihad) gegründet, das im Jahr
1977 etliche Brand- und Sprengstoffanschläge verübte. 1979, als
sich genügend Beweismaterial angesammelt hatte, schlug der Staat
zu und verhaftete die Dschihadisten.[29]

Halb legal und hoch flexibel: Islamisten unter Suharto .

Trotz des Sieges der Republikaner war das Dilemma der Republik
Indonesien offenkundig: Ein gewichtiger und im Unabhängigkeitskampf verdienter Teil der Elite kämpfte erbittert für einen islamischen Staat, ein anderer Teil versuchte, die widerstreitenden Interessen durch geschicktes Taktieren und von Zeit zu Zeit auch durch
militärische Interventionen in einer prekären Balance zu halten.
Eine militärische Lösung war letztendlich nur begrenzt erfolgver-
sprechend. Zerschlug man Organisationen, so fanden sich die Aktivisten bald in einer neuen Form wieder zusammen, entweder in der
Legalität oder im Untergrund. Oft waren beide Ebenen miteinander vermengt, unterhielten die Kader politischer Verbände gute
Verbindungen zu verdeckt operierenden Mitstreitern.

So zum Beispiel Mohammed Natsir, einst ein Mitglied des Rates
der indonesischen Muslime (Majelis Syuro Muslimin Indonesia,
Masyumi), der 1958 in der Stadt Padang in Westsumatra eine
Gegenregierung ausgerufen hatte. Sukarno verbot die Organisation
und Natsir wurde zu einer Haftstrafe verurteilt. Bereits im Jahr
1967 gründete er eine Nachfolgevereinigung des Masyumi, den Rat
für Islamische Mission Indonesiens (Dewan Dakwah Islamiyah
Indonesia, DDII), der heute in der politischen Landschaft Indonesiens bestens vernetzt ist und ausgezeichnete Verbindungen nach
Saudi Arabien unterhält. Eng verzahnt mit dem DDII ist das Indonesische Komitee für Solidarität mit der islamischen Welt (Komitee
Indonesia untuk Solidaritas dengan Dunia Islam, KISDI), die Islamische Jugendbewegung (Gerakan Pemuda Islam, GPI) und seit
den 1990er Jahren auch das Krisenbewältigungskomitee (Komitee

---

[29] Vgl. Conboy 2006.

Penanggulan Krisis, KOMPAK). Sowohl Mitglieder des DDII als auch des KOMPAK waren Anfang 2000 in terroristische Aktivitäten verwickelt, wurden vorübergehend festgenommen und dann, nicht zuletzt auf Fürsprache hoher Politiker, wieder auf freien Fuß gesetzt.[30] GPI und KISDI hatten sich die Unterstützung kämpfender islamischer Organisationen in Bosnien-Herzegowina, Kaschmir, Afghanistan, Mindanao und Palästina auf die Fahnen geschrieben und sympathisierten zum Teil offen mit al-Qaida und anderen Terrororganisationen. Auch hier existierten gute Verbindungen in die Politik, u. a. zu Angehörigen der Familie des Präsidenten und zum Militär.

Zu den Verhafteten der Aktion gegen das Kommando des Heiligen Krieges, dieser klandestinen ehemaligen Milizionäre des »Indonesischen Islamstaates« gehörte der jemenitisch-stämmige Kleriker Abu Bakar Ba'ashir, der später zusammen mit einem anderen Hadrami, Abdullah Sungkar, das wohl spektakulärste südostasiatische Terrornetzwerk, die Jemaah Islamiyah gründete. Anhand der Biographie von Abu Bakar Ba'ashir lässt sich die Verzahnung legaler, halblegaler und illegaler Strukturen ebenso gut verdeutlichen wie der stetige Wechsel von Organisationen. Seine Karriere begann in den 1950er Jahren in einer mit der »Masyumi« verbundenen Studentenorganisation und setzte sich mit Aktivitäten eines Radioprogramms Islamisches Missionsradio (Radio Dakwah Islamiyah) in der javanischen Stadt Solo fort, das 1975 wegen staatsfeindlicher Propaganda verboten wurde. 1972 eröffnete er das islamische Internat al-Mukmin, aus dem sich Anfang 2000 mehrere islamistische Attentäter rekrutierten. 1979 wurde Abu Bakar Ba'ashir als Teil des Komando Jihad verhaftet und zu neun Jahren Gefängnis verurteilt. In der Berufungsinstanz reduzierte sich das Strafmaß auf vier Jahre, und 1982 kehrte er nach al-Mukmin zurück. Er vernetzte die Schule mit anderen islamischen Bildungseinrichtungen[31] und baute gute Kontakte zu den Universitäten der Städte Solo und Yogyakarta auf. Dort entstanden zu dieser Zeit islamische Lesezirkel unter den Studierenden, die gerne bereit waren, sich mit den Ideen Abu Bakar Ba'ashirs auseinanderzusetzen und von seiner Vorstellung eines indonesischen Islamstaates begeistern ließen.

Der Beginn der 1980er Jahre war global von einer Welle islamischer Revitalisierung gekennzeichnet, die u. a. eine Nachwirkung

---

[30] Vgl. Bolte, Möller, Rzyttka 2003, 13.
[31] Vgl. ICG 2002.

der iranischen Revolution darstellte, dieses ersten erfolgreichen Un-
ternehmens, eine verwestlichte Regierung durch eine islamische
Revolution hinwegzufegen und eine Theokratie einzurichten, in
der der Koran und das Vorbild des Propheten allein als Leitlinien für
Staat und Gesellschaft geduldet wurden. Islamische Studenten und
junge Akademiker ließen sich weltweit von der Euphorie mitreißen
und begannen, in ihren Heimatländern für eine Rückkehr zu den
»Wurzeln des Islam« zu missionieren. Die politische Führung Indonesiens war angesichts der unübersehbaren Stärkung islamistischer
Tendenzen alarmiert und unternahm einen provokativen Vorstoß,
islamische Organisationen auf die Prinzipien des multikulturel-
len Staates zu verpflichten. Sie verfügte, dass alle Vereinigungen die
Pancasila in ihren Statuten verankern müssten. Es kam erwartungs-
gemäß zu Protesten und auch zu gewalttätigen Auseinandersetzungen zwischen muslimischen Demonstranten und Vertretern der
Staatsmacht, im Rahmen derer im September 1984 im Hafen von
Jakarta Dutzende von Muslimen getötet wurden. Diesen Vorfall
nahm Abu Bakar Ba'ashir zum Anlass, die Regierung der Republik
Indonesien in einer öffentlichen Ansprache eines Krieges gegen ihre
muslimische Bevölkerung zu bezichtigen. Die Reaktion des Staates
ließ nicht lange auf sich warten: Die Reduzierung des Strafmaßes
wurde zurückgenommen und eine erneute Inhaftierung des Predi-
gers stand bevor. Zusammen mit Abdullah Sungkar floh dieser nach
Malaysia, traf dort mit Exilanten aus dem Mittleren Osten zusammen und organisierte die Teilnahme junger indonesischer Kämpfer
an den Kämpfen in Afghanistan. 1993 sollen die beiden Kleriker
dann das Netzwerk Jemaah Islamiyah aufgebaut haben, mit dessen
Hilfe die Islamisierung Südostasiens vorangetrieben werden sollte.
Das Endziel war ein die islamisch bewohnten Regionen Südostasiens umfassendes Kalifat oder wenigstens islamische National-
staaten. Jemaah Islamiyah verfügte über eine länderübergreifende
Struktur, solide Einnahmequellen, u. a. von islamischen Stiftungen,
finanzierte ihre Unternehmungen aber auch durch Erpressungen,
Entführungen, Überfälle und andere kriminelle Machenschaften.[32]
Nach dem Sturz Suhartos im Jahr 1998 kehrten Abdullah Sungkar
und Abu Bakar Ba'ashir nach Indonesien zurück, wo Sungkar bald
verstarb. Abu Bakar Ba'ashir übernahm die alleinige Führung der
Organisation und setzte einen neuen Prozess öffentlicher Agitation
in Gang. Im Jahr 2000 lud er etwa 1 000 Verfechter eines indonesischen Islamstaates zu einer Tagung nach Yogyakarta und gründete

---

[32] Vgl. Reuther 2007.

den Mujaheddinrat Indonesiens (Majelis Mujahidin Indonesia, MMI), ein Sprachrohr des radikalen Islam. Abu Bakar Ba'ashir verstand es, sich als Verfolgter des Suharto-Regimes in Szene zu setzen und genoss große Popularität. Parallel zu diesen öffentlichen Darstellungen und einem argumentativen Werben für ein indonesisches Kalifat setzte Jemaah Islamiyah aber auch auf terroristische Aktivitäten. In Indonesien werden der Gruppe folgende Attentate zur Last gelegt: eine Autobombe vor dem Wohnsitz des philippinischen Botschafters im August 2000, Bombenanschläge auf Kirchen und Pastoren in 11 indonesischen Städten am Weihnachtsabend des gleichen Jahres, bei denen 19 Menschen starben und mehr als 100 verletzt wurden, und die Zündung jeweils einer Autobombe vor dem Marriott-Hotel in Jakarta im Jahr 2003, bei der 12 Menschen starben, und vor der australischen Botschaft in Jakarta, die neun Menschenleben forderte.[33] Das schlimmste Attentat ereignete sich am 12. Oktober 2002, genau einen Tag, einen Monat und ein Jahr nach dem Anschlag auf das World Trade Center, in zwei Diskotheken auf der Insel Bali. 202 Menschen wurden zerrissen oder verbrannten, die meisten von ihnen australische Touristen. Drei Jahre später explodierten wieder Bomben auf Bali, diesmal in von Touristen frequentierten Restaurants, die 23 Tote forderten. Aufgrund internationalen Drucks lief nach dem ersten Bali-Anschlag eine landesweite Fahndung an, einige der Hintermänner, allesamt aus dem Umfeld von Abu Bakar Ba'ashirs Islamschule, wurden festgenommen und zum Tode verurteilt. Abu Bakar Ba'ashir selbst wurde nach langem Hin und Her ebenfalls inhaftiert, aber nach kurzer Zeit wieder auf freien Fuß gesetzt. Er kann seine öffentlichen Aktivitäten ungehindert fortsetzen und auch seine lokale Basis, die »al-Mukmin«-Schule im javanischen Ngruki, blieb unangetastet.

Heiliger Krieg gegen Christen auf den Außeninseln

Religiös motivierte Gewalt ging in der indonesischen Geschichte aber nicht nur von dezidiert terroristischen Gruppen wie Jemaah Islamiyah und islamistischen Rebellen aus, sondern entzündete sich auch an Spannungen zwischen Christen und Muslimen. Vor allem die Situation nach dem Sturz Suhartos im Jahr 1998[34] ist durch sol-

---

[33] Vgl. ICG 2005.
[34] Schilderungen und Analysen des Transformationsprozesses in Budiman 1999, Dijk 2002.

che eskalierenden Konflikte zwischen den Religionsgemeinschaften gekennzeichnet.[35] Die nachlassende Repression hatte in Indonesien ein Machtvakuum hervorgerufen, das unterschiedliche Organisationen für sich nutzten. Es kam zu einer lebhaften Neugründung politischer Parteien und zu einem Aufleben der Zivilgesellschaft. Studentische Gruppierungen, Frauen- und Künstlervereinigungen bildeten sich genauso wie islamische Gruppierungen, die die Idee eines islamischen Staates wieder aufgriffen und in der Öffentlichkeit dafür warben. Zur Untermauerung ihres Anliegens lenkten die islamistischen Agitatoren den Blick auf vermeintliche Missstände der Republik, die entweder mit unislamischer Dekadenz oder mit dem Multikulturalismus begründet wurden.

Eine dieser Gruppen, die Miliz des heiligen Krieges (Laskar Jihad), machte im April 2000 von sich reden, als ihre Anhänger in wallenden weißen Gewändern, den arabischen Säbel schwingend durch Jakarta marschierten und zum Krieg gegen Christen auf den Molukken aufriefen. Laskar Jihad wurde von dem Hadrami Jafar Umar Thalib ins Leben gerufen, der sich seine Sporen als Mujaheddin in Afghanistan verdient hatte. Die Organisation war ursprünglich als Sicherheitsdienst des Sunni Kommunikationsforums (Forum Komunikasi Ahlus Sunnah wal-Jama'ah) geplant, eine der radikalen islamistischen Missionsbewegungen, die sich während des demokratischen Aufbruchs Indonesiens konstituierten.[36] Eine probate Gelegenheit, den Islam in Indonesien als durch Christen bedroht darzustellen und sich selbst als Retter zu empfehlen, war die Eskalation zweier lokaler Konflikte auf den Süd- und den Nordmolukken, die Ende des 20. Jahrhunderts zunehmend religiös aufgeladen wurden.[37] Auf den Südmolukken, um die Hauptstadt Ambon herum, hatten sich in den 1980er Jahren die überkommenen Machtverhältnisse zwischen Christen und Muslimen durch muslimische Migranten nach und nach zuungunsten der Christen verschoben, die bis dahin die Mehrheit der Bevölkerung gestellt und die Verwaltung dominiert hatten. Anfang der 1990er Jahre kam es zu ersten Auseinandersetzungen um staatliche Posten und die damit verbundenen finanziellen Pfründe. Als sich christliche und muslimische Banden, die in Jakarta mit kriminellen Machenschaften ihr Geld verdienten, in den Streit einzumischen begannen, wurden die Auseinandersetzungen zunehmend gewaltförmiger und

---

[35] Vgl. Schröter 2003.
[36] Vgl. Noorhaidi 2006, 17.
[37] Vgl. Bartels 2007.

eskalierten schließlich. Ende der 1990er Jahre kam es zu Straßen-
kämpfen, die von Jugendlichen mit selbst gebauten Waffen, mit
Pfeil und Bogen sowie mit Macheten geführt wurden.[38] Der zweite
Konfliktherd auf den Nordmolukken entstand ebenfalls durch einen
Streit um Ressourcen zwischen muslimischen Zuwanderern und
einheimischer Bevölkerung, und wie im Süden kam es zu gegen-
seitigen Vertreibungen, zu Plünderungen und zu Massakern.[39] Beide
Seiten nutzen die Überzeugungskraft neuer Medien, des Internets,
aber auch von Videos und CDs, mit deren Hilfe sie das eigene Leid
und die Gräuel der jeweils anderen Seite anklagten.[40] Auf muslimischer Seite wurde das Gerücht kolportiert, die ostindonesischen
Christen strebten die endgültige Vertreibung aller Muslime von den
Molukken an, um dort einen eigenen Christenstaat zu errichten.
Separatistische Forderungen waren in der Geschichte Indonesiens
nicht neu, und auf den Molukken existierte in den 1940er Jahren
tatsächlich eine Bewegung, die eine autonome Republik Südmolukken anstrebte. Die niederländische Regierung hatte diese Idee
damals unterstützt, um ein unabhängiges Indonesien zu verhindern
und weiterhin Kontrolle über den Archipel auszuüben. Der Aufstand war 1950 militärisch niedergeschlagen worden und mehr als
40 000 Molukker flohen nach Holland. Trotz der langen Zeit, die
seitdem vergangen ist, lassen sich mit der Erinnerung an die separatistische Erhebung heftige Emotionen mobilisieren. Um die Jahrtausendwende befürchten Indonesiens Muslime aber nicht nur einen
Verlust der Molukken, sondern einen Dominoeffekt, der zur Loslö-
sung Westpapuas und des christlichen Sulawesi aus der Republik
und damit zum Auseinanderbrechen der Nation führen könnte.[41]

In den Ballungszentren Javas kam es angesichts solch vermeintlich
drohender Katastrophen, aber auch angesichts der Bilder von ver-
stümmelten Leichen, zerstörten Siedlungen und weinenden Kin-
dern, die überall kursierten, zu Massendemonstrationen, auf denen
sogar besonnene Kräfte ein sofortiges Eingreifen gegen den »christlichen Terror« forderten. Die meisten beließen es bei empörten Reden, die Kämpfer von Laskar Jihad dagegen machten sich tatsächlich zu Tausenden auf den Weg zu den Molukken und verschärften
die Situation dort durch den Einsatz moderner Waffen, die sie

---

[38] Vgl. Spyer 2002.
[39] Vgl. Schröter 2003.
[40] Vgl. Bräuchler 2005.
[41] Vgl. Hefner 2002.

Beobachtern zufolge von Einheiten des dort stationierten Militärs erhalten haben sollen.[42] Auf den nördlichen Molukken engagierte sich besonders eine Kampftruppe des Mujaheddinrates, die Mujaheddinmiliz (Laskar Mujahidin, LM), die häufig verdeckt operierte und gelegentlich in Kampfhandlungen mit Laskar Jihad verwickelt gewesen sein soll.

Laskar Jihad-Truppen agierten auch noch in zwei anderen Konfliktfeldern, von denen eines Westpapua und das andere die Poso-Region in Zentralsulawesi darstellte. Papua war 1963 von Indonesien annektiert worden und die Eingliederung in die Republik durch eine kleine Gruppe bezahlter Stammesführer bestätigt worden.[43] Enttäuschte Papuas hatten verschiedentlich gegen diesen Anschluss protestiert und die Unabhängigkeit oder zumindest eine weitgehende Autonomie gefordert. Einige Unverzagte hatten sogar eine Guerillaorganisation, die Bewegung Freies Papua (Organisasi Papua Merdeka, OPM) ins Leben gerufen, die ab und zu einen Überfall durchführte, im Großen und Ganzen aber keinen großen Schaden anrichtete. Die Papuas sind christlich missioniert und erleben seit Jahren den Verlust ihres Landes durch muslimische Migranten und ausländische Konzerne. Laskar Jihad soll mit einigen Hundert Kämpfern auf der Insel gelandet sein, doch da keine virulenten Konflikte zwischen rivalisierenden Gruppen auszumachen waren, kam es nur zu vereinzelten Aktivitäten. Anders stellte sich die Lage in der Poso-Region dar. Ähnlich wie auf den Molukken hatten muslimische Einwanderer das ökonomische und politische Gleichgewicht aus dem Lot gebracht und ein unterschwelliger Kampf um Ressourcen entbrannte. Kleinste Anlässe brachten das Pulverfass zum explodieren, und es bildeten sich lokale christliche und muslimische Milizen, die mit äußerster Brutalität gegeneinander vorgingen. Auch dort verschärften externe Gruppen wie Laskar Jihad, Jemaah Islamiyah oder eine in Südsulawesi ansässige Miliz der Soldaten des Gottesheeres (Laskar Jundullah) den Konflikt.[44] Laskar Jundullah ist der bewaffnete Arm eines Komitees zur Einführung der Scharia (Komitee Penegakan Syariat islam, KPSI), deren Führer Agus Dwikarna zum Führungskader des Mujaheddinrates und des DDII gehörte.

Die gewaltartigen Exzesse haben auf den Molukken mittlerweile aufgehört, und Laskar Jihad hat einen Tag vor dem Attentat in Bali

---

[42] Vgl. Aditjondro 2001.
[43] Vgl. Penders 2002; Tebay 2005.
[44] Vgl. Aragon.

seine Auflösung bekannt gegeben. In Poso morden noch immer lokale Milizen und Teile von Jemaah Islamiyah,[45] die sich, anders als Laskar Jihad, niemals offen zu ihrer Teilnahme an anti-christlichen Gewalttaten bekannten. Auch die Anschläge auf Botschaften, touristische Einrichtungen und Kirchen hat Jemaah Islamiyah niemals gestanden, so dass die Anschläge nur über Indizien zugeordnet werden konnten. Personen ließen sich wohl ausfindig machen, doch niemand hat bis jetzt seine Mitgliedschaft offengelegt. Aus diesem Grund konnten radikale Islamisten stets die Existenz der Gruppe bestreiten, obgleich im Untergrund Texte der Organisation kursieren.[46]

Islamischer Kampf im indonesischen Kernland: Die Front zur Verteidigung des Islam

Eine weitere gewaltbereite islamistische Gruppe, die Front zur Verteidigung des Islam (Front Pembela Islam, FPI), wurde 1998 gegründet und hat ihre Hochburgen in den urbanen Ballungszentren Javas, vor allem in Jakarta. Sie wurde bekannt durch Razzien, die sie gegen Bars, Diskotheken, Nachtclubs und Einrichtungen, die Alkohol verkaufen, durchführte. Dabei ist ihr Vorgehen das einer marodierenden Bande, bei der die Mitglieder in Motorrad- und Fahrzeugkonvois vor ein ausgemachtes Ziel fahren, das sie dann mit Knüppeln, Steinen oder Brandsätzen zerstören. Immer werden Gäste und Inhaber bedroht und attackiert, nicht selten unter den Augen einer untätig zusehenden Polizei. Seit den Anfängen hat sich das Aktionsrepertoire der Gruppe zunehmend erweitert. FPI-Aktivisten führten den Mob an, der im Jahr 2005 das bereits erwähnte Zentrum der Ahmadiyah auf Java zerstörte, und sie versammelten sich nach der eingangs erwähnten Fatwa des Indonesischen Rates der Islamgelehrten gegen Liberalismus und Pluralismus drohend vor den Büroräumen der Gruppe Netzwerk Liberaler Islam (Jaringan Islam Liberal, JIL) in Jakarta. Die JIL-Aktivisten, die schon wiederholt im Fadenkreuz des radikalen Islam standen, befürchteten eine Erstürmung des Gebäudes. Erst als der einer Rauferei nicht immer abgeneigte Sicherheitsdienst der Nahdlatul Ulama seine Intervention ankündigte, zogen die Islamisten ab.

Auch außenpolitische Themen interessieren die FPI. Sie sind auf allen großen Demonstrationen präsent, auf denen Beleidigungen

---

[45] Vgl. ICG 2007.
[46] Vgl. Reuther 2007.

des Islam gegeißelt werden, wie anlässlich der ›Muhammed-Karika-turen‹ der dänischen Zeitschrift Jillands Posten, aber auch, wenn es darum geht, für vom Westen unterdrückte Glaubensgenossen im Irak oder Afghanistan oder gegen die »zionistische Verschwörung« auf die Straße zu gehen. Nach dem Beginn des Irak-Krieges ver-langten sie lautstark den Abbruch der diplomatischen Beziehungen zu den USA.

Das bevorzugte Anliegen der Verteidiger des Islam ist allerdings nicht der Kampf gegen Abweichler oder einen fernen außenpoli-tischen Feind, sondern die Durchsetzung einer islamischen Moral. In einer Gesellschaft, in der Megastädte mit allen Attributen der globalen Moderne entstehen, gibt es natürlich eine ganze Reihe möglicher Ziele. Außer den bereits erwähnten Einrichtungen der Vergnügungsindustrie ist auch die Produktion einer nicht islam-konformen Kultur in das Visier der jungen Islamisten geraten. So zum Beispiel die Biennale im Jahr 2005, auf der sie eines der Kunst-werke, das nackte Figuren darstellte, als pornographisch und res-pektlos gegenüber dem Islam diskreditierten. Eine Menge von 250 Demonstranten fand sich vor dem Veranstaltungsort, der Bank Indonesia, ein, konnte aber nicht viel ausrichten und bestritt statt-dessen den Weg der juristischen Klage.[47] In eine große gesellschaft-liche Debatte im Jahr 2006, in der die Einführung eines Gesetzes gegen Pornographie und jede Art von »unsittlichen Handlungen«, zu denen auch das Tragen von T-Shirts und Badeanzügen bei Frauen gehören sollte, diskutiert wurde, griffen sie ebenfalls begeistert ein. Anfang April sollte sich aber ein noch augenfälligeres Betätigungs-feld eröffnen, in dem man den Islam gegen den Vormarsch eines sündigen und gottlosen Westens verteidigen konnte. Am 7. April 2006 sollte nämlich die erste Ausgabe des indonesischen Playboy erscheinen. Im Vorfeld hatten sich die örtlichen Behörden und die Herausgeber gemeinsam auf eine Aufmachung verständigt, die mög-lichst unverfänglich sein sollte. Die Darstellung nackter Frauen sollte ganz unterbleiben und die Modelle stattdessen in Unterwä-sche oder anderer Kleidung abgelichtet werden. Indonesien ist kein Hort der Unschuld, und Pornographie ist unter der Hand überall erhältlich. Trotzdem stieß die Ankündigung, dass das Land nach Japan als zweites in Asien einen eigenen Playboy erhalten sollte, auf erhebliche Proteste der Öffentlichkeit. In dem medial aufgeheizten Klima, in dem der bedeckte weibliche Körpers zum Bollwerk gegen die Verderbnis des Westens stilisiert wurde, hatte die FPI gute

---

[47] Vgl. Wiyanto 2005.

Chancen für öffentlichkeitswirksame Auftritte. Zunächst setzten
ihre Aktivisten auf ihr bewährtes Mittel, die Gewalt, drangen in das
Gebäude ein, in dem sich die Redaktion der Zeitschrift befand, zerschlugen das Mobiliar und legten Feuer. Vor der Presse gab man
sich kampfbereit. Verleger Erwin Armada, der wohl sah, dass er der
Gruppe auf Java schutzlos ausgeliefert sein würde, zog es angesichts
der zugespitzten Lage vor, ins hinduistische Exil der Insel Bali zu gehen. Die FPI gab sich aber nicht geschlagen. Mehrere Fotomodelle
wurden mit Klagen wegen »Verletzung moralischer Werte« belangt,
worauf zwei Jahre Haft stehen können und der Herausgeber musste
sich im März 2007 einem Gerichtsverfahren unterziehen, in dem
die Staatsanwaltschaft eine Gefängnisstrafe verlangte und radikale
Muslime die Todesstrafe forderten. Erwin Armada wurde freige-
sprochen, und mittlerweile sind weitere Ausgaben des Playboy er-
schienen. Er verkauft sich offenbar glänzend, was radikale und vielleicht auch moderate Muslime jedoch umso mehr anspornen wird,
gegen die »Verwestlichung« ihrer Gesellschaft vorzugehen.

Indonesiens Zukunft: Islamstaat oder Pluralismus?

Jahrzehntelang verfolgte der indonesische Staat das Ziel, die Vertreter des politischen Islam zu kontrollieren und ihren Einfluss zu be-
grenzen, um die Einheit des Landes nicht zu gefährden. Eine
schrittweise Lockerung der Repression trat erst Ende der 1980er
Jahre ein, als Suharto sich zunehmender Opposition in den eigenen
Reihen ausgesetzt sah und nach neuen Verbündeten Ausschau hielt.
Er entdeckte die Muslime, versuchte sich durch eine Reihe von
Maßnahmen und eine medienwirksam angekündigte Pilgerfahrt
nach Mekka als frommer Muslim in Szene zu setzen und lockerte
innerhalb weniger Jahre die anti-muslimischen Verordnungen.[48]
Anfang der 1990er Jahre erlaubte man Musliminnen in der Schule
das islamische Kopftuch (*jilbab*) zu tragen, wurde das Glückspiel
verboten und die erste islamische Bank eröffnet. Es war eine zunächst harmlos beginnende Trendwende, die mit der Aufhebung
der Unterdrückung einer religiösen Mehrheit begann, aber nur
wenige Jahre später schon die Grundlagen des Staates, insbesondere
die multikulturelle Toleranz gefährden sollte.

In mehreren Regierungsbezirken sind unlängst Bestimmungen
erlassen worden, die sich an islamischem Recht orientieren, und in

---

[48] Porter 2002.

der Provinz Aceh gilt die Scharia mittlerweile als Grundlage des Strafrechts. In diesen Regionen ist die Pressefreiheit genauso eingeschränkt wie die Freiheit der Kunst. Es existieren weder Diskotheken noch darf Alkohol ausgeschenkt werden. Für Frauen ist die vollständige Bedeckung von Kopf, Haar und Körper vorgeschrieben, und sie dürfen das Haus ohne männliche Begleitung nach Einbruch der Dunkelheit nicht mehr verlassen. Auf Verletzung der strengen islamischen Vorschriften stehen ebenso strenge islamische Strafen, die zur allgemeinen Abschreckung öffentlich durchgeführt werden.

Schon lange geht es nicht mehr darum, den Glauben frei und ohne Einschränkungen zu praktizieren. Der staatlichen Repression entronnen, machen sich etliche Muslime auf, mit drastischen Mitteln gegen alles vorzugehen, was ihren Vorstellungen eines sittenstrengen autoritativen Islam widerspricht.

Der indonesische Staat und die indonesische Gesellschaft stehen heute an einem Wendepunkt, an dem die Frage nach der Bedeutung eines fundamentalistischen Islam erneut virulent geworden ist. Wie möchte man sich innen- und außenpolitisch positionieren? Es scheint offensichtlich, dass islamische Wahlprogramme zwar nach wie vor nicht unbedingt durch Stimmen honoriert werden, ein großer Teil der Bevölkerung aber bereit ist, Durchsetzungen einer rigiden Moral zu akzeptieren oder zuzuschauen, wenn radikale Gruppierungen Front gegen vermeintliche Gegner machen. Das ist nicht nur eine Bedrohung für die junge Demokratie, sondern könnte die indonesische Nation zerbrechen lassen. Christliche Gebiete reagieren empfindlich auf jede weitere Islamisierung des Staates und Regionen wie Bali und Papua drohten anlässlich der Implementierung des Anti-Pornographie-Gesetzes mit Abspaltung, da ihre traditionelle Kleidung die als sittenwidrig deklarierten Körperstellen unbedeckt lässt. Säkulare Muslime wie die jungen Intellektuellen des Netzwerkes Liberaler Islam, Künstler, Feministinnen und moderate Denker wie der greise Kleriker Abdurrahman Wahid warnen vor einer weiteren Fundamentalisierung des Islam. Ob sie gehört werden ist zweifelhaft, denn viele Zeichen deuten auf einen späten Sieg des indonesischen Islamstaates; allerdings nicht, wie Kartosuwirjo einst dachte, durch eine revolutionäre Erhebung, sondern durch viele kleine Schritte, zu denen juristische Veränderungen ebenso gehören wie neue Kleiderordnungen oder die Duldung von Gewalt radikaler Islamisten.

Literatur

Abuza 2003 = Zachary Abuza, Militant Islam in Southeast Asia. Crucible of terror, Boulder 2003.

Aditjondro 2001 = George Aditjondro, Guns, pamphlets and handie-talkies. How the military exploited local ethno-religious tensions in Maluku to preserve their political and economic privileges«, in: Ingrid Wessel/Georgia Wimhöfer (Hg), Violence in Indonesia, Hamburg 2001, 100-128.

Alfian 2006 = Teuku Ibrahim Alfian, Aceh and the holy war (prang sabil), in: Anthony Reid (Hg.): Veranda of violence. The background of the Aceh problem, Seattle 2006, 109-120.

Ali 2005 = Muhamad Ali, The impact of MUI fatwas on freedom of religion in Indonesia, in: Jakarta Post, 8.8.2005.

Aragon 2001 = Lorraine Aragon, Communal violence in Poso, Central Sulawesi. Where people eat fish and fish eat people, in: Indonesia 72 (2001), 45-80.

Bartels 2007 = Dieter Bartels, The evolution of God and the Spice Islands. The converging and diverging of Protestant Christianity and Islam in the colonial and post-colonial period, in: Susanne Schröter (Hg.), Christianity in Indonesia. Perspectives of power, Berlin 2007.

Barton/Fealy 1996 = Greg Barton/Greg Fealy (Hg.), Nahdlatul Ulama, traditional Islam and modernity in Indonesia, Clayton, Vic. 1996.

Beattie 1996 = Andrew Beattie, Adam and Eve and Vishnu. Syncretism in the Javanese slametan, in: Journal of the Royal Anthropological Institute 2 (1996) 2, 271-288.

Bolte/Möller/Rzyttka 2003 = Patrick Bolte/Kay Möller/Osman Rzyttka, Politischer Islam, Separatismus und Terrorismus in Südostasien, Berlin 2003.

Bräuchler 2005 = Birgit Bräuchler, *Cyberidentities at war*. Der Molukkenkonflikt im Internet. Bielefeld: transcript.

Budiman 1999 = Arief Budiman (Hg.), Reformasi. Crisis and change in Indonesia, Clayton 1999.

Conboy 2006 = Ken Conboy, The second front. Inside Asias most dangerous terrorist network, Jakarta 2006.

Cribb 1990 = Robert Cribb (Hg.), The Indonesian killings of 1965.1966. Studies from Java and Bali, Clayton 1990.

Dahm 1966 = Bernhard Dahm, Sukarnos Kampf um Indonesiens Unabhängigkeit. Werdegang und Ideen eines asiatischen Nationalisten, Hamburg 1966.

Dengel 1986 = Holk H. Dengel, Darul-Islamj. Kartosowirjos Kampf um einen islamischen Staat Indonesien, Wiesbaden 1986.

Dijk 2002 = Kees van Dijk, A country in despair. Indonesia between 1997 and 2000, Leiden 2002.

Dobbin 1983 = Christine Dobbin, Islamic revivalism in a changing peasant economy. Central Sumatra 1784-1847, London 1983.

Federspiel 1970 = Howard M. Federspiel, The Muhammadiyah. A study of an orthodox Islamic movement in Indonesia, in: Indonesia 10 (1970), 57-79.

Geertz 1976 = Clifford Geertz, The religion of Java, Chicago 1976.

Hefner 2000 = Robert W. Hefner, Civil Islam. Muslims and democratization in Indonesia, Princeton 2000.

Hefner 2002 = Robert Hefner, Global violence and Indonesian Muslim politics, in: American Anthropologist 104 (2002) 3, 754-765.

ICG 2002 = International Crisis Group, Al-Qaeda in Southeast Asia. The case of the Ngruki-Network in Indonesia. Indonesia Briefing, 8.8.2002, Jakarta 2002.

ICG 2005 = International Crisis Group, Darul Islam and the Australian embassy bombing. Asia Report No 92, Singapur 2005.

ICG 2007 = International Crisis Group, Jihadism in Indonesia. Poso on the edge. Asia-Report No 127, Jakarta 2007.

Jay 1963 = Robert Jay, Religion and politics in rural Central Java. New Haven 1963.

Kedourie 1966 = Elie Kedourie, Afghani and Abduh. An essay on religious unbelief and political activism in modern Islam, London 1966.

Koury 2001 = Adel Th. Khoury, Der Islam. Sein Glaube, seine Lebensordnung, sein Anspruch, Freiburg 2001.

Laffan 2003 = Michael F. Laffan, Islamic nationhood and colonial Indonesia. The umma below the winds, London 2003.

Lewis 2003 = Bernhard Lewis, Die Wut der arabischen Welt, Frankfurt am Main 2003.

Mulder 1978 = Niels Mulder, Mysticism and everyday life in contemporary Java, Singapur 1978.

Nadirsayah Hosen 2003 = Nadirsayah Hosen, Fatwa and politics in Indonesia, in: Arskal Salim/Auyumardi Azra (Hg.), Shari'a and politics in modern Indonesia, Singapur 2003, 168-180.

Noorhaidi 2006 = Hasan Noorhaidi, Laskar Jihad. Islam, militancy, and the quest for identity on post-new order Indonesia, Ithaca 2006.

Penders 2002 = Christian Pendlers, The West New Guinea debacle. Dutch decolonisation and Indonesia, 1945-1962, Leiden 2002.

Porter 2002 = Donald J. Porter, Managing politics and Islam in Indonesia, London 2002.

Ramage 1995 = Douglas E. Ramage, Politics in Indonesia. Democracy, Islam and the ideology of tolerance, London 1995.

Rentz 2005 = G. S. Rentz, Birth of the Islamic reform movement in Saudi Arabia. Muhammad B. Abd al-Wahhab (1703/04-1792) and the beginning of unitarian empire in Arabia, Saudi Arabia 2005.

Reuther 2007 = Christine Reuther, Jemaah Islamiyah in Südostasien. Strukturanalyse eines internationalen islamistischen Terrornetzwerkes des 21. Jahrhunderts, Passau 2007.

Ricklefs 2001 = Merle Ricklefs, A history of modern Indonesia since 1200, Basingstoke 2001.

Schröter 2003 = Susanne Schröter, Religiöse Mobilisierungen in Indonesien, In: ASIEN 89 (2003), 26-46.

Spyer 2002 = Patricia Spyer, Fire without smoke and other symptoms of Ambon's violence. Media effects, agency, and the work of imagination, in: Indonesia 74 (2002), 21-36.

Tebay 2005 = Neles Tebay, West Papua: the struggle for peace with justice, London 2005.

Wiyanto 2005 = Hendro Wiyanto, Die Intoleranz tolerieren. Interview mit

Jim Supangkat über die CP Biennale 2005 und den Protest der FPI, http://Universes-äin-universe.org/deu/islamic_world/articles/2005/cp_biennale_2005. Letzter Zugriff:30.6.2007.

Xinhua 2006 = People's Daily/Xinhua 22.6.2006, http://english.people.com.cn/200606/22/eng20060622_276303.html. Letzter Zugriff: 3.7.2007.

Von neuer Religiosität zu politischer Gewalt

Religiöse Ursachen für islamische Radikalisierung in Westeuropa

DANIELA IOANA PISOIU

»Bis wir uns sicher fühlen, werdet ihr unsere Ziele sein. Und bis ihr die Bombardierungen, die Vergasung, die Inhaftierung und Folter meines Volkes nicht beendet, werden wir diesen Kampf fortsetzen. Wir sind im Krieg und ich bin ein Soldat. Jetzt werdet auch ihr die Realität dieser Situation erfahren.«

Ausschnitt aus einer Videobotschaft von Mohammad Sidique Khan

Der Anführer der Gruppe um die Terroranschläge vom 7. Juli 2005 in London winkt, unrasiert und offenbar frühzeitig gealtert, mit einer blauen Füllfeder in die Kamera und erklärt mit Yorkshire-Akzent, warum Terroranschläge notwendig sind. Er ist kein Ausnahmefall, sondern ein Vorzeigebeispiel für die steigende Anzahl von europäischen Muslimen, die sich in Europa radikalisieren und die die Reihen der Gotteskrieger im Nahen Osten, in Asien und auch bereits in europäischen Hauptstädten zahlenmäßig verstärken. Sie verlassen ihre Heimat, manche sogar Ehefrau und Kinder, um sich selbst für eine weit im Ausland liegende Sache in die Luft zu sprengen. Oder um ›Brüder‹ zu rächen, deren Sprache sie nicht einmal sprechen. Sie sagen, sie führten den weltweiten Dschihad im Namen Allahs, halten dabei die Kalaschnikow in einer Hand, den Koran in der anderen und nennen sich heilige Krieger.

Dieser Artikel ist keine Untersuchung des Charakters oder des Ausmaßes der islamischen Bedrohung in Europa, sondern stellt die Frage in den Mittelpunkt, wie und in welchem Ausmaß die neue islamische Religiosität einen Einfluss auf den innerhalb Europas entstandenen, islamischen Terrorismus ausübt. Die Relevanz dieser Frage entsteht aus der Entwicklung von zwei parallelen Wahrnehmungen: Europa als neue und fruchtbare Brutstätte für islamische Radikalisierung einerseits und das Phänomen der als solche empfundenen religiösen Neugeburt von vielen muslimischen Jugendlichen andererseits. Die Untersuchung basiert auf den biographischen Daten von elf britischen, französischen, belgischen und deutschen Gotteskriegern, welche in versuchten oder ausgeführten Terroranschlägen in Europa, Indien, Israel oder dem Irak involviert waren (biographische Daten siehe Annex). Nach einer kurzen Analyse, in welchem Ausmaß der politische oder religiöse Islam den ideologischen Diskurs der Gotteskrieger bestimmt, untersucht der vorliegende Artikel die Beweggründe, Ursachen und Mechanismen des Dschihad-Terrorismus. Die empirische Faktenlage wird zu der Schlussfolgerung führen, dass Religiosität, obwohl selbst kein kausaler Bestimmungsfaktor, Hilfestellung bei der Rationalisierung und der Lösung von jenen individuellen und ›materiellen‹ Missständen leistet, welche unter persönlichem Scheitern und dem Zurückbleiben hinter persönlichen Erwartungen und jenen anderer zusammengefasst werden können.

Der Zusammenhang zwischen Religion und Terrorismus wurde unter anderem in zwei Interpretationen von Terrorismus hergestellt: im Rahmen einer deterministischen Auslegung (Terrorismus bestimmt durch externe oder interne Faktoren) und einer strategischen (Terrorismus als rational gewähltes Mittel zur Erreichung eines Ziels). Die deterministische Auslegung macht unter anderem das Argument geltend, religiöser Terrorismus hätte etwas spezifisch Religiöses in Bezug auf Ursachen und Mechanismen[1] und enthält die Lehre von den Grundursachen von Terrorismus[2] – politische, ökonomische, soziale oder kulturelle Faktoren. Die strategische Auslegung wiederum betont den taktischen Charakter von Terrorismus und die strategische Logik seiner Anwendung, wie der Überwindung des Problems beschränkter Ressourcen oder der Schaffung größtmöglicher Aufmerksamkeit.[3]

Diesem Artikel liegt die deterministische Auslegung zugrunde, denn im Mittelpunkt steht das Individuum selbst und nicht die Terrororganisation. Die Analyse versucht zu klären, in welchem Ausmaß radikale Ansichten durch Religiosität oder andere ›säku-

---

[1] Vgl. Rapoport 2004; Hoffman 1993; Laqueur 1999.
[2] Zur Diskussion über die Nützlichkeit des Konzepts Bjorgo 2005.
[3] Vgl. Crenshaw 1998; Singh 1990.

lare‹ Faktoren – politische, ökonomische, soziale oder kulturelle –
geformt werden und mitunter zur Mitwirkung am islamischen Terrorismus führen. Unter dem Begriff ›neue Religiosität‹ wird dabei
eine individuelle Beziehung zum Göttlichen und die daraus resul-
tierende Weltanschauung verstanden, wobei das Beiwort ›neu‹
moderne Einsprengsel enthält: wie die Individualisierung einer religiösen Wahrheitserfahrung, den direkten Zugang zu Wissen, den
Synkretismus, das spirituelle Nomadentum und die Globalisierung.[4] Im Hinblick auf den Begriff ›Terrorismus‹ versteht die vorliegende Analyse den Begriff im Sinne einer politischen Ausrichtung mit zivilen Anschlagszielen sowie der psychologischen Zielsetzung der Schaffung eines Zustandes der Angst und Gefährdung.
Radikalisierung und Radikalismus sind vorbelastete Begriffe, welche sowohl in der Politikwissenschaft als auch im politischen Diskurs in den unterschiedlichsten Zusammenhängen verwendet werden. Im Rahmen dieses Artikels wird gewalttätige Radikalisierung
als ein Prozess der schrittweisen ideologischen Hinwendung zu Terrorismus und Involvierung darin verstanden.[5] Daher bezieht sich
diese Analyse auf den Prozess der graduellen Evolution hin zu
einem Zustand der mentalen wie operativen Bereitschaft zum Terror (in diesem Fall islamistischer Terrorismus) und nicht auf ein
Verständnis von Radikalisierung im fundamentalistisch-religiösen
oder allgemeineren politischen Sinne.

Die Dschihad-Ideologie

Alle im Rahmen dieses Artikels untersuchten Individuen waren in
unterschiedlicher Form Anhänger der Dschihad-Ideologie – sei es
als Mitglieder einer radikal-islamistischen Organisation, als Anhänger von radikalen Predigern oder durch Selbstindoktrination
innerhalb des Freundeskreises oder mit Hilfe des Internets. Kon-
zeptionell fehlt bislang eine Festlegung, in welchem Ausmaß der
weltweite Dschihadismus entweder einen Zweig des Islam darstellt
(Takfiri[6] oder Salafi-Takfiri[7]) oder eine soziale Bewegung.[8] Zudem

---

[4] Zu neuer Religiosität Roy 2004, 6, 27 ff.
[5] COM 2005.
[6] Corbin 2002, 129-130.
[7] Oliveti 2002, 21-48.
[8] Vgl. Kepel 2002, 4-5; Roy 2004, 46; Khosrokhavar 2006, 34-35; Holmes
144; Sageman 2004, 1.

fehlt eine schlüssige Erklärung hinsichtlich des Wesens, der Genea-
logie[9] und des Inhalts der Dschihad-Ideologie.

Trotz alledem beherrschen eine Reihe von Ideen den Dschi-
had-Diskurs, wie die Rückkehr zu den ursprünglichen islamischen
Texten und zur Gemeinschaft, die Errichtung des Kalifats, welche
alle Muslime umfasst (die *umma*), und die individuelle Pflicht zum
Dschihad gegen den Westen mit allen zur Verfügung stehenden
Mitteln – insbesondere durch Selbstmordattentate, welche als Märtyrertum den höchsten Glaubensbeweis erbringen sollen.

Seit dem Mittelalter idealisierten einzelne islamische Gelehrte
und politische Reformer die Rückkehr zu den ursprünglichen islamischen Texten und zur Reinheit der Gemeinschaft, wie sie zur
Zeit des Propheten existiert haben soll. Die Umstände für derartige
Idealisierungen waren und sind jedoch mitunter säkular determi-
niert. Neuauslegungen der Texte boten Lösungen für im Zeitkon-
text unterschiedliche soziale, ökonomische und politische Krisen
oder stellten Argumente zur Rechtfertigung territorialer Expan-
sionen bereit. In diese Richtung argumentierte beispielsweise Ibn
Taymiyya (1268-1328) anlässlich der Invasion der Mongolen[10]
oder Muhammad ibn Abd al-Wahhab (1703-1791), dessen Forderung nach der »Reinigung des Islams von Neuerungen« von ʿAbd
al-ʿAziz bin Saʿud zur politischen Einigung der arabischen Halbinsel
herangezogen wurde.[11] Im 20. Jahrhundert propagierten Hasan al-
Banna (1906-1949) und Mawlana Mawdudi (1903-1979), Begründer der Muslimbruderschaft in Ägypten und der Jamaat-e-Islami in
Pakistan, die Idee des ›ursprünglichen‹ Islam als eine umfassende
Ideologie, um soziale Reformen im Lichte moderner Herausforderungen umzusetzen. Damit sollte einem vermeintlichen Niedergang der Gesellschaft, verursacht durch europäischen Imperialismus und verwestlichte Eliten, entgegen getreten werden.[12] Im Falle
Europas geht die Forderung nach der Rückkehr zu den ursprünglichen islamischen Texten auf eine Identitätskrise und auf soziale
wie kulturelle Lebensbedingungen der zweiten Generation von
Muslimen zurück.[13]

Bei Argumenten, welche die individuelle Pflicht zum Dschihad
begründen, handelt es sich in der Regel um ausgewählte Zitate aus

---

[9] Vgl. Kepel 2002; Sageman 2004; Oliveti 2002.
[10] Esposito 2002, 44-46.
[11] Vgl. Oliveti 2002, 18; Sageman 2004, 8.
[12] Vgl. Esposito 2002; Sageman 2004, 7.
[13] Roy 2004.

dem Koran. So beispielsweise der folgende Vers aus der Neunten Sure: »Sind aber die heiligen Monate, in welchen jeder Kampf verboten ist, verflossen, dann tötet die Götzendiener, wo ihr sie auch finden mögt; oder nehmt sie gefangen oder belagert sie und lauert ihnen auf allen Wegen auf.« (9:5) Trotz zahlreicher Koran-Verse, die einen friedvollen Umgang mit den Ungläubigen verordnen (»Es gibt keinen Zwang im Glauben,« 2:256), lässt sich die Glaubwürdigkeit einer Interpretation des Koran, die zur Gewalt aufruft, in zweifacher Form erklären. Zum einen besteht eine allgemeine Uneinigkeit zwischen den verschiedenen Islamschulen hinsichtlich des Regelwerks der Auslegung bestimmter Begriffe, welche Verse andere Verse außer Kraft setzen oder ob historische Umstände einen Einfluss auf die Auslegung der Texte haben dürfen.[14] Zum Zweiten kämpft die muslimische Diaspora mit dem spezifischen Problem, dass offizielle Auslegungen entweder schwer zugänglich sind oder aufgrund einer vermuteten politischen Korrumpiertheit des oder der Gelehrten abgelehnt werden. Daher ist man auf Quellen aus zweiter oder dritter Hand angewiesen. Die offiziellen Auslegungen der Gelehrten variierten im Laufe der Geschichte, reichten von defensivem zu offensivem Dschihad[15] und akzeptierten in der Neuzeit mitunter sogar die Normen des Internationalen Völkerrechts.[16] Die Gelehrten stimmten jedoch stets darin überein, dass die Pflicht zum Dschihad nur unter staatlicher Führung durchgeführt werden darf und dass es sich um eine kollektive Pflicht handelt. Eine Ausnahme stellt nur der Fall von Selbstverteidigung dar.[17] Moderne fundamentalistische oder radikale Ansätze verzeihen den Dschihad gegen den Feind – seien dies Kolonialmächte (al-Banna, Maududi und Qutb) oder der Westen im Allgemeinen (al-Qaida) – und rechtfertigen ihn als eine Pflicht des Einzelnen vor allem gegenüber staatlicher Autorität.[18] John Esposito und andere Autoren konnten zeigen, dass die Auslegung des Dschihad stets durch politische Umstände bestimmt wurde – so wie auch Teile der Bibel in ähnlichem Kontext zur Rechtfertigung von Gewalt missbraucht wurden.[19] Es wird in der Literatur sogar die Meinung vertreten, dass diese radikale Kriegsdoktrin unter anderem durch den Einfluss Westeuropas

---

[14] Ruthven 2002.

[15] Zu den verschiedenen Bedeutungen des Terminus ›Dschihad‹ vgl. Tibi 1996, 130-133; Esposito 2002, 27.

[16] Vgl. Esposito 2002; Tibi 1996, 134-139.

[17] Ruthven 2002, 56-57.

[18] Sageman 2004, 15.

[19] Vgl. Esposito 2002, 29, 120-121, 153; Kadduri 1955, 51-53.

entstand: durch Bewegungen des Anti-Kolonialismus, Revolutionen und den Kampf für soziale Gerechtigkeit.[20] Dies scheint auch der Fall zu sein im zeitgenössischen Dschihadismus, der eine Reihe von Ideen aus der Bewegung der extremen Linken im Okzident der 1970er Jahre bezieht: so das Selbstverständnis als Avantgarde der Masse, das Angriffsziel (Kapitalismus, Globalisierung, Imperialismus), die Mitglieder (Ausgestoßene des gebildeten Mittelstands und Aussteiger aus der Arbeiterklasse)[21] sowie manche Rekrutierungsstrategien. Mohammad Sidique Khan, Anführer der Terroristen der Londoner Anschläge vom 7. Juli 2005, bezieht sich in seiner Abschiedsbotschaft auf die »Propagandamaschine«, welche darauf abziele, »die Massen einzuschüchtern, damit diese sich ihrer Macht und ihren auf materiellen Reichtum ausgerichteten Zielen unterwerfen.«[22] Ibn ul-Khattab, Befehlshaber der Mujaheddin im Kaukasus, fasste in einem von *Azzam Publications* in London veröffentlichten Interview im Jahr 1999 zusammen, wofür Osama bin Laden seiner Ansicht nach stand: »Osama bin Laden ist einer der Hauptgelehrten des Dschihad und gleichzeitig der Oberbefehlshaber der Mujaheddin auf der ganzen Welt. Er kämpfte viele Jahre gegen die Kommunisten in Afghanistan und ist einer der Anführer im Kampf gegen den amerikanischen Imperialismus.«[23]

Im Kontext einer religiösen oder strategischen Begründung von Selbstmordattentaten stellt Märtyrertum, das Sterben für den Glauben, wie oben bereits kurz erwähnt, die höchste Form des Glaubensbeweises dar, da dies im Koran so beschrieben wird.[24] Die *Hadithe* wiederum, die Überlieferungen über Mohammed, listen eine Reihe von Belohnungen auf, welche nur Märtyrern zustehen: die Erlösung von allen eigenen Sünden sowie jenen von bis zu 70 Familienmitgliedern, die Umgehung des Fegefeuers oder ein privilegierter Sitz neben dem Thron Gottes.[25] Im Fall von Selbstmordattentätern argumentieren hingegen einzelne Autoren, dass es sich bei ihnen durch die Vorsätzlichkeit des Selbstmords um keine Märtyrer im Sinne der ursprünglichen Textauslegung handelt.[26] Darüber hinaus wird in der Wissenschaft betont, dass nicht Religion,

---

[20] Hashmi 1996, 159-161.
[21] Vgl. Khosrokhavar 2006, 34-35; Holmes 2006, 144; Roy 2004, 46.
[22] The Guardian 2005.
[23] Jacquard 2002, 184 ff.
[24] Esposito 2002, 33.
[25] Esposito 2002, 34; Ruthven 2002, 59.
[26] Vgl. Merari 1998; Reuter 2002; Holmes 2006.

sondern strategische Überlegungen im Zentrum stehen, wenn Terrororganisationen Selbstmordattentate verüben. Daher wurden sie
sowohl von religiösen Gruppen wie der Hamas und der Hisbol-
lah angewendet, als auch von säkularen Gruppen wie den *Liberation
Tigers of Tamil Eelam* (LTTE) und russischen Anarchisten.[27] Strate-
gisch lassen sich Selbstmordattentate gut begründen: Sie sind kos-
tengünstige Mittel, um großen Schaden anzurichten; sie hinterlassen für die kriminaltechnische Zurückverfolgung kaum relevante
Spuren und genießen große Aufmerksamkeit in den Medien. Wenn
zudem die Bevölkerung ihren Einsatz unterstützt – wie im Falle
Palästinas, dann setzen rivalisierende Gruppen Selbstmordattentate
sogar ein, um sich gegenseitig zu übertreffen und um sich dadurch
größere Unterstützung in der Bevölkerung zu sichern.[28] Ayman
al-Zawahiri, ideologischer Führer von al-Qaida, bestätigte die strategische Bedeutung von Selbstmordanschlägen. Er betonte die
Wichtigkeit, sich auf Märtyrereinsätze zu konzentrieren, da diese
die erfolgreichste Methode seien, dem Gegner Schaden zuzufügen
und in Bezug auf eigene Opfer die am wenigsten kostspielige für die
Mujaheddin.[29]

Paradies im Himmel oder auf Erden?
Motivationen für die Teilnahme am Dschihad-Terrorismus

Die Dschihad-Ideologie hat, wie oben beschrieben, einen zutiefst
politischen Charakter und weniger einen religiösen. Dies bedeutet
jedoch nicht, dass Religiosität bereits von der Analyse der Involvierung in Terrorismus ausgeschlossen werden kann. Auch die religiöse
Natur der individuellen Motivationen (kurzfristigen Zielen) und
Ursachen müssen untersucht werden.

In der Literatur wird häufig argumentiert, dass die Erfüllung
von Allahs Wunsch und der Lohn des Paradieses häufige Motivationen seien, besonders bei Selbstmordattentätern. Marc Sageman
erklärt den extremen Fanatismus von Selbstmordattentätern und
deren Bereitschaft zum Tod mit dem heiligen Wesen der Tat.[30] Für
Vincenzo Oliveti spielt hinsichtlich der Motivation von einzelnen
Terroristen die »Expressroute« ins Paradies eine entscheidende

---

[27] Gambetta 2006, 261.
[28] Bloom 2004, 73.
[29] Al-Zawahiri 2001.
[30] Sageman 2004, 115.

Rolle [31] Tatsächlich gab Saajid Badat, der 2001 zusammen mit Richard Reid einen Anschlag auf einen Transatlantikflug plante, diesen Beweggrund zu: Er dachte, er würde das »Paradies« finden.[32] Wie aber auch die Beispiele der LTTE und der russischen Anarchisten zeigen, beschränken sich Selbstmordanschläge nicht auf ›religiöse‹ Terroristen. In weiterem Sinne lässt sich extreme Aufopferung für eine Sache, die bis zur Bereitschaft reicht, dafür zu sterben, auch bei nationalen Befreiungsbewegungen, bei politisch linken wie rechten Terrorgruppen oder im Krieg beobachten. Wenn sich Dschihad-Terroristen als heilige Krieger bezeichnen, beziehen sich allfällige Kommentare häufig vorrangig auf den Begriff ›heilig‹ und selten auf den Begriff ›Krieger‹. Abgesehen von der Tatsache, dass die Mehrheit der Dschihad-Terroristen ein militärisches Training hinter sich gebracht hat,[33] sind sie überzeugt davon, einen reellen Krieg gegen einen ebenso reellen Feind zu führen. Ihr Verständnis von Krieg ist kein symbolisches oder eines im Sinne eines ›kosmischen Krieges‹, eines Krieges zwischen Gut und Böse, welcher in die reale Welt transponiert würde[34] – selbst wenn die Projektion auf zwei Seiten, den Muslimen auf der einen und dem Westen auf der anderen, zurzeit stark übertrieben erscheint. Ihr Verständnis von Krieg ist durch die Umstände und Ziele der Auseinandersetzung unverkennbar säkular und auf politische und reale Konflikte unmittelbar anwendbar. Diego Gambetta hebt hervor, dass Begriffe wie der ›Krieg gegen Terrorismus‹ (›war on terrorism‹) oder Erklärungen der US-Regierung, Amerika befinde sich im Krieg (›America is at war‹), den Eindruck eines realen Kriegszustandes verstärkt haben.[35] Obwohl er für seine Mission unter dem Banner Allahs marschierte, fand Asif Mohammed Hanif die Rechtfertigung für sein Engagement im Palästina-Konflikt in menschlicher Vernunft und nicht in einem göttlichen Gebot: »Allah hat uns nicht dumm erschaffen. Er hat uns Verstand gegeben, damit wir ihn benutzen.«[36] Dschihad-Terroristen sind tatsächlich fanatisch in Bezug auf ihre Sache, bis zur Bereitschaft, dafür ihr Leben zu lassen. Dabei muss die Sache nicht unbedingt und vordringlich einem bloßen Wunsch Allahs entsprechen. Wie Mohammad Sidique Khan in sei-

---

[31] Oliveti 2002, 47.
[32] Chamberlain 2005.
[33] Vgl. McGinty 2002; Le Point 2004; Fox/Hudson 2006.
[34] Zum Argument des kosmischen Krieges Juergensmeyer 2000, 10.
[35] Gambetta 2006.
[36] Harnden 2004.

nem Eingangszitat erklärte, kann es sich bei dieser Sache zum Beispiel um die ›Sicherheit‹ von Muslimen handeln.

Inwiefern Vorstellungen vom Paradies eine Rolle in Selbstmordattentaten spielen, kann methodologisch nur schwer ermittelt werden: Abschiedsbotschaften von Attentätern sind in der Regel
einer Propaganda verhaftet und die Zahl von missglückten Selbstmordattentaten ist gering. Darüber hinaus könnten gescheiterte
Attentäter die vermeintlich abstruse Bezugnahme auf das versprochene Paradies in Gerichtsverfahren häufig dafür missbrauchen,
durch die damit verbundene Irrationalität ein milderes Urteil zu
erreichen. In jedem Fall erscheint es wahrscheinlicher, dass die Vorstellung vom Paradies als eine Art Trost und Beruhigung in den letzten Lebensmomenten gebraucht wird, wodurch der »psychologische Preis des Einsatzes«[37] abgemildert wird.

In der Literatur wurde eine Reihe von ›säkularen‹ Hypothesen bezüglich der Motivation zur Teilnahme am Dschihad vorgeschlagen. Einige davon werden mit Hilfe von biografischen Daten
von Dschihad-Terroristen bestätigt. Sageman vertritt die Hypothese des Nutzens, der sozialen und emotionalen Belohnung wie
die Zugehörigkeit zu einer Gemeinschaft.[38] Anhand des Beispiels
der Flugzeugentführer vom 11. September 2001 lässt sich vor dem
Hintergrund einer kulturellen Entfremdung zeigen, dass junge
Immigranten der ersten Generation ganz besonders die Aufnahme
in Gemeinschaften suchen, deren Mitglieder ähnliche Wurzeln
haben. In manchen Fällen könnte es sich dabei um radikal-islamis-
tische Gruppen handeln. Die Biographien von Nizar Trabelsi und
David Courtailler, Mitglieder des Beghal-Terrornetzwerks (lose
Terrorzelle in Frankreich, benannt nach ihrem Anführer Djamel
Beghal), bestätigten die Hypothese nach dem Wunsch nach Gemeinschaft, welcher vermutlich der stärkste Beweggrund für die
Entscheidung von beiden war, einer Terrorgruppe beizutreten. Nach
zahlreichen Ablehnungen durch Clubkollegen in Deutschland fand
der Fußballspieler Trabelsi in der Finsbury Park Moschee[39] schließlich eine Gruppe, die ihn akzeptierte.[40] Courtailler wiederum, konfrontiert mit einer für ihn fremden und kalten Umgebung, fand
Zuflucht und ›Menschlichkeit‹ im Islam und innerhalb der Gemeinschaft der Moschee, was ihn schließlich zur Konvertierung be-

---

[37] Elster 2006, 243.
[38] Sageman 2004, 119-120.
[39] Bittner 2005.
[40] RTBF 2002.

wegte.[41] Die Hypothese der sozialen und emotionalen Belohnung kann in einigen Fällen sogar auf Immigranten der zweiten Generation ausgedehnt werden, wenn sich diese von ihrem traditionellen Umfeld und der westlichen Gesellschaft entfremdeten oder wenn sich jene Gruppe, deren Mitglieder sie waren, zu radikalisieren begann – so wie es offenbar bei den Attentätern von London der Fall war.

Andere Hypothesen stellen Motivationen wie Ruhm und das Streben nach Heldentum in den Mittelpunkt.[42] Einige Terroristen hatten ohne Zweifel selbstherrliche Beweggründe oder ließen »adoleszenten Narzissmus« erkennen, wie dies einige Autoren bezeichneten.[43] Freunde des Terroristen Ahmed Omar Saeed Sheikh erinnerten sich an seine Prahlereien über Busentführungen, während er am Aitchison College in Lahore studierte.[44] Afghanistan bot Djamel Beghal die Möglichkeit, ein ›wichtiger Mann‹ zu werden, der Anführer einer Gruppe, für die er die Regeln bestimmen konnte.[45] Trabelsi, der immer ein Fußballheld werden wollte, kletterte in Afghanistan rasch die Erfolgsleiter hoch und fühlte sich »ernst genommen, wichtig« unter seinen Dschihad-Mitstreitern.[46] Schließlich bezeichneten Lieder, die auf Filmmaterial zu hören waren, das nach den Attacken auf Mike's Bar in Tel Aviv aufgenommen wurde, Hanif und Omar Khan Sharif als »Helden, Helden«.[47]

Doch weniger das Streben nach Heldentaten oder Ruhm scheint für einige Individuen die treibende Kraft zu sein. Vielmehr geht es ihnen häufig lediglich um die Teilnahme an etwas Bedeutungsvollem oder das Erlebnis von einer Art Abenteuer. Nach seinem Tagebuch sah sich Sheikh als »zukünftiger Eroberer« in Indien und konnte es kaum erwarten, sein erstes Opfer zu vermelden – einen israelischen Touristen.[48] Kamel Daoudi, der sich in der High School gerne als Indiana Jones sah und später Anthropologe oder Paläontologe werden wollte, verließ seine Frau, weil sie »nicht meinen Träumen entsprach. Trotz ihrer vielen Vorzüge findet sie keinen Gefallen an starken Empfindungen und am Abenteuer.«[49]

---

[41] Le Nouvel Obervateur 2001.
[42] Gambetta 2006.
[43] Aaranovitch 2005.
[44] McGinty 2002.
[45] Le Temps, 2004.
[46] Bittner 2005.
[47] Harnden 2004.
[48] Mitta 2001.
[49] Daoudi 2005.

Folglich sind Motivationen für die Teilnahme am Terrorismus und speziell die Durchführung von Selbstmordanschlägen komplexer und ›weltlicher‹ als einem Wunsch Allahs zu entsprechen oder das Paradies zu ernten. Ein und dasselbe Individuum kann, bewusst oder unbewusst, ein oder mehrere Ziele verfolgen, allein oder auch in der Gruppe, und darin die Möglichkeit sehen, etwas zu bewegen, sich zu beweisen oder Berühmtheit zu erlangen. Eine gesicherte Auskunft über die Beweggründe von Individuen, derartige Ziele anzustreben, würde einer umfangreichen soziologischen Argumentation bedürfen. In der Mehrzahl der hier untersuchten Fälle waren derartige Motivationen mit konkreten persönlichen Sorgen, wie persönlichem Versagen, vermeintlicher oder tatsächlicher Diskriminierung oder relativer Deprivation (wahrgenommene Benachteiligung im Vergleich mit anderen in der gleichen Situation) verbunden. Mit anderen Worten: Die Dschihad-Terroristen suchten nach Gelegenheiten, um Versagen in Erfolg zu verwandeln.

Gründe für die Mitwirkung

Religiöse Untermauerung

Bei den Gründen für ihre Teilnahme am Dschihadismus berufen sich viele auf eine Art Offenbarung: »Ich fand den echten Glauben« oder »Ich fand die Wahrheit«. Andere wiederum sprechen bestimmten Ereignissen eine wesentliche Bedeutung zu, wie dem Bild eines toten palästinensischen Mädchens in einem Video.[50] John Horgan warnt vor der Gültigkeit solcher Aussagen, da die Mitwirkung an terroristischen Aktivitäten mit einer graduellen Politisierung von einem solchen Ausmaß einhergeht, dass sich ursprüngliche Motive verklären.[51] Trotzdem sind in den meisten Fällen persönliche Aussagen und empirische Fakten der gültigste Nachweis der Beweggründe. Daher werden im Lichte dieser Daten einige der religiösen, politischen und sozio-persönlichen Motive, welche in der Fachliteratur angeführt werden, untersucht.

Einige Autoren leiten den Kausalzusammenhang zwischen verschiedenen Typen von Religiosität (Takfiri, Salafi oder allgemeiner radikaler Islam) und Terrorismus vom bloßen Vorhandensein einer individuellen Religiosität ab, welche sich entweder über einen Zeit-

[50] RTBF 2002.
[51] Horgan 2005, 89.

raum entwickelte oder kurz vor dem Beitritt zu einer terroristischen Vereinigung entstand. Frank Buijs, Froukje Demant und Atef Hamdy stellten in einer Studie von 22 niederländischen Salafi-Jugendlichen fest, dass sie Anhänger »einer orthodoxen Auslegung des Glaubens« waren, welche sie als ›Wahrheit‹ gegenüber anderen Auslegungen bevorzugten. Daraus leiteten sie ab, dass Religion eine von drei interaktiven Dimensionen von Radikalisierung darstellt.[52] Sageman argumentiert, dass Salafismus nur dann eine Anziehungskraft ausübt, wenn der einzelne bereits gegenüber »religiösen Reizen« empfänglich ist, beispielsweise durch ein Aufwachsen mit Religion. Nach Sageman wurden beinahe alle Mujaheddin kurz vor ihrem Beitritt zu einer Terrororganisation »wesentlich strenggläubiger«, was durch das Tragen einer afghanischen, pakistanischen oder arabischen Tracht oder das Wachsen-Lassen von Bärten seinen Ausdruck fand.[53]

Die Daten der in dieser Analyse untersuchten Biographien von Terroristen widerlegen großteils derartige Hypothesen. Hinsichtlich des Arguments der Notwendigkeit einer vorgelagerten religiösen Erfahrung waren nur zwei der hier untersuchten Individuen mit Religion aufgewachsen: Hanif, der einer sehr religiösen Familie abstammte,[54] und Tanweer, der als strenggläubiger Muslim galt.[55] Die Mehrheit der Terroristen hatte in ihrer Jugend kaum Kontakt mit dem Islam. Ganz im Gegenteil: Sie waren in Bezug auf Kleidung, Verhalten und ihrer Beziehung zum anderen Geschlecht stark ›verwestlicht‹.[56] Zu einem bestimmten Zeitpunkt wurden sie aber streng religiös: Sie begannen zu beten, legten spezielle Gewänder an und trugen Bärte. Kurz darauf begingen sie Terroranschläge.

Daraus lässt sich als Erstes ableiten, dass eine chronologische Abfolge von Religiosität zu Radikalisierung identisch mit Kausalität sein kann, jedoch nicht sein muss. Religiöse Wiedererweckung ist bei europäischen Muslimen weit verbreitet. Es stellt sich dann aber die Frage, warum nicht eine größere Anzahl von ›neugeborenen‹ Muslimen zu Terroristen werden. Ein zweiter Punkt bezieht sich auf den Charakter von neuer Religiosität, welche sich beträchtlich von Religion selbst unterscheidet. Die Religiosität, welche ›neugeborene‹ Muslime in Westeuropa entdecken, ist eine Ableh-

---

[52] Buijs/Demant/Hamdy 2006.
[53] Sageman 2004, 93, 115.
[54] The Guardian 2003.
[55] Jenkins/Kennedy/Lister/Midgley 2005.
[56] Joseph 2002.

nung sowohl der reinen Religion und islamischen Kultur als auch
der westlichen Lebensweise.[57] Die französischen Terroristen lehnten eine Rückkehr zu ihren Ursprungsländern ab, waren aber
gleichzeitig gegenüber dem Leben in Frankreich kritisch. Germaine
Lindsay und Mohammed Sidique Khan wurde der Zutritt zur
örtlichen Moschee aufgrund ihrer radikalen Ansichten verwehrt[58]
und Hasib Hussain äußerte sich enttäuscht über das traditionelle
Dogma.[59] Nicht zuletzt kann auch argumentiert werden, dass
Bekleidung und ostentative Symbole mehr Gruppenidentität und
politische Äußerung darstellen als gesteigerte Religiosität. Viele
muslimische Frauen und weibliche Konvertiten verbinden mit dem
Tragen des Kopftuchs die Bestätigung einer neuen Identität oder
den Ausdruck von Protest gegen materialistische Antriebe und
Konsumdenken der westlichen Frau.

Bei der Betrachtung des Radikalisierungsprozesses im Zusammenhang mit Gruppendynamik vertreten einige Autoren die Ansicht, dass Religion durch Rituale und gemeinschaftliche religiöse
Erfahrung einen Einfluss ausübt. Auf Basis des Handbuchs, welches
im Gepäck von Mohammed Atta gefunden wurde, erklärte Bruce
Lincoln die Vorbereitungen auf die Anschläge vom 11. September
2001 als religiöses Ritual.[60] Im Falle von palästinensischen Selbstmordattentätern ist wiederum der empirische Nachweis gelungen,
dass sich diese vor Detonation der Bombe in einer Art Ekstase
befanden.[61] Zahlreiche Autoren argumentieren, dass Mantra-ähn-
liche Übungen – das Rezitieren von Gebeten oder die Verweigerung
von Schlaf – einen Trancezustand hervorrufen, einen Zustand der
Selbstvergessenheit, der für die erfolgreiche Ausführung von Selbstmordanschlägen erforderlich ist.[62] Basierend auf diesem Argument
könnte die Meinung vertreten werden, dass Lincoln Ursache und
Mittel verwechselt, denn religiöse Rituale sind nicht der Grund von
Selbstmordattentaten, sondern lediglich ein Instrument für deren
erfolgreiche Umsetzung, weil sie den Attentätern dabei helfen,
psychologische Hürden zu überwinden. Sageman argumentiert,
dass vor dem Hintergrund der gemeinschaftlichen Natur der religiösen Erfahrung im Islam die Teilnahme an Ritualen ein Verhältnis

[57] Roy 2004, 25.
[58] Vgl. Stockman/Slack 2005; Tumelty 2005.
[59] Akbar/Herbert 2005.
[60] Lincoln 2003, 16.
[61] Merari 2003.
[62] Vgl. Elster 2006; Holmes 2006.

der persönlichen Bindung, Solidarität und Integration schafft und den Glauben verstärkt.[63] Es scheint jedoch, dass diese Mechanismen spezifisch für Gruppendynamiken im Allgemeinen sind, vor allem bei isolierten und gefährdeten Gemeinschaften wie terroristischen Gruppen (religiöse und säkulare) oder Militäreinheiten im Krieg. Verschiedene Autoren sehen im Element der persönlichen Bindung ein Kernmerkmal von militärischem Kampftraining,[64] da Hingabe und Solidarität in Militäraktionen unerlässlich sind und Gruppendruck erzeugen, welcher nicht nur im Militär, sondern auch in Terrorgruppen nützlich ist. Bindung und Solidarität entstanden im Falle des Beghal-Netzwerks und den Attentätern vom 7. Juli in London nicht in einem religiösen, sondern in einem säkularen Kontext: durch gemeinsame kriminelle und sportliche Aktivitäten.

Politische Zielsetzungen

Die ›politische‹ Erklärung bezieht sich entweder sehr allgemein auf einen Zivilisationsschock, der von Menschen aus muslimischen Ländern empfunden wird, oder konstruiert ein Selbstverteidigungsargument. Bernard Lewis und Christopher Catherwood erklären die Zuflucht zu Terrorismus mit einem Gefühl der inter-subjektiven Erniedrigung vor dem Hintergrund eines konstanten Niedergangs der ›islamischen Zivilisation‹ und ihrer entwicklungstechnischen Nachrangigkeit gegenüber dem Westen.[65] Das Selbstverteidigungsargument nimmt Bezug auf eine als solche wahrgenommene Ungerechtigkeit oder regelrechter Aggression des Westens, insbesondere der Vereinigten Staaten, gegenüber muslimischen Ländern. Obwohl sich die Konflikte in Palästina, Kaschmir, Tschetschenien und Irak in Charakter und Kontext unterscheiden, werden sie aus Propagandagründen verschmolzen, um das Bild von zwei homogenen und in sich geschlossenen Akteuren zu schaffen. In einem Opfer-Täter-Konstrukt werden diese unterschiedlichen Konflikte mit einer selektiven Geschichte der westlichen Unterdrückung gegenüber dem Islam in Verbindung gebracht.[66] Der Islam wird zum politischen Etikett einer unterdrückten Gemeinschaft, welche nichts anderes tut, als ihr ›natürliches Recht‹ auf Vergeltung auszu-

---

[63] Sageman 2004, 117.
[64] Gambetta 2006, 276.
[65] Vgl. Lewis 2002; Catherwood 2002.
[66] Esposito 2002.

üben.[67] Alle in diesem Artikel untersuchten Terroristen waren tatsächlich mit einer oder mehreren Konfliktregionen verbunden, wie Palästina, Tschetschenien, Bosnien, Kaschmir und Algerien, und beriefen sich auf Selbstverteidigung in einem Kampf gegen Kolonialismus, Juden und Kreuzzügler.[68] Trotz alledem bleibt es eine Tatsache, dass ungeachtet der starken Bezugnahme auf Konflikte in ihren Herkunftsländern nur ein kleiner Teil der davon Betroffenen zu Terroristen wird. Keinen von ihnen zog der Konflikt zum aktiven Kampf in diese Länder. Eine Erklärung wäre der Umstand, dass einerseits alle Terroristen mit der Not von Menschen mit dem gleichen ethnischen Hintergrund sympathisieren, andererseits sich manche als Mitglieder einer erweiterten Identität, der Neo-Umma, wahrnehmen. Hanif, Trabelsi und Khan schlossen sich psychologisch in das unterdrückte ›wir‹ ein – den muslimischen ›Brüdern‹ in der Welt.[69]

Pfade zur globalen *umma*

Wie entstehen diese Gefühle von Empathie, Solidarität und gemeinsamer Identität mit der globalen *umma*? Nach Meinung einiger Autoren hat das Phänomen seine Wurzeln in Europa, wo Muslime eine Reihe von ökonomischen und sozialen Härten erleben.[70] Sie solidarisieren sich mit anderen Muslimen weltweit, weil sie zu dem Schluss kommen, dass alle Muslime durch eine singuläre Instanz unterdrückt und ausgebeutet würden: dem Westen. Daher wenden sie sich einer Ideologie zu, welche eine Lösung offeriert.[71] Die Schuld an der Not der Muslime auf der ganzen Welt dem Westen zuzusprechen und dadurch einen Zusammenhang zur eigenen Not herzustellen, findet bei ihnen nachhaltigeren Anklang als die Konflikte selbst – vor allem weil diese geographisch und kulturell weit entfernt liegen.[72]

Die Biographien der Mitglieder des Beghal-Netzwerks deuten auf soziale und ökonomische Entbehrungen hin, verbunden mit der Aussicht auf ein Leben in den trostlosen Außenbezirken von französischen Städten.[73] Der Fall der britischen Dschihad-Terroristen zeigt

---

[67] Holmes 2006, 146.
[68] Vgl. Joseph 2002; Harnden 2005; The Guardian 2005.
[69] Vgl. Harnden 2005; Bachmann 2003.
[70] Roy 2004.
[71] Vgl. Khosrokhavar 2006, 24-31; Holmes 2006, 144; Elster 2006, 242.
[72] Holmes 2006, 167-168.
[73] Garcia 2004.

wiederum ein anderes Bild. Obwohl pakistanische Muslime in Großbritannien statistisch schlechter gestellt sind als der nationale Durch-
schnitt, mit schlechter Bildung, hoher Arbeitslosigkeit und hoher
Kriminalität, kamen die Dschihad-Terroristen in Großbritannien
aus vergleichsweise wohlhabenden Familien und genossen akademi-
sche Bildung.[74] Dies ist ein Hinweis darauf, dass das Entbehrungs-
argument auf einem offenbar spezifisch französischen Problem fußt,
während es in Großbritannien nicht anwendbar ist. Was aber für den
einen subjektiv angenehme Lebensumstände sind, mögen für den
nächsten Versagen bedeuten; was für den einen normales ›Immi-
grantenleben‹ darstellt, mag für den anderen als diskriminierte Stellung in einer als unvollendet empfundenen Staatsangehörigkeit
scheinen. Wenn sich zudem das Verständnis von relativer Entbeh-
rung nicht nur auf persönliche Leistung beschränkt, sondern Umstände einschließt, die sich auf die Familie und die Gemeinschaft im
Allgemeinen beziehen, kann die Diskrepanz zwischen Erwartungen
und Möglichkeiten beträchtlich sein. Khan hatte sich womöglich
einen besseren Beruf als jenen eines Nachhilfelehrers erwartet – eine
Beschäftigung, die Khans Frau für ihn besorgt hatte[75] –, besonders
nachdem er in eine wohlhabende und gebildete Familie eingeheira-
tet hatte. Oder er hatte sich bessere Bildungsmöglichkeiten für sozial
benachteiligte Kinder gewünscht. In einem Interview, das Khan
dem *Times Educational Supplement* gab, äußerte er Unzufriedenheit
mit dem Bildungs- und Erziehungssystem und sagte, dass es noch
Jahre dauern werde, bevor das Unterstützungsgeld der Regierung die
Situation in seinem Umfeld verbessern könne.[76]

Das Argument scheint daher stichhaltig, dass sich Dschihad-
Terroristen fallweise als vergleichsweise sozial benachteiligt betrachten und als jemanden, der in den Erwartungen zurückbleibt – sei
es aufgrund von Arbeitslosigkeit, aufgrund der Tatsache, dass sie
Berufe ausüben, die ihren Ansprüchen nicht gerecht werden, oder
aufgrund von Drogenproblemen. Khan hatte eine Reihe von Gele-
genheitsjobs; ebenso Lindsay, nachdem seine Bewerbung um ein
Studium erfolglos gewesen war,[77] oder auch Muriel Degauque (die
aus Belgien stammende Selbstmordattentäterin), bevor sie zum
zweiten Mal einen Muslim heiratete und zu einer zurückgezogenen

[74] Vgl. Joseph 2002; McGinty 2002; BBC 2002; Britten/Waterhouse/
O'Neill 2003; BBC 2003; Laville/Aslam 2005; Stockman/Slack 2005.
[75] Cullen 2005.
[76] Mollenkamp 2005.
[77] Stockman/Slack 2005.

Hausfrau in einer der ärmsten Gegenden von Brüssel wurde.[78] Was zu Beginn wie eine viel versprechende Zukunft für den tunesischen Fußballspieler Trabelsi aussah, verwandelte sich in einen Albtraum, nachdem es ihm nicht gelang, sich dem Trainingsdrill und der Disziplin beim Fußballclub Fortuna Düsseldorf anzupassen. Er stieg zum SV Wuppertal in der Zweiten Liga ab, später zum FC Wülfrath in der Oberliga, und zum SV 09 Wermelskirchen in der Verbandsliga, den er letztlich auch verlassen musste. Konfrontiert mit seiner Kokainsucht und anhängigen Gerichtsverfahren, sah Trabelsis Frau in ihm einen »Versager« und reichte die Scheidung ein.[79] Daoudi, Tanweer und Lindsay waren zwar intelligente Schüler gewesen, auf der Universität hatten sie aber weniger Erfolg: Daoudi fiel in Mathematik durch,[80] Tanweer verließ 2003 die Universität, arbeitete bis November 2004 auf einer Teilzeitstelle für seinen Vater, wurde später arbeitslos und von Unterstützung durch seine Familie abhängig,[81] Lindsay scheiterte bereits bei der Aufnahme am angesehenen Greenhead College, da seine Bewerbung auf dem Postweg verloren ging.[82] Bei Degauque, Courtailler, Trabelsi und Khan offenbarte sich ihr Scheitern in Drogen- und Alkoholproblemen.

Radikalisierung

Die Wahrnehmung solcher Missstände allein reicht natürlich nicht aus, um eine Brücke zur Radikalisierung zu bauen. Zwei weitere Bestandteile sind Ressentiments gegenüber den anderen und der Wunsch, gegen diese Gesellschaft etwas zu tun – oder sogar das Gefühl, etwas tun zu müssen. Durch eine Vermengung der Faktoren Missstand, Ressentiments und Änderungswunsch könnte sich die Hinwendung zur radikalen Alternative in tödliche Handlung verwandeln. Schließlich stellt die Dschihad-Ideologie Erklärungen bereit, wie sich diese Bestimmungsfaktoren begründen, wer für die Situation die Verantwortung trägt und was dagegen getan werden kann.

Für Farhad Khosrokhavar entwickeln sozial benachteiligte und diskriminierte französische Muslime ein Gefühl des Hasses gegenüber der angeblich ungerechten Gesellschaft, welches in eine Ab-

---

[78] Browne/Watson 2005.
[79] Vgl. Bittner 2005; Bachmann 2003.
[80] Pelletier 2002.
[81] Home Office 2006.
[82] Stockman/Slack 2005.

lehnung der französischen Kultur und Gesellschaft als Ganzes
mündet und zur Annahme von amerikanisierten, anglisierten oder
islamistischen Einstellungen führt, da diese unfranzösisch oder
anti-französisch sind.[83] Das Beghal-Netzwerk weist in dieser Hinsicht einige Indikatoren auf, besonders in den Fällen von Trabelsi,
der mit jedem Scheitern zorniger wurde,[84] von Beghal, welcher »den
westlichen Lebensstil nicht mehr ertragen konnte«,[85] und von
Daoudi, der nach den abgesagten Wahlen in Algerien die Entscheidung traf, sein Umfeld »radikal zu ändern« und nichts mehr mit
dem Westen zu tun haben wollte. Die britischen Dschihad-Terroristen wiederum zeigten keine Zeichen von Ressentiments, mit
Ausnahme gegenüber der britischen Außenpolitik, die sie aber auch
der al-Qaida-Propaganda entnommen haben könnten. Die wahren
Beweggründe ihrer Tat werden vermutlich immer nur Hypothesen
bleiben, da die Attentäter selbst nicht mehr befragt werden können.

Radikalisierung kann daher als Kanalisierung einer gefühlsmä-
ßigen Abneigung beschrieben werden, begleitet von einem Änderungswunsch in eine ›neue‹ Doktrin, wodurch ein augenblickliches
Leiden rationalisiert wird. Die Hinwendung zu neuer Religiosität
beschreibt eine vollständige ontologische und epistemologische
Transformation: die Geburt eines neuen Selbst, die Zugehörigkeit zu einer neuen Gemeinschaft, die Wahrnehmung und das Verstehen der Welt gemäß den Referenzpunkten des neuen Assozio-
gramms. Daoudis Biographie liefert dafür ein gutes Beispiel: Nach
den Eindrücken der verarmten Gegend in Paris, wo er mit seiner
Familie lebte, und den kriegsähnlichen Verhältnissen in Algier, die
er in seiner Jugend erfahren hatte, wendete er sich dem Islam zu. Er
las zeitgenössische Autoren des politischen Islam, die ihm eine
nachvollziehbare Erklärung für die sozialen und politischen Gege-
benheiten lieferten, welche ihn so schockierten: »Der algerische
Krieg, der bosnische Krieg, der Golfkrieg, Kosovo, Afghanistan,
Palästina, Libanon – all diese Ereignisse bestärken meine Überzeugung, dass die durch Atheismus beeinflusste jüdisch-christliche Gemeinschaft einen urinnersten Hass gegenüber der Gemeinschaft
von Mohammed hat. Aus diesen Gründen und aufgrund dieser Ereignisse, die dauerhafte Wunden hinterlassen haben, wendete ich
mich den ›dunklen Mächten‹ zu.«[86]

---

[83] Khosrokhavar 2006, 25.
[84] Bittner 2005.
[85] Le Temps 2004.
[86] Daoudi 2005.

Daraus lässt sich ableiten, dass die neue Religiosität, ohne Radikalisierung selbst zu verursachen, erst in einem späteren Stadium greift und nicht als Religion per se, sondern als kulturelle und politische Identitätsstifterin. Ressentiments und Zorn über persönliches Scheitern finden so ein Ziel, den Westen, und eine unterschwellige Rationalisierung: die Verschwörung der Ungläubigen gegen die Muslime. Ein Muslim zu sein wird zu einem Identitätsmerkmal, negativ ausgelegt als Opposition gegenüber dem Westen, was die Annahme von Eigenschaften und Verhaltensregeln impliziert, welche die neue Gemeinschaft definieren und zusammenführen.

Schlussfolgerung

Die neue Religiosität ist ein sichtbares Element des zeitgenössischen religiösen Lebens und es scheint, dass sich ein Teil der muslimischen Diaspora in Westeuropa in einer Phase der selbstbezogenen kulturellen Neudefinition als neugeborene Muslime befindet. Muslimische Immigranten erfahren eine schlechtere ökonomische wie soziale Situation als der Durchschnittsbürger. Und Europa wird durch islamistischen Terrorismus bedroht. All diese Phänomene geschehen zur selben Zeit, wonach sie offenbar untereinander in Beziehung stehen. Was diese Untersuchung aber zu zeigen versucht hat, war das Gegenteil: Europäischer einheimischer Dschihadismus ist ein komplexes Phänomen, ebenso wie seine Determinanten und Mechanismen. Obwohl die Biographien der untersuchten Individuen zeigen, dass wahrgenommene Missstände durch eine rationalisierende Ideologie – gekoppelt mit der Identität eines neugeborenen Muslims – einen Ausdruckskanal finden, wurden sie nicht durch traditionellen oder fundamentalistischen Islam oder gar allgemeine Integrationsprobleme radikalisiert. Ihre Biographien zeigen problembelastete Individuen, die Schwierigkeiten mit sich selbst oder ihrer Umgebung hatten, die einem Narrativ von Erfolg und Heroismus, einer neuen Identität und einem Überlegenheitsgefühl der übrigen Welt gegenüber anhingen. Am schwierigsten zu begreifen scheint aber die Tatsache zu sein, dass diese Individuen zutiefst davon überzeugt waren, dass ihre Handlungen zu einer besseren Welt beitragen würden. Aber dies hatten auch schon Terroristen vor ihnen angenommen.

Annex

Kurzer Abriss der untersuchten Individuen und Ereignisse

Personen	Terrorgruppen-zugehörigkeit	Ereignis
Ahmed Omar Saeed Sheikh	Harakat-ul-Mujahideen	Entführung und Ermordung des amerikanischen Journalisten Daniel Pearl 2002
Asif Mohammed Hanif	Hamas/al-Aqsa-Märtyrer-Brigaden	Selbstmordanschläge auf Mike's Bar in Tel Aviv am 30. April 2003
Omar Khan Sharif		
Djamel Beghal	Beghal-Netzwerk	Versuchter Terroranschlag auf die US-amerikanische Botschaft in Paris 2005
Kamel Daoudi		
Nizar Trabelsi	Beghal-Netzwerk	Versuchter Bombenanschlag auf den Nato-Luftstützpunkt in Kleine Brogel, Belgien
David Courtailler	Beghal-Netzwerk	Mitverschwörung im Rahmen der Bombenanschläge in Madrid
Muriel Degauque	Unklar	Selbstmordanschlag auf einen amerikanischen Konvoi am 9. November 2005 in Baquba, 50 Kilometer nordöstlich von Bagdad
Mohammad Sidique Khan	Al-Qaeda	Selbstmordanschläge vom 7. Juli 2005 auf das Londoner Transportsystem
Hasib Hussain		
Shehzad Tanweer		
Germaine Lindsay		

Literatur

Aaranovitch 2005 = David Aaranovitch, Nursing a grievance, blinded by narcissism – such ordinary killers, in: The Times, 19.7.2005.

Akbar/Herbert 2005 = Arifa Akbar and Ian Herbert, Hasib Hussain: The boy who grew up to bomb No 30 bus, in: The New Zealand Herald, 14.7.2005.

Al-Zawahiri 2001 = Ayman Al-Zawahiri, Knights under the Prophet's Banner, in: Al-Sharq Al-Awsat Newspaper, 2.-12.12.2001.

Bachmann 2003 = Klaus Bachmann, Der ewige Absteiger, in: Der Tagesspiegel, 17.6.2003.

BBC 2002 = Profile Omar Saeed Sheikh, BBC 16.7.2002, http://news.bbc.co.uk/1/hi/uk/1804710.stm. Letzter Zugriff 22.01.2007.

BBC 2003 = Suicide bomber's family in shock, BBC 5.3.2003, http://news.bbc.co.uk/1/hi/uk/2991823.stm. Letzter Zugriff 22.01.2007.

Bittner 2005 = Jochen Bittner, Vertrauter Feind, Selbstmordattentäter kann es auch in Deutschland geben, in: Die Zeit 28.7.2005.

Bjorgo 2005 = Tore Bjorgo (Hg.), Root Causes of Terrorism: Myths, reality and ways forward, Abingdon 2005.

Bloom 2004 = Mia M. Bloom, Palestinian Suicide Bombing: Public Support, Market Share and Outbidding, in: Political Science Quarterly 119 (2004) 1, 61-88.

Britten/Waterhouse/O'Neill = Nick Britten/Rosie Waterhouse/Sean O'Neill, What turned two happy teenagers into hate-driven suicide bombers?, in: The Telegraph 2.5.2003.

Browne/Watson 2005 = Anthony Browne/Rory Watson, The girl who went from baker's assistant to Baghdad bomber, in: The Times, 2.12.2005.

Buijs/Demant/Hamdy 2006 = Frank J. Buijs, Froukje Demant, Atef Hamdy, Home Grown Warriors. Radical and Democratic Muslims in the Netherlands, Amsterdam 2006.

Catherwood 2002 = Christopher Catherwood, Why the Nations Rage: Killing in the name of God, Lanham 2002.

Chamberlain 2005 = Gethin Chamberlain, The passer-by who could be ready for death, in: The Scotsman 13.7.2005.

COM 2005 = Commission of the European Communities, Communication from the Commission to the European Parliament and the Council concerning Terrorist recruitment: addressing the factors contributing to violent radicalisation, COM(2005) 313 final, Brussels 2005.

Corbin 2002 = Jane Corbin, The Base. In Search of al-Qaeda-The Terror Network That Shook the World, London 2002.

Crenshaw 1998 = Martha Crenshaw, The logic of terrorism: Terrorist behaviour as a product of strategic choice, in: Walter Reich (Hg.), Origins of Terrorism. Psychologies, Ideologies, Theologies, States of Mind, Washington D.C. 1998, 7-24.

Cullen 2005 = Kevin Cullen, Respected in community, bomb suspect hid turmoil, The Boston Globe 15.7.2005.

Daoudi 2005 = Kamel Daoudi, Autobiographie, http://www.islamweb.net/ver2/archive/article.php?lang=E&id=29530. Letzter Zugriff 20.01.2007.

Elster 2006 = Jon Elster, Motivations and Beliefs in Suicide Missions, in: Diego Gambetta (Hg.) Making Sense of Suicide Missions, New York 2006, 233-259.

Esposito 2002 = John L. Esposito, Unholy War. Terror in the Name of Islam, Oxford-New York 2002.

Fox/Hudson 2006 = Geoff Fox/Neil Hudson, The Sick Pay Bomber, July 7 ringleader took trip to Pakistan while on benefits, in: Yorkshire Evening Post, 31.1.2006.

Gambetta 2006 = Diego Gambetta (Hg.), Making Sense of Suicide Missions, New York 2006.

Garcia 2004 = Alexandre Garcia, Accusé de terrorisme. Djamel Beghal se raconte en ›musulman à fond‹, in: Le Monde, 5.1.2004.

Harnden 2004 = Toby Harnden, Israelis are ›sickos‹, say gloating bombers, in: The Telegraph 8.3.2004.

Hashmi 1996 = Sohail H. Hashmi, Interpreting the Islamic Ethics of War and Peace in: Terry Nardin (Hg.), The Ethics of War and Peace. Religious and Secular Perspectives, Princeton 1996, 146-166.

Hoffman 1993 = Bruce Hoffman, »Holy Terror«: The Implications of Terrorism Motivated by a Religious Imperative, in: Worldwide Department of Defence Combating Terrorism Conference, Virginia Beach 1993.

Holmes 2006 = Stephen Holmes, Al-Qaeda, September 11, 2001, in: Diego Gambetta (Hg.), Making Sense of Suicide Missions, New York 2006, 131-173.

Home Office 2006 = Home Office Report of the Official Account of the Bombings in London on 7th July 2005, London 2006.

Horgan 2005 = John Horgan, The Psychology of Terrorism, London 2005.

Jacquard 2002 = Roland Jacquard, In the Name of Osama Bin Laden. Global Terrorism & the Bin Laden Brotherhood, Durham-London 2002.

Jenkins/Kennedy/Lister/Midgley = Russel Jenkins, Dominic Kennedy, David Lister and Carol Midgley, The London bombers, in: The Times, 15.7.2005.

Joseph 2002 = Josy Joseph, Omar Sheikh: A deadly whirlpool of terror, 6.2.2002, http://www.rediff.com/news/2002/feb/06josy.htm. Letzter Zugriff 22.1.2007.

Juergensmeyer 2000 = Mark Juergensmeyer, Terror in the Mind of God. The Global Rise of Religious Violence. Berkely-Los Angeles-London 2000.

Kadduri 1955 = Mahid Kadduri, War and Peace in the Law of Islam, Baltimore 1995.

Kepel 2002 = Giles Kepel, Jihad. The Trail of Political Islam, London-New York 2002.

Khosrokhavar 2006 = Farhad Khosrokhavar, Terrorism in Europe, in: Daniel S. Hamilton (Hg.), Terrorism and International Relations, Washington DC 2006, 23-38.

Laqueur 1999 = Walter Laqueur, The New Terrorism. Fanaticism and the Arms of Mass Destruction, New York 1999.

Laville/Aslam = Sandra Laville/Dilpazier Aslam, Trophy-rich athlete who turned to jihad, The Guardian, 14.7.2005.

Le Nouvel Observateur 2001 = Le Nouvel Observateur, De La Roche-sur-

Foron à l'Afghanistan, 18.10.2001, http://www.nouvelobs.com/dossier/
dossier15.html. Letzter Zugriff 28.2.2007.

Le Point 2004 = Le Point, Al-Qaeda, La France aussi, 18.3.2004,
http://www.lepoint.fr/monde/document.html?did=144000. Letzter Zugriff 13.3.2007.

Le Temps 2004 = Le Temps, La société du djihad, 21.12.2004,
http://ch.altermedia.info/gnral/la-societe-du-djihad_1212.htmlprint/.
Letzter Zugriff 22.1.2007.

Lewis 2002 = Bernard Lewis, What Went Wrong? The Clash Between
Islam and Modernity in the Middle East, New York 2002.

Lincoln 2003 = Bruce Lincoln, Holy Terrors. Thinking about Religion
after September 11, Chicago 2003.

McGinty 2002 = Stephen McGinty, The English Islamic Terrorist, in: The
Scotsman, 16.07.2002.

Merari 1998 = Ariel Merari, The Readiness to Kill and Die: Suicidal Terrorism in the Middle East, in: Walter Reich (Hg.), Origins of Terrorism:
Psychologies, Ideologies, Theologies, States of Mind, Washington DC
1998, 192-207.

Merari 2003 = Ariel Merari, Interview CBS News 25.05.2003.

Merari 2005 = Ariel Merari, Social, organizational and psychological factors in suicide terrorism, in: Tore Bjorgo (Hg.), Root Causes of Terrorism: Myths, Reality, and Ways Forward, Abingdon-New York 2005,
70-86.

Mollenkamp 2005 = Carrick Mollenkamp, How a teacher's aide evolved
into a terrorist bomber, in: The Wall Street Journal, 25.07.2005.

O'Neill 2006 = Sean O'Neill, Britain's First Suicide Bombers, in: The
Times 17.11.2006.

O'Neill/McGrory 2006 = Sean O'Neill/Daniel McGrory, The Suicide Fac-
tory. Abu Hamza and the Finsbury Park Mosque, London-New York-
Toronto-Sydney 2006.

Oliveti 2002 = Vincenzo Oliveti, Terror's Source. The Ideology of Wah-
habi-Salafism and its Consequences, Birmingham 2002.

Pelletier 2002 = Eric Pelletier, Les ›Afghans‹ français, in: L'Express 28.02.
2002.

Rapoport 2004 = David C. Rapoport, The Four Waves of Modern Terrorism, in: Audrey Kurth Cronin/James M. Ludes (Hg.), Attacking Terrorism: Elements of a Grand Strategy, Washington D.C. 2004, 46-73.

Reuter 2002 = Christoph Reuter, Mein Leben ist eine Waffe, München
2002.

Roy 2004 = Olivier Roy, Globalised Islam. The Search for a New Ummah,
London 2004.

Ruthven 2002 = Malise Ruthven, A Fury for God. The Islamist Attack on
America, London 2002.

RTBF 2002 = Trabelsi se confesse, RTBF 15.11.2002, http://old.rtbf.be/
rtbf_2000/bin/view_something.cgi?type=article&id=0103431_article
&menu=0054353_menulist&pub=RTBF.PORTAIL%2FPORTAIL.
FR.la_taille.HOME. Letzter Zugriff 22.01.2007.

Sageman 2004 = Marc Sageman, Understanding Terror Networks, Phila-
delphia 2004.

Schmid/Jongman 2005 = Alex P. Schmid/Albert J. Jongman, Political ter-

rorism: A New Guide to Actors, Authors, Concepts, Data Bases, Theo-
ries, and Literature, New Brunswick 2005.

Singh 1990 = Karandeep Singh, The Politics of Religious Resurgence and
Religious Terrorism: The Case of the Sikhs of India, in: Emile Sahlliyeh
(Hg.), Religious Resurgence and Politics in the Contemporary World,
Albany 1990, 235-252.

Stockman/Slack 2005 = Farah Stockman/Donovan Slack, For Jamaican
native, life path led from success to extremism, in: The Boston Globe
22.07.2005.

The Guardian 2003 = Making of a Martyr, in: The Guardian 5.03.2003.

The Guardian 2005 = Secrets of bomber's death tape, in: The Guardian
4.09.2005.

Tibi 1996 = Bassam Tibi, War and Peace in Islam, in: Terry Nardin (Hg.)
The Ethics of War and Peace. Religious and Secular Perspectives, Princeton 1996, 128-145.

Autoren

Sabine Damir-Geilsdorf, Dr., Islamwissenschaftlerin, Sonderforschungsbereich 434 »Erinnerungskulturen«, Gießen. Forschungsinteressen: Islamismus, kulturwissenschaftliche Gedächtnistheorien, religiöse Konzepte.

Heinz Halm, Dr., Professor emeritus für Islamkunde am Orientalischen Seminar der Universität Tübingen. Forschungsschwerpunkt: Geschichte der arabischen Welt, insbesondere der Schia.

Dagmar Hellmann-Rajanayagam, Dr. habil., Dr. phil., Asienhistorikerin, Philologin, Projektmitarbeiterin am DFG-Projekt ›Religious Dimensions of Local Conflict in Countries of Theravada Buddhism‹ am Lehrstuhl für Südostasienkunde II, Passau. Forschungsinteressen: Kultureller Nationalismus in Südasien, indische Minderheiten in Südostasien, religiöse und ethnische Konflikte in Süd- und Südostasien.

Thomas Kolnberger, Mag., Historiker, Lektor am Institut für Wirtschafts- und Sozialgeschichte, Wien. Forschungsinteressen: Krieg, Militär, Kolonialismus und Globalgeschichte.

Daniela Ioana Pisoiu, MA, Politikwissenschaftlerin, Doktorandin an der Universität St. Andrews (GB). Forschungsinteressen: Terrorismus, Islamismus, soziale Bewegungen.

Susanne Schröter, Dr., Ethnologin, Professorin für Südostasienkunde (Lehrstuhl Insulares Südostasien), Passau. Forschungsinteressen: Gender Studies, Religion in der Moderne, Konstruktionen kollektiver Identität.

Clemens Six, Dr., Historiker, Lektor am Institut für Wirtschafts- und Sozialgeschichte, Universität Wien. Forschungsinteressen: Geschichte des modernen Südasien, religiöser Fundamentalismus, Religion und Moderne.

Ilja Steffelbauer, Mag., Althistoriker, Projektmitarbeiter und Lektor am Institut für Alte Geschichte und Altertumskunde, Papyrologie und Epigraphik, Wien. Forschungsinteressen: soziale Evolution, antike Staatsentstehung, Kriegs- und Militärgeschichte.